本书系教育⋯⋯
"冬奥时代⋯⋯⋯⋯⋯⋯运动发
展研究：东北地区发展经验的视角"
（21YJC890024）的结项成果

东北地区经验视角下的
我国群众冰雪运动发展研究

年　青　路文平　徐　莹　著

吉林出版集团股份有限公司
全国百佳图书出版单位

图书在版编目（ＣＩＰ）数据

东北地区经验视角下的我国群众冰雪运动发展研究 /
年青, 路文平, 徐莹著. -- 长春 : 吉林出版集团股份有
限公司, 2023.8

ISBN 978-7-5731-4070-8

Ⅰ.①东… Ⅱ.①年… ②路… ③徐… Ⅲ.①冰上运
动-群众体育-产业发展-研究-中国②雪上运动-群众
体育-产业发展-研究-中国 Ⅳ.①G862.92
②G863.92

中国国家版本馆CIP数据核字(2023)第153313号

DONGBEI DIQU JINGYAN SHIJIAOXIA DE
WOGUO QUNZHONG BINGXUE YUNDONG FAZHAN YANJIU

东北地区经验视角下的我国群众冰雪运动发展研究

著　　者	年　青　路文平　徐　莹	
责任编辑	杨　爽	
装帧设计	孟　博	

出　　版	吉林出版集团股份有限公司
发　　行	吉林出版集团社科图书有限公司
地　　址	吉林省长春市南关区福祉大路5788号　邮编：130118
印　　刷	长春新华印刷集团有限公司
电　　话	0431-81629711（总编办）
抖 音 号	吉林出版集团社科图书有限公司　37009026326

开　　本	787 mm×1092 mm　1 / 16
印　　张	13.75
字　　数	220 千
版　　次	2023 年 8 月第 1 版
印　　次	2023 年 8 月第 1 次印刷

书　　号	ISBN 978-7-5731-4070-8
定　　价	70.00 元

如有印装质量问题，请与市场营销中心联系调换。0431-81629729

冰雪运动和人类历史活动和发展历程息息相关，是世界范围内广受人们追捧的运动形式。冰雪运动在我国北部地区拥有极为悠久的历史。自新中国成立以来，国家相关部门也致力于将群众冰雪运动推广到其他省份，然而群众冰雪运动的推广和发展面临着机遇与挑战。

2022年，北京和张家口成功举办了冬季奥林匹克运动会，使冰雪运动一度成为中国体育界的热点话题，在社会各个层面引起了广泛关注。我国群众冰雪运动的发展取得了显著的成就，在奥运会申办过程中，我国进行了大规模的冰雪设施建设。许多城市建设了室内和室外溜冰场、滑雪场以及其他冰雪运动场地。这些设施的建设为群众提供了更多参与冰雪运动的机会。同时，中国开展了大规模的冰雪运动普及活动，特别是在学校和社区层面。冰雪运动进入了校园和社区体育课程，促进了青少年和广大群众对冰雪运动的接触和了解。此外，还举办了冰雪运动节、比赛和展览等活动，吸引了更多人参与。

总体来说，新中国群众冰雪运动的发展取得了巨大的进步。政府的支持、设施建设、普及推广、人才培养以及国际交流合作等方面的努力都为冰雪运动的普及和发展奠定了坚实的基础。

本书对大量文献资料进行研究，包括《新中国群众冰雪运动简史》《群众冰雪运动专项史》《群众冰雪运动区域史》《群众冰雪运动专题史》以及《我国群众冰雪运动发展展望》。比如，在社会主义革命和建设时期，我国的冰雪运动获得了初步推广，参与冰雪运动的人口基数逐渐扩大，覆盖面积也越来越广。在改革开放和社会主义现代化建设的新时期，国家对群众冰雪运动的发展进行了重新设计，梳理以往发展的战略缺陷，重新制定发展方向。而在新时代，基于体育强国的战略方针，国家再次对群众冰雪运动调整新的历史定位。以冬奥会为重要契机，提出"五位一体"带动冰雪运动可持续发展的观点；提出以新发展理念引领群众冰雪运动高质量发展的口号；提出要以驱动变革推动冰雪运动，完成转型发展的新时代思维；提出3亿人参与冰雪的宏伟战略目标。

　　本书共有五章,分别为新中国群众冰雪运动简史、我国群众冰雪运动专项史、我国群众冰雪运动区域情况、我国群众冰雪运动专题史、我国群众冰雪运动发展展望,针对我国群众冰雪运动发展史从不同层面开展了研究和讨论。

　　随着我国冰雪竞技项目的快速发展以及大赛成绩的突飞猛进,我国冰雪运动的大众基础和普及程度也在不断提高。这种普及和提高使我国群众冰雪运动实现快速发展,并且借助冬奥会的圆满落幕实现阶梯式的跨越迈进。在这一阶段如何做到因势利导,如何借助冬奥会推动我国群众冰雪运动的转型,也成了社会各界和广大人民群众最关心的重要议题。

　　后冬奥时代,如何确定我国群众冰雪运动发展的新思路,如何开辟冰雪运动新领域,如何实现从体育竞技强国到群众体育强国的转变。这些课题的研究都需要从历史纵深中了解我国群众冰雪运动内部存在的发展脉络。只有了解历史,才能以史为鉴,更好地探讨冬奥背景下转内生的动力。在常态和非常态的博弈中确保我国后冬奥时期冰雪运动的发展前景。因此,以冬奥会的举办为线索,对我国群众冰雪运动的发展历程进行串联,是探索我国群众冰雪运动事业未来发展最为关键的视角之一。

年青

第一章
新中国群众冰雪运动简史

第一节
第一阶段：群众冰雪运动的发展起步阶段
（1949—1965年）

在我国自古就有冰雪运动，不能说旧社会传入。我国的群众冰雪运动发展整体呈现出创新与突破的趋势。起步阶段也可以称为萌芽阶段，大致时间为1949年到1965年。新中国成立初期，中华全国体育总会筹委会根据《中国人民政治协商会议共同纲领》的相关内容，针对如何提倡国民体育展开了一系列讨论，并做出要开展冬季体育运动的决定。之所以形成这一决定，和很多因素有关。首先，当时的社会环境和经济环境决定了我国开展国民体育运动更加依赖自然条件和自然环境，对于需要花费大量资金投入建设体育场馆，或者购买昂贵体育设施的运动项目，并不适合我国当时的社会国情。因此，能够充分地利用自然环境营造运动场地，成了倡导国民体育运动项目的首选标准。其次，这一决定也和我国当时的南北方文化差异有关。群众体育运动的发展要基于各地区的实际情况，选择符合不同地区文化体系的项目。冰雪运动在我国北方地区拥有历史和文化积淀，符合北方人民的精神文明建设需求。另外，我国北方地区涌现出很多优秀的冰雪运动人才，有利于当时我国竞技体育事业的发展。

随着开展冬季体育运动决定的推广，全国各地，尤其是我国北方地区的现代化群众冰雪运动进入一个全新的高速发展历史时期。1951年，在吉林省举办首届全国性质的滑雪表演大会。之所以被称为大会，是由于当时还没有形成一个能够代表现代竞技体育的完善赛事流程。同时，此次大会带有一定的表演性质，是我国针对群众冰雪运动发展以及组织正规冰雪运动比赛的一次尝试和经验积累。在本次滑雪表演大会上，不仅设置了一系列带有娱乐表演性质的环节，同时，也增加了跳台滑雪和高山滑雪等现代竞技冰雪运动项目。由此可见，本次大会的召开有着兼顾群众和竞技两个方面的意图。而这种带有尝试性质的大会和活动也在其他地区和城市陆续开展，成为我国群众冰雪运动从民间组织向政府组织的快速转变。

1953年，北国冰城哈尔滨举办了全国首届冰上运动会，此次运动会是继全国性滑雪表演大会后，由政府组织开展的又一次全新升级的冰雪运动会，削减了表演和娱乐性质，在体育运动的竞技性上有明显提高。参加本届冰上运动会的运动员共有219名，运动会设置的项目包括速度滑冰、花样滑冰和冰球三项。这次冰上运动会的组织召开，代表我国群众冰雪运动逐渐从业余转向专业。运动员人数的增多，也代表着参与群众冰雪运动的地区得到了有效推广。更为关键的是，速度滑冰、花样滑冰和冰球三个比赛项目的设置也有着极为鲜明的目的性，代表着我国冰雪运动，尤其是冰上运动正在逐渐从室外转向室内。室内冰上运动项目的开展，使南方地区参与冰雪运动成为可能。

1956年，吉林市以及哈尔滨成功举办两次全国性质的冰雪运动会后，我国成立了全国冬季运动协会。全国冬季运动协会的成立有多方面的意义。首先，有助于我国加入国际滑冰联盟及国际冰球联合会[①]，使我国很多冰雪运动项目形成了组织主体，并且能够与国际体育联盟进行沟通。运动项目有了归属，更加便于全民冰雪运动的推广。其次，全国冬季运动协会的成立代表着我国国内关于冰雪运动的各种组织、比赛、大会等一系列活动形成了统一管理的机制。

1957年，吉林省通化市举办首届滑雪运动会，也是全国冬季运动协会成立之后召开的第一届全国性质的竞技冰雪运动会。本次运动会设立了越野滑雪和高山滑雪两大类目，不仅代表着越野滑雪真正走入我国群众冰雪运动体系中，也代表我国冰雪运动真正从表演大会转型成为竞技运动会。值得一提的是，我国还派出男女速滑队参加了当年的世界锦标赛，这也是我国冰雪项

---

①陈祥慧，杨小明，张保华，等. 我国冰雪运动的历史演进及发展趋向[J]. 体育学刊，2021，28(4)：7.

日首次以国家队形式参加世锦赛。

1958年，新中国成立后的正式滑雪队成功组建，分别是吉林市滑雪队和通化市滑雪队。之所以尝试组建这两个滑雪队，与1951年在吉林举办的首届全国性滑雪表演大会、1957年举办的首届滑雪运动会息息相关。由于这两个城市拥有举办相关冰雪项目的比赛经验，因此，从队伍组建和活动组织两个方面拥有其他城市所不具备的先进性。同时，吉林市和通化市在组建滑雪队的过程中也完成了对本地冰雪资源利用的一次尝试和转型，尤其是对哪种环境和场地适合建立雪场积累了大量的实践经验，为我国后续滑雪运动的推广和发展奠定了坚实的理论和实践基础。

1959年，杨菊成参加"第53届速度滑冰世界锦标赛"，在男子速滑500米比赛中以第二名的优秀成绩为中国男子速滑队获得首枚银牌。这枚银牌不仅实现了我国冰雪项目在世界锦标赛中的突破，也代表着中国男子速滑队真正拥有了国际级的竞技水平。可以说，我国速滑项目之所以能够拥有今天的傲人战绩，正是从这枚银牌开始积累起来的，它代表着我国冰雪运动项目的成长，更代表新中国群众冰雪运动经过不懈努力后，终于开花结果。

同年2月，第一届全国冬季运动会成功举办，场地分别在吉林市和哈尔滨市，不仅是我国第一次由两地共同举办冬季冰雪运动会，也开创了根据不同项目设置不同场地举办运动会的先河。其中，在哈尔滨举办的项目包括速度滑冰、花样滑冰和冰球，而在吉林市举行的项目则是越野滑雪、高山滑雪。不难看出，本次运动会举办的场地选择有意识地将冰上项目和雪上项目进行区分，也在我国后续冰雪运动发展中成为一种约定俗成的习惯。正是在这一年，我国速度滑冰第一人王金玉在阿拉木图举办的六国速滑邀请赛中打破纪录，获得男子5000米速滑项目的冠军。也正是这一年，我国群众冰雪运动的发展开始将视野从国内转向国外。国内培训、国外参赛的模式成了中国冰雪项目发展的快车道。在国家相关政策的激励下，全国各地对于冰雪运动人才的培养非常重视，从此，中国冰雪运动在世界范围内的各项赛事中陆续有所斩获。

1963年，日本长野举办的第57届男子速滑锦标赛，中国运动员罗致焕打破赛会纪录，取得男子1500米速度滑冰项目的冠军，代表我国运动员在冬季项目中拥有取得世界冠军的实力。至此，新中国经过十几年的不懈努力，使群众冰雪运动逐渐在东北地区、西北地区以及华北地区等拥有地理和气候条件的地区启动。各个城市分别举办不同类型以及不同性质的冰雪运动赛事，大量城市开展与此相关的一系列群众活动。在国际赛事上的不断成熟以及各地区政府和相关部门的主导，使部分北方地区的冰雪运动项目发展十分迅速，甚至成为很多北方老百姓冬季娱乐健身的重要方式，也为新中国冰雪运动的发展奠定基础，迈出不可或缺的坚实脚步。

第二节
第二阶段：群众冰雪运动的曲折发展阶段
（1966—1976年）

1966年，是新中国群众冰雪运动发展遭到严重影响的一年，也代表经过近20年时间的冰雪运动发展戛然而止。这次群众冰雪运动发展遇到的困难和曲折，与当时的特殊时期有关，1966年开始的"文革"，导致我国群众冰雪运动的发展出现了长达10年的停滞期，不仅使中国冰雪运动和国际冰雪交往活动减少，连国内各类冰雪运动项目的发展也受到了影响。这种状态一直持续到1972年以后才有所缓解，我国冰雪运动项目无论在人才储备还是设施场馆等方面都出现了极为严重的缺口。

"文革"中，全国各级、各地区体育组织均受到不同程度的冲击，很多队伍都被迫解散，队内运动员的运动状态和运动表现受到影响。很多正值黄金期的运动员在这一阶段彻底失去了训练机会和训练环境，很多有天赋的运动员在刚刚进入巅峰期，还没有取得相应成绩时被迫结束自己的职业生涯。《新体育》和《体育报》等一系列报刊被迫停刊，使国内的群众失去了解冰雪运动发展相关信息的渠道，另外，这期间我国体育运动和各项赛事的发展也基本处于停滞状态，直接导致我国体育事业的发展和国际层面缺少交往，各类运动项目的发展和传统冰雪体育强国形成明显代沟，运动员的备赛状态和竞技状态也大打折扣。但值得庆幸的是，这种大范围的冰雪运动发展停滞状态并没有完全蔓延到全国的每个角落，其中也有部分地区仍然在艰苦的环境中积极推动冰雪运动的发展。比如，北京首都体育馆在1968年建成，不仅代表着我国群众冰雪运动项目在特殊时期迎来了一丝转折，也是新中国成立之后建立的第一座拥有人工制冷冰场的体育馆。北京首都体育馆的成功建成对于我国群众冰雪运动的复苏起到了强心剂的作用。

从此，中国国家冰球队历经3年的艰苦训练，在1972年首次返回国际赛场，也代表国家和地方重新重视冰雪运动的发展，并且有意识地逐步恢复冬季运动项目的建设。少数冰雪运动队恢复建制，重新开始召集队员进行训练和参赛，部分地区的冰雪运动场馆重新开工实施建设。1975年，重新恢复训练的中国速滑队在挪威奥斯陆世界速滑锦标赛中，取得男子500米亚军。1976年，我国恢复冬运会的举办。第三届冬运会在全国民众的呼唤中于哈尔滨成功举办，代表我国群众冰雪运动进入全新阶段。

第三节
第三阶段：群众冰雪运动的恢复发展阶段
（1977—2012年）

自1977年到2012年，是我国群众冰雪运动的恢复发展阶段，可以大致分为复苏提高和屡创佳绩两个主要的时间节点。

1978年，召开党的十一届三中全会，预示中国进入一个全新的发展阶段，揭开新中国改革开放的宏伟篇章。在经历艰苦卓绝的奋斗后，中国现代体育运动事业的发展也进入了全新的历史阶段。在这一阶段，我国冰雪运动的发展可以分为内外两条主线：在国内大力推广群众冰雪运动，不断地积累群众基础；对外，各支运动队开始纷纷尝试走出国门，通过各项赛事走向世界舞台。

国家冬季运动管理局在20世纪80年代，提出至关重要的冰雪运动发展战略[1]。从字面意思来讲，就是将原本着重在北方发展的冰雪运动向南拓展，但隐藏在字面意思下的含义，代表我国在当时已经进入了经济发展的快车道，国家已经拥有足够的经济实力和战略眼光，将原本受限于地域和气候的冰上运动逐步向南拓展。在这一战略背景下，南方很多省份快速地完成了冰上运动场馆的建立，各省市也组建起自己的运动队，不仅充分调动南方群众参与冰上项目的积极性，同时也带动北方冰雪人才向南方的输送。

---

[1] 陈祥慧，杨小明，张保华，等. 我国冰雪运动的历史演进及发展趋向[J]. 体育学刊，2021，28(4)：7.

20世纪80年代初，是我国冰上运动项目发展的高峰。我国北方群众参与冰上运动的热情达到前所未有的高度，尤其在东北地区的一些大城市几乎所有的中小学校和企事业单位都会在冬季降雪后进行人工浇注冰场，开展各项冰上运动。比如，长春市、哈尔滨市、齐齐哈尔市等地都有很多工厂和机关单位在冬季组建冰球队，同城的各支冰球队还会相互邀约比赛，吸引当地的大量群众前来观赛，形成浓厚的单位冰球文化，造就很多单位的运动明星。可以说，这一时期在我国东北冰上运动项目的发展，虽然体系不够完善，但是已经形成较为浓厚的现代竞技体育文化氛围。

1978年，短道速滑项目传入我国，迅速成为全国冬运会的比赛项目之一。当时，为了参加在东京举办的世界锦标赛，很多速度滑冰项目的选手从大道转向短道。这一特殊的历史时期，体育运动员的努力与执着为中国短道速滑项目的发展奠定了坚实基础。如今，中国短道速滑队已成为世界上最为强大的队伍之一，屡获大赛金牌。

1979年，第四届全国冬运会在北京、黑龙江以及新疆举行，是西北部地区首次承办冬运会，参赛人数大大提高，很多南方省份也纷纷派出自己的代表队，为"冬季运动项目"发展做出贡献。

1980年，中国奥委会组织首次参加冬季奥运会，28名运动员前往于普莱西德湖，在举行的比赛中力争佳绩，展现中国在冬季运动方面的实力与水平。虽然当时的成绩并不理想，但是这标志着中国参加冬奥会的第一步，也激励了更多年轻人加入了冰雪运动行列。

自此之后，中国奥委会没有放弃任何一次参加冬奥会的机会。1984年，我国运动员第二次参加冬奥会，前往前南斯拉夫的萨拉热窝争夺奖牌。此次比赛我们夺得一枚银牌，开启中国在冬奥会的新纪元。同时，中国运动员还尝试参加许多世界级的洲际冰雪运动赛事。比如，1986年在日本举行的第一届亚洲冬季运动会，为中国冰雪运动在国际层面上崛起提供更多的机会和平台[①]。

中国的冰雪运动不仅在竞技水平上获得了世界的认可，也成为中国体育发展史的重要一页。例如，自2001年起，每年都会举行中国冰雪运动大会，目前已成为全球五大冰雪运动赛事之一。我们有理由相信，在不久的将来，

---

①宿萌，杨维伟.中国乡村冰雪资源开发路径探析 [J].湖北农业科学，2019，58(17)：5.

中国冰雪运动将会再次创造更多辉煌的历史。

1988年，在加拿大卡尔加里举行的第十五届冬奥会，中国奥委会除了组织运动员参加较为传统的速度滑冰、花样滑冰和越野滑雪等项目外，还派遣运动员参加了当时广为关注的短道速滑表演赛。中国选手李琰获得短道速滑表演赛1000米金牌和500米、1500米铜牌，五星红旗首次在冬奥会赛场上升起。参加短道速滑表演赛，也充分说明我国群众冰雪项目正在快速发展，已经有实力追赶其他传统的冰雪运动强国，而在这种较为新颖的运动项目上，中国奥委会也有自己的战略部署，希望通过此类项目实现弯道超车，快速追赶甚至超越其他国家。

1992年2月，第十六届冬奥会在法国阿尔贝维尔举行，叶乔波获得女子500米、1000米速度滑冰两枚银牌；李琰获得女子500米短道速滑银牌，实现了中国冬奥会奖牌"零"的突破。1994年第十七届挪威利勒哈默尔冬奥会和1998年第十八届日本长野冬奥会，中国运动员参加的项目数量逐渐增多，参与人数逐渐上升，获得的奖牌数量也在快速增长。

直到1996年，哈尔滨承办的第三届亚洲冬季运动会，作为东道主的中国队在冰雪运动健儿的不懈努力下，以15金、7银、15铜突破历史优秀成绩，最终位列奖牌榜榜首。这次家门口的作战不仅为中国冰雪运动队赢得丰厚的荣誉，也为我国承办高级别冰雪运动赛事积累了大量宝贵经验。随着群众冰雪运动在我国的逐渐复苏，教育部和体育部首次联合组织大专院校滑雪比赛，1999年，在黑龙江亚布力滑雪场开创我国大学生冬季运动会的先河。2001年，徐囡囡和于淑梅分别获得世界杯总决赛自由式滑雪空中技巧和冬季两项（12.5千米集体出发）冠军。可以说，这一时期我国冰雪运动的群众参与度飞速提高，相关项目的基础运动设施建设也得到快速发展，不仅修建黑龙江亚布力滑雪场，第一个国字头的冰雪项目训练基地也落户在吉林省长白山，被称为吉林长白山国家冰雪训练基地，并一直沿用至今。中国冰雪运动队在冬奥会、亚冬会、世锦赛等多项国际赛事中，不仅表现出极高的参与度，也在努力提高自身承办比赛的能力。一方面，积极推动国内冰雪运动的发展，同时也在努力实现和世界冰雪运动的接轨。正是在全国人民的共同努力下，中国现代冰雪运动的竞技成绩不断提高、不断取得突破，参赛人数日渐增多，参与项目不断丰富，基础设施持续完善，群众参与由点及面。

其后，中国现代冰雪运动的发展迎来了蓬勃发展的爆发期。2002年，第十九届美国盐湖城冬奥会，堪称我国现代群众冰雪运动史上最为重要的里程碑。首先，在短道速滑项目中，运动员杨扬在500米、1000米比赛中接连夺取金牌，成功实现中国冬奥会历史上金牌"零"的突破。中国队最终以2金、2银、4铜位列奖牌榜第13位，刷新中国在冬奥会上的最好成绩。

2006年，在第二十届意大利都灵冬奥会上，运动员韩晓鹏夺得男子自由式滑雪空中技巧金牌。这枚金牌不仅是中国冬奥历史上的第1枚雪上项目金牌，也代表我国在自由式滑雪空中技巧领域取得前所未有的突破。而后，王濛获得短道速滑500米冠军，推动中国冬奥运动队的奖牌总数再创新高。

2007年，在长春举办的第6届亚洲冬季运动会中，兵强马壮的中国军团最终以19金、19银、23铜的总成绩位居金牌和奖牌榜榜首。

2009年，哈尔滨第二十四届大学生冬季运动会，中国代表团收获18金、18银、12铜的好成绩，位居金牌榜首位。

2010年，第二十一届加拿大温哥华冬奥会中国代表团获得5金、2银、4铜的佳绩，名列奖牌榜第7位，再次创造中国体育代表团参加冬奥会以来的最好成绩，跻身第二集团。其中，申雪和赵宏博获得花样滑冰双人滑金牌，王濛获得短道速滑500米、1000米、3000米接力3枚金牌，周洋获得短道速滑1500米金牌。

在群众冰雪运动项目上，1977—2012年也是恢复发展的重要时期，群众冰雪运动的参与人数在快速增长。群众冰雪运动项目的发展，离不开对冰上运动项目的支持，中国冰上项目的基础设施建设得到极大改善。

1978年12月，十一届三中全会召开，中国人民进入改革开放和社会主义现代化建设的新时期。从十一届三中全会开始，以邓小平为核心的党中央逐步开辟一条建设中国特色社会主义的道路，中国人民沿着这条道路取得举世瞩目的建设成就。

1979年召开的全国体育工作会议指出："群众体育要形成以社会为依托、以体育运动委员会为指导、主管部门主要负责的社会分工模式。"明确了以人民群众为主体办体育的群众体育发展思路。我国在东北地区新建第一批滑雪场，比如吉林长白山滑雪场等。由于该项目对场地的要求并不高，因此这些滑雪场在这一时期得到快速发展，逐渐形成东北地区较为完整的冰雪运动产业链。也能够让更多的人了解冰雪运动项目，举办大量的群众冰雪运动赛事并不断创新冰雪运动项目，进一步丰富群众参与度。群众体育的重要作用被写入《中华人民共和国宪法》，得到国家的支持，但由于此时国家为应对奥运会参赛与训练，使群众体育的地位和关注度被降低。同时，国家开始探索最适合我国群众体育发展的方式，意图结合宏观调控、市场经济、社会支持推进建设群众体育。

这一时期的群众冰雪运动的发展整体呈现前缓后起的趋势。虽然改革开放以后，中国群众体育的发展得重视和提高，但是群众冰雪运动的开展却处于低迷状态，群众体育的重心投入我国比较优势的竞技项目上，比如乒乓球、羽毛球和部分田径项目。很多工厂又因为忙于生产，没有太多时间开展群众性冬季活动，加上全球变暖的天气因素，东北三省的结冰期明显缩短，再加上很多家长不希望自己孩子参与存在一定受伤风险的运动项目，因此我国群众冰雪运动一度陷入低谷。

20世纪80年代，国家体委曾提出"百万人上冰"的计划，开展地区主要是黑龙江、吉林、辽宁、内蒙古、新疆等地，但具体落实效果一般，没有引发大众参与的热潮。

1992年，邓小平发表南方谈话和中共十四大的召开，标志我国改革开放和社会主义现代化建设进入新的历史时期，明确提出我国经济体制改革目标是建立社会主义市场经济体制，改革目标的确定也带动体育的深入改革。

20世纪90年代开始，室内滑冰馆、滑雪场开始在东北三省以外的北京、上海、河北、山东、江苏、浙江、广东、内蒙古等地相继建成，奠定群众冰雪运动发展的物质基础，很多省份开始有群众尝试、参与滑冰和滑雪运动，群众冰雪运动被注入新鲜血液，焕发活力。

在这短短的十几年，我国通过参与和承办比赛，不仅一次又一次地突破自身的最好成绩，同时，也培养大批优秀冰雪运动员和冰雪人才。可以说，正是这十几年的积累才为我国北京冬奥会的申办奠定良好的前置条件。

第四节
第四阶段：群众冰雪运动的快速发展阶段
（2012—2022年）

我国群众冰雪运动的快速发展阶段开始于2015年。2015年7月31日，对于全体中国人而言都有着极为特殊的意义，因为在这一天吉隆坡举行的国际奥委会第128次会议上，北京这座历史悠久的伟大古都赢得2022年第二十四届冬奥会的举办权。举办权的获取不仅使北京成为中国首个举办冬奥会的城市，也是北京成为全世界范围内唯一一个同时举办过夏季奥运会和冬季奥运会两个盛会的城市。从此刻起，举国上下都看到了通过举办冬奥会大力发展群众冰雪运动的契机，习近平总书记更是开创性地提出带动3亿人上冰雪的伟大蓝图。国家体育总局根据这一目标联合中央政府多个职能部门，共同制订并颁布一系列有关群众冰雪运动的发展规划，其中包括场地建设规划、群众冬季冰雪项目推广计划等等。这些提纲挈领的文件不仅为北京冬奥会的举办铺垫一系列先导性的政策支撑，同时，也为快速推动我国冰雪运动发展储备强大动力，进一步确定我国以京津冀地区为引领发展冰雪运动的格局，明确以东北三省为大后方，充分发挥内蒙古、新疆两地优势，带动南方地区共同发展的新时代格局。

这种全国性质的冬季运动推广，不仅激活全体国民对冰雪运动的热情，也为北京冬奥会的举办营造了积极氛围。据《2019年度中国滑雪产业白皮书》研究显示，国内滑雪场滑雪人次由2018年的1970万上升到2019年的2090万，同比增幅为6.09%，具备先进设施和功能的滑雪场馆更是达到770座，原本冰雪运动发展较为薄弱的西南、中南地区等地，同样在市场和群众的期盼中建起一大批优质雪场。在这样的群众基础上，我国冰雪运动的发展不再局限于北方地区，而是借助现代化的科学技术，全面向南方推进普及。这种冰雪运动的大力普及使我国冰雪人口数量快速提升，冰雪运动的竞技水平也在持续走高。

2017年，亚冬会短道速滑比赛上，运动员武大靖获得500米、5000米接力冠军，同年在短道速滑世界杯上海站男子500米、1000米比赛中摘得桂冠。

2018年韩国平昌冬奥会上，武大靖再次获得短道速滑500米金牌，李靳宇获得短道速滑女子1500米银牌，贾宗洋获得自由式滑雪男子空中技巧银牌，隋文静和韩聪获双人滑银牌，由武大靖、韩天宇、许宏志、陈德全组成的中国队获得男子5000米接力银牌，高亭宇获得速度滑冰男子500米铜牌，这是中国男选手首次登上冬奥会速滑领奖台。

2019年，"中芬冬季运动年"顺利举办，这是中国首次与其他国家举办以体育为主题的"国家年"，将体育交流提高到国家高度。

2021年新年伊始，习近平总书记对冬奥会筹办工作进行考察，并强调"要通过举办冬奥会、冬残奥会把我国冰雪运动搞上去，推动建设体育强国"。

2022年，北京冬季奥运会共设置7个大项15个分项和109个小项。其中，北京赛区承办所有的冰雪项目以及自由式滑雪大跳台项目；延庆赛区承办高山滑雪以及雪车、雪橇等场地项目；张家口赛区承办其余所有雪上项目。在本届冬季奥运会，曲春雨、范可新、张雨婷、武大靖、任子威组成中国短道速滑接力队获得男女混合团体2000米接力冠军，是中国体育代表团在北京冬奥会的首枚金牌。其后，中国选手苏翊鸣在单板滑雪男子坡面障碍技巧决赛中获得金牌，不仅创造中国冬奥的历史，运动员本人也成为国内炙手可热的体育明星。任子威和李文龙包揽短道速滑男子1000米决赛冠亚军。值得一提的是，在自由式滑雪大跳台比赛中首次参加冬奥会的运动员谷爱凌凭借自身优秀发挥，为中国体育代表团争得一枚金牌。仅在几天之后，谷爱凌在自由式滑雪女子U型场地技巧决赛中再夺一金。这样的表现不仅为选手本人争得青蛙公主的昵称，同时，也使其成为一代年轻人追捧的偶像。

最终，中国体育代表团在该届冬奥会中以9金、4银、2铜，总计15枚奖牌的成绩位列奖牌榜第三名，金牌数和奖牌数均创下我国冬奥会历史新高。值得一提的是，2022年，北京冬奥会将文化与体育相结合的理念贯彻得非常深入。其中，最具代表性的当数北京冬奥会吉祥物冰墩墩，它的形象来源于国宝大熊猫，不仅是世界公认的中国国宝，同时也深受各国人民尤其是青少年的喜爱。冰墩墩以友好可爱的形象、憨态可掬的神态迅速在北京冬奥会期间走红，甚至还引发"一墩"难求的景象。很多生活在奥运村里的外国运动员都有意识地收集吉祥物等周边产品，甚至以此引发文化输出，影响力一度超过冰雪运动项目本身。

从2013年中国申请举办冬奥会开始，一直到2022年北京冬奥会举办成功，伟大的祖国不仅是举办一场体育盛会，更是通过冬奥会的举办将中国承办冰雪运动赛事的能力和经验提高到世界顶尖水平。也正是基于这次冬奥会举办的盛况空前，2022年2月19日，国际奥委会第139次全会上，国际奥委会主席托马斯·巴赫将奥林匹克奖杯授予全体中国人民，感谢中国人民对2022年北京冬奥会做出的卓越贡献。这项荣誉也将中国人民的大力支持放在最为关键的位置，无形中让人民群众和冰雪运动之间的关联变得更加紧密。

2022年4月8日上午，北京冬奥会、冬残奥会总结表彰大会在人民大会堂隆重举行,中共中央总书记、国家主席、中央军委主席习近平出席大会并发表重要讲话,指出北京冬奥会、冬残奥会广大参与者珍惜伟大时代赋予的机遇,在冬奥申办、筹办、举办的过程中共同创造北京冬奥精神,即胸怀大局、自信开放、迎难而上、追求卓越、共创未来。

在习近平总书记提出3亿人上冰雪后,全国上下响应"冰天雪地也是金山银山"的号召,越来越多的城市将冰雪运动列入城市发展的战略规划中。冰雪运动在我国迅速升温,群众参与热情也空前高涨。

2018年12月,国家体育总局等部门联合印发《关于加快发展体育竞赛表演产业的指导意见》,明确在体育赛事活动日益增多、市场活力持续激发的大背景下,要积极推进体育竞赛表演产业发展,扩大供给规模,促进产业转型升级。与此同时,由国家体育总局等五部委联合印发《关于支持社会力量发展大众冰雪运动的实施意见》,明确提出到2025年我国冰雪运动参与率要达到42%以上。除了在政策层面的大力支持外,中国政府还多次召开会议,对全民健身事业作出重大部署,全面推进全民健身事业高质量发展。国家体育总局局长苟仲文也再次强调:"要积极推动群众冰雪运动向更高层次发展。把群众冰雪运动作为今后一段时期全民健身工作的重点任务抓紧抓好,不断提升群众冰雪运动参与率和覆盖面。"

除了国家层面统筹组织的大型全民冰雪活动外,各地也结合自身实际情况积极推出许多惠民活动,吸引广大群众参与其中。河南推出"上冰上雪体验活动",以免费的方式力争实现10万人次参与冰雪运动;福建"助力冬奥营动福建——2019年全国青少年体育冬令营",每天1000人免费学习滑冰;"2019年贵州省冬季冰雪运动旅游季系列活动",免费向15000名学生发放滑雪体验券;"冰雪辽宁"暨辽宁省"百万市民上冰雪活动"联合省内15家滑雪场,推出抢票快乐滑活动、滑雪公益训练营、滑冰公益训练营;北京市快乐冰雪季公益体验培训课共计培训10余万人学会滑冰、滑雪,全市发放体验券2万余张。

此外,各地还利用微信、微博、抖音、快手等新媒体平台开展丰富多彩的线上冰雪活动,并与线下体验活动相结合,打破时间和空间的局限,号召更多群众广泛参与线上冰雪活动,将自己参与冰雪运动的体会和精彩瞬间分享到网上,并与广大网友和冰雪运动爱好者分享参与冰雪运动的激情与快乐。各地开门办冰雪,文化、旅游、教育、残联、共青团等部门,以及各类老年体协、户外运动协会、户外联盟等都积极宣传、参与、支持群众冰雪运动。同时，广泛动员冰雪场馆、俱乐部、企业等参与到群众冰雪运动赛事活动和推广普及中，多部门参与、社会力量协同，共同提升大众对冰雪运动的关注程度，扩大冰雪运动的影响力。

第二章
我国群众冰雪运动专项史

第一节 速度滑冰项目发展史

2022年北京冬奥会是我国举办的最高规格的冬季体育赛事。这项赛事从申办到筹备再到正式举办，整个过程对我国冬季运动项目的发展而言，无疑是一次极大的挑战，举国上下的共同努力，又使这次挑战成为我国冰雪事业发展的最大机遇。纵观新中国成立之后的冰雪运动项目发展历史，不难看出相比于欧洲传统冰雪强国，我国在众多冰雪项目的发展历史上都存在时间较短、训练方法和训练设施等方面相对落后的情况。一方面，由于现代冰雪运动的体系是从西方国家传到中国，思想和文化的传播本身存在一定的差异和代沟。另一方面，是由于我国建国时间较短，历经的现代化建设周期还不完善，整体经济水平和实力还没有达到发达国家的程度。很多冰雪运动对于训练设施、训练环境和训练方法等方面又有着较高的要求，因此导致我国很多冰雪运动项目迟迟未能实现国际大赛的突破。

速度滑冰是群众冰雪竞技运动中典型的运动大项，也是我国的传统优势项目。在国家政策的支持和众多速度滑冰从业人员的不懈努力下，我国在世界速滑大赛取得举世瞩目的成就。尤其是在短距离项目上，更是体现出极高的现代经济水平。但不可否认的是速度滑冰作为主流冬奥项目，同样也是其他国家非常关注的项目。因此，在该项目的奖牌争夺上往往要比其他运动项目更加激烈。

近年来，我国与韩国运动代表队在该项目上的争夺，已经成为全体中国人时刻关注的大事件。如何突破速度滑冰发展路径的限制，找到全新的发展思路，设计出有利于我国速度滑冰事业发展的制度，已经成为突破该项运动发展的重要因素。想要找到答案就需要回望历史，从速度滑冰项目的创立开始，一直到今天。只有根据制度变迁理论，找到速度滑冰项目发展的规律，才能提高整个项目的生命力和活力，有助于我国速度滑冰运动员打破现有制度的框架，推动速度滑冰项目的可持续健康发展。尊重历史才能找到适合我国速度滑冰发展的人才选拔和培养机制，才能保持和突破现有的运动成绩。在后北京冬奥会时代，更需要立足于新中国成立70余年的大时代背景下，全面解析中国速度滑冰运动的发展历程，了解我国速度滑冰运动曾经遇到的发展困境和一系列应对之策，这样不仅可以推动我国速度滑冰运动的发展，也可以为其他冬季运动项目提供可行性思路。

一、速度滑冰运动的历史介绍

滑冰是一项拥有悠久历史的冬季运动，但无论是体育界还是学术界，对这项传统运动的起源问题却没有统一的说法。根据我国的史料记载，远在1300多年前的唐朝，我国北方就出现类似于现代滑冰的运动形式，这种运动的雏形是为了方便百姓在冬季特殊场合的出行。到宋代，这种特殊的冬季出行方式已经逐渐演化成百姓之间的运动和娱乐方式，被称为冰嬉。到元代，这种冰上游戏变得非常流行，并且运动形式初具规模，这和元代蒙古人常年生活在北方有关，很多蒙古人已经适应了在冬天的冰面上开展这项体育运动。而在清朝后，由于满族人自古形成的滑冰传统，也将这种运动形式带入关内，甚至还会定期举办大型的滑冰运动，无形中推动当时滑冰运动发展。

在西方，欧洲有关滑冰最早的记录出现在公元936年。历史学家和考古学家曾经在伦敦地区挖掘出证明当时民众开展滑冰运动的重要历史遗物。滑木根据相关考证是出现在12世纪的物品，当时的欧洲民众开展滑冰运动除了需要使用滑木外，还需要借助木棍和木杖对身体进行支撑。现代滑冰运动使用的冰刀诞生于北美地区，是由一位铁匠大约在1572年首次制成。这一时期的冰刀结构比之前更加复杂，拥有完整的内刃、外刃，刀刃为了方便滑行，也呈现出一定弯曲的形态，借助这种形态和更加坚固的材质，滑冰者在使用冰刀时就不再需要木棍和木杖进行支撑。

直到1942年，世界范围内最古老的滑冰俱乐部在英国成立，之后滑冰逐步在欧洲上流社会流传开来，其后普及到世界各地。而和滑冰运动有关的其他时间节点包括，1809年在英国地区出版有关滑冰运动的书籍，1841年开展过最早期的滑冰运动竞赛。1850年，冰刀的材质从铁制更新为钢制之后，现代滑冰运动才真正得以快速发展起来。和大多数西方国家的认识不同，大部分俄国的历史学家认为现代速度滑冰运动使用的冰刀是由俄国人率先发明的，其学术依据是俄国人首先推出将冰刃通过螺丝钉固定在鞋上的方式，并认为只有这种结构才代表现代滑冰运动的标准装备。彼得大帝时期，俄国的图拉兵工厂就已经组织工匠制造制式的钢制冰刃，其最初目的是帮助当时的士兵解决冬季的运输和行军问题，而这一事件发生的时间节点要比英国提出的1850年至少早一个世纪。

速度滑冰运动召开的比赛可以追溯到1882年，在维也纳举行国际速滑比赛并召开第一次国际滑冰会议。当时很多国家速度滑冰运动的开展都是各自为政，采用的比赛方式也各有不同，正是在这次会议上确定国际速度滑冰比赛分为速度滑冰和花样滑冰两个大类。同时，还参考当时各个国家开展速度滑冰运动的经验，对竞赛规则进行完善。由于各个国家在国内比赛采用传统制度，比如，当时俄国国内的速度滑冰比赛使用俄制单位，英国采用英制单位。如果不对这些竞赛规则和竞赛制度进行统一，必然导致比赛过程和结果非常混乱。也正是基于这些问题，1891年在德国汉堡地区举行的世界速度滑冰比赛中，首次采用公制距离的计算方式，在相同标准和制度下开展比赛，也被称为首届世界冠军赛。俄国人发明通过螺丝钉将冰刀固定在鞋上的方式后，1902年，挪威人鲍尔森发明一种长度更长且更加锋利的速滑冰刀。这种冰刀的形制在今天也被称为跑刀，是在管状冰刀问世之前世界范围内应用最广泛的一种速滑冰刀。其后，挪威人再次对冰刀进行升级，在速滑冰刀的结构基础上安装一个刀管，使其成为类似于今天管状式速滑跑刀的结构，并一直沿用至今。可以说，挪威人在冰上运动项目上的成绩，一定程度上和其对速滑技术以及速滑装备的改进有很大关联。

随着速度滑冰运动在世界范围内的逐渐普及，1892年，在荷兰的阿姆斯特丹，又举行各国滑冰协会代表之间的联席会议。由于当时滑冰运动推广和普及效果出众，会议共有16个国家代表共同出席，最核心的内容是通过讨论一致同意统一领导世界滑冰运动并组成国际滑冰联盟，共同决定国际滑冰联盟每年举行一届世界级大赛，分别称为世界男子速滑锦标赛、欧洲男子速滑锦标赛、世界花样滑冰锦标赛和欧洲花样滑冰锦标赛。这4个锦标赛也成为滑冰运动最权威、历史最悠久的国际赛事。

国际滑冰联盟在1892年5月正式成立，不仅是世界上最早成立的国际单项体育组织，也是最早推动滑冰运动成为奥运项目的国际组织，宗旨是开展并普及速度滑冰和花样滑冰两项运动。按照联盟惯例，国际滑冰联盟将每两年召开一次会员代表大会，凡承认国际滑联章程的各国滑冰协会和俱乐部均可参加国际滑冰联盟。我国是在1956年正式加入国际滑冰联盟的，当时协会名称为中国冬季运动协会。到1980年，为了更好地区分冬季运动和运动单项，其改名为中国滑冰协会。

可以说，速度滑冰运动最初是作为一种劳动技能和捕猎手段，是祖先的交通工具和狩猎工具，其目的是获取更多的生活资料，而速度滑冰作为一种运动产生后，伴随着军事需要和民众娱乐生活，才得到进一步发展。从交通工具到娱乐形式，从狩猎工具到竞技体育，速度滑冰已经成为世界人民非常喜爱的一种锻炼方式，并且随着现代科技的应用，滑冰已经不再受限制于某种季节，越来越多现代化场馆拔地而起，使更多制度健全的比赛深入民间，不仅推动速度滑冰运动在世界范围内的普及，也吸引更多青少年加入这项运动中来，不断提高着运动员敢于向风雪严寒等自然环境搏斗的坚强意志，以及在竞赛中超越自我的勇敢精神。

二、我国速度滑冰项目的创立和缓慢发展阶段（1949—1966年）

1949年新中国成立后，由中央政府下达了有关制定各种体育运动项目制度的决定。其中群众冰雪运动类别里速度滑冰是最早被确定的冰上运动项目，快速完成自上而下的制度制定，由中央政府下达决策，地方政府和相关体育部门根据自身实际情况进行层层落实。这一阶段，我国冰雪项目的建立通常基于制度的创建，对于部分地区而言，由于缺少各种体育运动项目的了解，往往只知道要开展哪些体育运动项目，但是具体工作的落实却毫无头绪，甚至可以说我国群众冰雪运动项目的发展是从强制性的制度变迁开始的。政府完成的主要工作是统一各地政府以及相关部门的思想意识形态，让有关部门的领导和工作人员充分认识冰雪运动对于全民健康和社会发展具有的重要意义。但由于新中国刚成立，我国各方面条件和基础都较为薄弱，类似于速度滑冰这样的冬季运动项目经过一个较长的发展周期。

最重要的时间节点是1950年，中华全国体育总会筹备委员会针对群众冰雪项目体系专门设置冰上运动组。1980年，普莱西德湖冬奥会上新中国的冰雪运动健儿历经30年的时间才第一次出现在世界人民的视野中。这30年里，新中国不仅完成对现代冰雪项目体系的构建，也以全新的面貌改变了欧美国家对中华民族的刻板认识。

但实际上，这一阶段我国速度滑冰项目的发展远远不是几句话能够说明的。其中，不仅涉及我国体育部门对速度滑冰这项体育运动认识的变化，也涉及速度滑冰技术的发展以及速度滑冰训练模式变化等多个维度。这些维度不仅直接影响着我国速度滑冰项目的发展，也影响我国从内部发育到走向世界舞台的时间节点和进程。在新中国成立初期，速度滑冰技术的传入和我国当时的特殊国情有关。在北京、天津等较为开放的大城市，一些驻中国大使馆的外国工作人员会选择在溜冰场上滑冰，快速引起一部分国人的兴趣，并在一些城市普及推广开来。而在当时滑冰运动需要使用到的场地和设备，决定这项运动在当时只能是一些富家子弟或者拥有特殊背景的人群才能参与和消费的。也正是这一特性导致速度滑冰在国内快速形成一种潮流，变成了京津地区普通民众追求的消遣和娱乐方式，在拥有一定的群众基础后，国家体育总局经过深思熟虑才将速度滑冰列为我国重点发展的冰上运动项目之一。

在20世纪的五六十年代，速度滑冰在国内拥有一定的群众基础，中央政府和相关部门也有意识、有组织地引进相对先进的速度滑冰技术和训练模式。这种有组织的引进，快速推动我国速度滑冰项目的发展，并且在党和政府的密切关注下，成为当时我国最重要的冰雪群众体育运动之一。值得一提的是，在当时特殊的历史背景下，国家体育委员会认为可以借助中苏两国的友好关系，快速学习和复制苏联的速度滑冰技术和经验，并且在相关领导和委员会的决议下，派遣大量的留学生到苏联进行学习，然后又邀请大量的苏联体育运动专家和优秀的速度滑冰运动员，到我国进行学术交流和讲座。我国北部有冰地区快速创立大量的专项滑冰学校，部分省市也组建自己独属的滑冰体工队，滑冰运动在这样的政策支持和社会环境中快速形成建制，如雨后春笋般发展起来。

三、我国速度滑冰项目的曲折发展阶段（1967—1993年）

在经历速度滑冰项目的创立和初步发展阶段后，和其他所有运动项目一样，在"文革"时期，速度滑冰运动的发展遭到严重影响。速度滑冰是冰上运动的一个大类别，也是所有冰上项目运动的技术和形态基础，因此速度滑冰运动的发展直接关系着新中国其他群众冰雪运动项目的发展。在面对特殊的历史时期，由于建制崩溃、队伍解散、比赛取消等一系列影响，最终结果就是在10年中，我国速度滑冰运动几乎没有得到任何有效发展。

直到20世纪80年代，我国群众冰雪运动项目进入发展的关键期，国家对冰雪项目进行重新定位和战略管理。在对比其他冰雪运动强国的发展理念和发展模式之后，我国快速确立自身的重点冰雪发展项目，并且对不同项目的发展进行定制化的布局，明确要将速度滑冰作为冰上运动的基础项目，将短距离、短道速度滑冰、花样滑冰单双人项目作为我国群众冰上运动项目的发展重点，并且希望通过这些项目振兴我国冬季运动事业的发展，成为群众运动推广的突破口。同时，也赋予这些冰上项目极为特殊的历史使命，就是要完成我国冬季运动项目冬奥会奖牌数和金牌数"零"的突破。两个重要的历史任务，不仅要让中国冰雪运动重新回到世界各国的视野，同时还需要通过这些重点项目的突破，为我国后续冬季运动项目在冬奥会上的发展奠定良好的氛围和基础，让我国的冰雪运动健儿拥有更强的自信心，唤醒我国人民群众对冰雪运动的喜爱，拓展参与冰上运动的群众基础。

20世纪80年代到90年代初期，我国速度滑冰项目的运动管理模式和制度也发生巨大改变，该运动项目的管理从训练竞赛五司到国家体育总局冬季运动管理中心。这一调整不仅使我国冰雪运动项目的发展更具宏观调控的属性，使我国冬运中心真正肩负起对不同冰雪运动项目进行把控的可能性，也完善了我国冬季项目的管理制度和训练制度，使全国各地各级速度滑冰运动队有了直管单位。速度滑冰运动随着我国冬季运动项目的发展一次又一次地取得好成绩，实现了冬奥会奖牌零的突破，并且多次获得世锦赛单项和全能项目冠军。我国还开创性地推出以国家队为核心的训练体制，不仅推动了我国速度滑冰项目的发展，也更加有利于体育总局对各项目之间资源配置的有效调整。

然而可惜的是，即便我国选择国家队的训练模式，为运动员提供了国内最科学的训练技术和最良好的训练环境，并在高强度、大负荷的运动模式下，男女运动员在短距离项目上已经取得显著成绩，但我国长距离速度滑冰项目却依旧未能有所突破。虽然我国冰雪运动的发展蒸蒸日上，速度滑冰项目制度也在不断完善，但从历史角度来讲，在这一时期我国依旧未能真正理解速度滑冰运动的发展本质。简单来讲，在政策的强制执行和国家队的组建层面，我国已经能在世界级别的大赛上取得不俗战果，但是体育运动项目发展的根基在于群众参与，而我国速度滑冰运动项目虽然进入全运会名单，各省市也都在大力支持和发展，然而这种发展的模式具有一定的强制性，或者说是构建一个脱离基层群众的空中楼阁。无论我国速度滑冰运动在各项大赛上取得多么耀眼的成绩，缺少基层群众的参与也必然会导致我国速度滑冰运动出现发展瓶颈。根据历史的规律，体育强国往往也是体育大国。

一个国家体育项目发展的成熟程度，在一定程度上决定国民身体素质和健康程度，但是这一规律在我国出现反转，运动健儿在世界舞台上大展身手，民众却很少有机会真正参与到这些群众冰雪运动中。一部分原因是制度变迁导致的脱离群众，另一部分原因也和各级体育主管部门不重视基层推广和群众参与有关。缺少宏观视野和系统思维，必然导致速度滑冰运动项目的发展遇到不可避免的萎缩，使我国速度滑冰运动项目在接下来一段时间进入调整期。

伴随着制度的转变，我国速度滑冰的技术和训练模式也进入到自我探索和自我发展的阶段。20世纪七八十年代受到特殊历史背景的影响，我国速度滑冰运动采取"请进来、走出去"的学习方式。国内的速度滑冰专家学者通过自身经验的积累，结合我国当时的国情，出版发行了大批有关速度滑冰的理论书籍。这些文字内容是专家通过自身多年参与速度滑冰专项训练形成的理论体系，结合大量外国先进的速度滑冰技术和经验。正是这一时期理论专家对速度滑冰技术和训练进行的大量思索和实践，才形成我国独有的速滑技术风格和训练模式。很多人认为一项运动的技术和训练，对运动员而言是通用的，一项运动想要快速发展，只需要借鉴在该项目中表现最优异的国家和运动员即可。而实际上并非如此，任何一项运动想要出成绩，技术和训练都是不可或缺的组成部分。运动员在适配不同的运动项目时，不能一味地借鉴其他国家的技术风格或者其他运动员的技术特点，而是要根据自身的身体形态，甚至人种特点进行细节的优化和调整。比如，相对于欧洲运动员而言，我国速度滑冰运动员的身体比例和力量强度等都有着鲜明的差异。因此，需要根据我国运动员自身特点摸索适合的速滑技术风格，才能将运动员本身的特性和技术进行更加深入的结合，从而突破成绩的限制。

经过这一时期的积累，从20世纪80年代到90年代初，我国速度滑冰运动终于形成与世界同步发展的局面，做到与时俱进。在此之前，我国很多地区的速度滑冰运动发展，无论是在技术还是训练的科学性上，与其他速度滑冰强国都极为类似。正是这种相似性导致我国速度滑冰运动并没有形成自身的独特理念和发展模式，以至于在国际赛场上，我国运动员与其他国家运动员之间几乎看不到技术差异。而这种技术的相似性，虽然使我国在短时间内快速发展成为能与其他速滑强国比肩的体育强国，但是也限制了我国速度滑冰运动进一步发展的空间，这也是进入20世纪80年代末期，我国速度滑冰运动面临的最重要的发展问题。技术的取舍和调整，必然会在较短的时间内影响某一个甚至某一代运动员的赛场发挥，但对我国而言，想要取得更加优异的成绩，就不可避免地要面对这种阵痛。速度滑冰运动作为我国重点发展的冰上项目，单纯地与世界同步发展，已经无法满足国民内心的需求。而此时，也是我国速度滑冰项目即将面临转型并迎来快速发展的契机。

四、我国速度滑冰项目的持续发展阶段（1993—2006年）

1993年开始，我国速度滑冰项目进入持续发展阶段。所谓的持续发展，是在我国体育总局对速度滑冰运动制度进行摸索和调整的重要背景下，对该项目进行深入认知的一种探索和持续升级。在这一阶段，速度滑冰运动发展最典型的特征是我国加强对外交流。通过不断与速度滑冰传统强国进行交流和学习，我国进一步完善了适用于速度滑冰运动项目的发展模式。体育总局对速度滑冰项目的发展给予大力支持。从场地的建设、训练器材的引进、教练员的外出学习到组建更加专业全面的后勤团队，一系列政策的调整无不体现我国对速度滑冰运动的认识更加正规与深入。尤其是在通过和其他国家的交流学习后，相关部门领导也充分认识到速度滑冰运动的发展本质需要具备充足的群众属性。

任何一个国家的任何一个体育运动项目协调发展，都需要有足够的群众基础和参与人数。参与人数越多，就越能涌现出具有天赋的运动员，而我国传统带有强制性质的政策，优点在于运动员进入国家队后的训练强度和统一管理，但这种选拔模式脱离群众基础，就如同无根之萍，失去自身的生命力。正因如此，我国在这一时期的速度滑冰运动呈现出一种快速萎缩的状态，参与滑冰的群众数量锐减，很多滑冰场被迫关门或倒闭。我国速度滑冰政策也发生了改变，逐渐从强制性向诱导性过渡。

在改革开放和市场经济发展的浪潮下，速度滑冰体育供给的政策性失灵，也为其市场化的发展提供了可行性渠道。速度滑冰运动从原来各级体育部门对竞技体育的重视逐步下放，从单纯的竞技体育变为一种带有群众性质的全民运动。经过各级政府和相关部门的大力宣传推动下，越来越多的群众重新加入速度滑冰运动的行列中。群众的参与决定运动项目本身的生命力和生命周期，在这一阶段速度滑冰运动的奥运争光计划终于在政府的运作和群众支持下见到成效。速度滑冰运动的训练机制也从最初单一的国家队形式转变为集中和分散多地同步发展的现代化训练机制。再结合当时我国积极推动北冰南展计划，各省市体育部门相互进行学习，承担起各自的工作和任务。

在运动员的选拔和培养方面，吸纳更多地区带有本地特色的新型运动员，训练和培养模式更加现代化和多元化，各级体育部门之间也形成了更加完善的合作机制。在这样的条件和背景下，我国速度滑冰运动的制度也越来越完善，全国各地的运动队发展更加成熟，涌现出一批又一批优秀的速度滑冰人才，为后续速度滑冰项目的快速发展奠定了重要的人才基础。

五、新中国速度滑冰项目的快速发展阶段（2007年至今）

2007年之后，我国速度滑冰运动的制度完成转型，新中国的速度滑冰项目也顺理成章地进入到快速发展阶段。这不仅是我国滑冰运动制度变迁的新时期，也是群众冰雪项目体制逐步完善的关键时期。在这一时期，我国体育总局以北京奥运会的举办作为绝对核心，对于体育运动的举国体制进行更加深入的思考，又将大量运动项目的发展推进到一个全新时期。

速度滑冰运动尤其如此，随着2005年北京取得2022年冬奥会的举办权后，我国速度滑冰运动成功迈入一个大踏步、跨越式发展周期。在这个时期，北京奥运会的成功举办吸引了全世界的目光，让全世界人民都非常期待我国能举办出一个怎样的冬奥会来，因为之前有很多国家的负面案例，所以也引来联合国和奥委会的持续关注。面对着机遇和挑战，国家体育总局也将其作为一个良好的制度变迁机遇，为速度滑冰等群众冰雪运动创造一个合适的发展周期。首先，国家体育总局作为速度滑冰运动制度变迁的参与主体，与各省市的体育主管部门进行联动，邀请中国滑冰协会以及各大高校共同参与，不断推动速度滑冰运动项目的制度变迁，真正将速度滑冰从竞技体育转型成为群众参与的运动项目。

另外，各社会组织也成为速度滑冰制度变迁的主体之一，从商业和市场等不同视角，参与到运动发展和制度变迁的过程中。我国全部的冰雪运动发展都离不开两个主要目标，就是为了实现3亿人参与冰雪和奥运争光计划这两个全民性质的宏伟目标。尤其是在北京成功申办冬奥会后，这一历史任务也变得更加艰巨且迫切。对中国而言，北京将成为世界范围内唯一同时举办过夏季奥运会和冬季奥运会的城市。对中国人而言，冬季奥运会的举办也是推广全民参与冰雪运动最好的机会。北京申办冬奥会，不仅需要举办一次成功的体育盛宴，更需要借助这次机会打破冰雪运动在我国发展相对畸形的状态。如何借助这一特殊的历史事件满足国民对冰雪运动竞赛成绩的心理需求；如何将群众速度滑冰事业推向新的高度；如何解决群众速度滑冰参与度低迷的矛盾和问题，成了当时我国速度滑冰运动发展最致命的课题。

体育总局关于速度滑冰项目管理制度的变迁计划，是以当时我国速度滑冰运动发展的实际需求为基础，构建一套具有层次递进属性的结构布局。首先，我国速度滑冰运动在全新时期的发展需要更加注重协调发展理念和可持续发展理念，尤其是在我国速度滑冰的优势方面，要做到继续保持，而潜力优势方面的小项目要加大人才物力的投入，做出重点突破。

2016年，国家速滑队更是改变了坚持26年的小分队训练模式，成立管理更加统一、训练更加集中的国家队形式。这种管理模式的目的，一方面，是为了加强对运动员在训练和生活等各方面的保障；另一方面，是为了更好地对速度滑冰运动竞技比赛进行宏观调控，集中优势兵力攻克传统项目的限制，发挥团队作用，确保在某个项目上取得更好的成绩。在训练组别上，国家速滑队将运动员分为3个小组，包括中短距离组、集体出发组和创新组。这种全新的国家队管理模式，不仅是我国速度滑冰管理制度变迁的重要成果，也是全新的群众冰雪运动发展形态的一次突破。在经历8年不断实践和升级后，这种国家速滑队的模式也在2022年北京冬奥会上取得了不俗成果。甚至可以说这次制度改革和模式升级，就是为了在家门口举办的冬奥会上取得举世瞩目的成绩，而我国速度滑冰运动健儿也不负众望地完成了这一目标。

六、速度滑冰发展历程总结

我国速度滑冰运动的发展整体趋势固然是一路上升，但竞技体育的发展拥有其不变的核心逻辑，竞技体育制度的变迁也会受到外部因素的影响。竞技体育制度是指一个国家对竞技体育进行组织管理的各种机构和各种制度的集合。想要以国家为单位取得竞技体育的优秀成绩，离不开国家层面的制度建设以及各级行政部门对制度的落实。同时，还需要各级体育组织明确自身责任和权利，并且能处理好彼此间的关系。另外，一个体育项目想要得到良好的发展还离不开各项具体的体育管理制度，对速度滑冰运动而言，同样如此。

我国速滑运动的发展历经几次起落，其中最为显著的变化就是组织形态、人才选拔、硬件环境和文化氛围等，而上述元素又都会随着国家对速度滑冰运动制度的不断变迁和发展产生变化。制度和模式通常是从无到有的，在历经不同的历史时期都是基于当时的社会环境和时代背景，为了更好地满足利益最大化而做出的选择。国家之所以不停地对相关制度和模式进行调整，就是为了改变不同历史背景下，相关制度的利益主体格局。因此，我国速度滑冰运动的发展和其制度的变化有着直接关联，而速滑运动制度的改革又是为了更好地实现这项运动发展的方向和目标。

新中国成立后，速度滑冰运动的制度变迁从最初的和苏联老大哥全面学习开始，一直到相关从业人员结合我国实际国情以及运动员身体素质开展的一系列探索。从"走出去、引进来"到明确速度滑冰作为我国重点发展项目，这些制度的改变都是在外部环境的影响下，为了实现速滑运动主题目标而进行的自我调整和自我完善。从经济发展的角度来讲，任何一项运动的发展都是缓慢的，只有通过长期的分析和探索，才能找到适合自身成长的路径。不同体制决定不同项目发展方向，不同的影响因素会产生不同的利益诉求，正是在这样复杂的影响因素下，我国速度滑冰运动的发展从追求竞技体育的成绩到追求全民参与的属性，从不均衡的赛场表现到市场介入后的群众参与。总体来讲，新中国速度滑冰运动的发展，经历了一个从不均衡到均衡的过程，一方面，体现了我国经济和物质发展对速滑运动路径的依赖，另一方面，又体现我国在群众冰雪运动管理和发展中，组织的先进性和创新性。

速度滑冰运动在我国拥有着较为良好的先决条件和深厚的群众基础，其整体的发展脉络也和我国体育制度的优化升级目标相一致，都可以归纳为以政府主导为核心，其他组织进行配合实现共同参与。区别在于，随着时代的发展和对速度滑冰运动制度的变迁，政府主导的强制属性正在不断削弱，市场和商业属性的发挥不断变强。尤其是在北京成功申办冬奥会并圆满举办后，大量民间资本的涌入又使我国群众冰雪运动的发展迎来全新的高潮，速度滑冰运动制度的变迁也实现了从强制性向诱导性的转变。

2022年，北京冬奥会的举办，对于我国群众冰雪项目举国体制的发展而言，无疑是一次成功的考核①。在后冬奥会时代，如何借助深化改革的大背景，推动我国冰雪竞技体育多元化的发展，成了速度滑冰项目下一个成长周期最核心的命题。想要突破惯性思维找到速滑运动发展的新路径，就需要再次回归对速度滑冰运动本质的认识上，这样才能充分地学习和借鉴其他速滑强国的制度设计经验，设计出一套既有先进性又适合我国速滑运动发展的制度。而这项制度的修正与优化，还需要经历一个大周期的实践，才能真正做到促进速滑运动项目的健康发展。作为参与主体，不论是政府还是体育主管部门，都需要做好自身内部的改革工作，坚持管理模式、训练模式的创新，做好多元化训练体系的构建，从而促进速度滑冰运动跨越式发展。

七、后奥运时代速度滑冰运动的发展

（一）后奥运时代速度滑冰运动的发展困境

首先，我国速度滑冰项目的发展整体实力失衡，女子优势项目断层，中国速度滑冰实力正面临新的挑战。多年以来，中国女子速度滑冰项目的成绩尤为突出，甚至呈现一边倒的状态②。然而，从平昌冬奥会开始，这种情况已经发生变化，女子项目失去了夺牌的实力，男女选手实力整体失衡。因此，为了提升中国速度滑冰项目的整体国际竞争力，需要加强后备梯队建设和完善培养策略。事实上，从历届冬奥会的成绩可以看出，中国在速度滑冰女子短距离500米项目上的整体实力曾属于世界一流。然而，随着张虹和于静等老将的退役，中国队似乎没有培养出新的年轻选手，没有形成良好的梯队建设，逐渐失去传统优势。在北京冬奥会上，中国女子选手的表现依然平平，没有展现出未来的发展空间和崛起迹象。因此，我们需要更加努力地前行，以期重现中国速度滑冰项目的辉煌。相比之下，男子选手在这两届冬奥会中表现出色，但仍未形成集团优势。尽管高亭宇和宁忠岩等队员表现出色，但其他选手的潜力还需要挖掘。只有尽快达到国际水平并提升竞争力，中国速

---

①王文龙，王淼，崔佳琦.我国花样滑冰运动备战2022年北京冬奥会的主要矛盾与策略选择[J].冰雪运动，2022，44（2）：32—37.
②李雨，安秋，王文轩，等.格局，困境，对策：后冬奥时代我国速度滑冰的发展[J].冰雪运动，2022，44（2）：11—16.

度滑冰男子项目才能更进一步。

值得注意的是，女子在中长距离项目上已经有所提高，但与世界高水平运动员相比还存在较大差距。当前男子选手在1000米和1500米项目上已经有了较大提高，并且个别队员已经达到了世界级水平，具有争夺奖牌的实力，但整体而言，我们在长距离项目上还有一段路要走，目前仍然只能争取参赛名额。为了实现更高的成就，需要认真总结经验和教训，找出抑制我国长距离项目发展的根源。只有这样，才能制订出更好的战略目标，为备战米兰冬奥会做好充分的准备工作。

另外，我国速度滑冰项目在整体竞争力方面有所不足，其中优势项目未能达到预期，女子短距离项目甚至出现严重下滑，而长距离项目也存在着提升难度的问题，这是因为过去我们没有很好地掌握训练周期规律和形成科学系统的训练理念。速度滑冰属于以体能为主导的周期竞技项目，除了技术的提升，体能训练需要敢于创新和尝试，团队建设也需要更加完善和科学化。在这方面，强有力的有氧运动能力是走向成功的关键，是提高成绩的有效保证。我们聘请的德国体能训练专家曾经提到，速度滑冰项目最短的距离是500米，而最快的滑行需要约34秒。因此，有氧运动的比例在整个训练中必不可少。在北京冬奥会中，中国女子短距离选手在500米比赛的后程降速较大，需要总结一下运动员训练中有氧负荷的比例是否合理。

最后，我们缺少对新增项目的科学认识，需要改进战术应用。在2018年平昌冬奥会上，速度滑冰项目新增设一个集体出发项目，其中竞赛规则类似于轮滑积分赛，包含4个冲刺点，其中3个设在比赛途中（第4、8、12圈），另一个则在比赛的最后一圈。首先，集体出发项目非常适合速度耐力能力强的运动员，而且也适合从短道速滑和速度轮滑转入该项目的运动员。在这个项目中，运动员除了需要在有氧耐力上拥有强大能力外，对后程冲刺能力的要求也非常高。同时，该项目也考验运动员在场上的应变能力和战术灵活转换能力，最先通过冲刺点的3名运动员将获得相应的积分，积分将从比赛开始到最后一圈累计，作为决定最终排名的依据之一。

在平昌冬奥会上，中国队在这个新项目中取得了不俗的成绩，其中短道速滑转项运动员李丹和速度轮滑转项运动员郭丹，分别获得第五名和第十名。但在北京冬奥会上，郭丹仅获得第十三名，原因是没有做好与队友之间的战术配合。因为该项目实行时间较晚，在平昌冬奥会时还未达到成熟期，经过

4年的国际竞赛锤炼，各国的运动员实力也迅速提高，目前中国队与世界高水平运动员仍存在差距。因此，在提升运动员能力的同时，我们需要深入研究团队比赛的战术配合方案，尽管在集体出发项目上取得了一些进展，但仍需要更多的科学研究和战术方案应用与创新。

（二）后奥运时代速度滑冰运动的发展策略

积极借势北京冬奥会的国家政策效应，加速推进"北冰南移、西扩东展"，促进速度滑冰项目大发展。北京冬奥会的成功举办，让速度滑冰项目逐渐走入大众视野，让更多人了解和积极参与到速度滑冰运动中来。这不仅有助于加快我国冰雪运动和冰雪产业的发展，还推进了我国"北冰南移、东展西扩"政策的顺利实施。同时，扩大我国速度滑冰项目在未来的运动员选拔和人才培养范围，有助于增强我国速度滑冰项目的国际竞争力和影响力，以及带动我国人民增强体质，为体育强国建设奠定坚实基础。

我国要加强后备人才梯队培养，普及和推广"轮转冰"策略，持之以恒地做好科学选才工作，将其作为一个系统工程建设。只有选好苗子，才能够更好地制定目标，为国家队输送拔尖人才。因此，我们要搭建一个好的后备人才梯队，夯实培养基础。同时，必须加大"轮转冰"普及力度，着重关注速度轮滑项目发展好的地区，比如浙江队、江苏队等，在技术和训练方面给予扶持，帮助普及和推广"轮转冰"策略，推动其进一步发展。我们还要加强"轮转冰"教练员的专业理论知识培训，派专业团队提供科技支持。此外，针对轮滑、冰上训练转换的周期安排和技术改进，进行科学研究，找出训练规律，促进后备人才培养质量的提升。

同时，为了推动中国速度滑冰项目的快速发展，需要着重培养和加强教练员的专业理论知识。目前，在速度滑冰项目中，大部分教练员是退役的优秀运动员，缺乏系统的专业理论知识培训，这种学科上的缺失限制了速度滑冰项目的发展。其一，培训机会是推动教练员发展的首要条件，可以给教练员提供更多的理论学习或培训机会。例如，让他们进修或者到国外接受培训，有助于扩充教练员的知识结构，提升他们的科学理论水平，并促进执教能力的提升。其二，由于训练不再是由运动员和教练员两个人完成夺冠的架构，有必要建立一个专业性更强、更具项目特点的复合型教练团队，包括训练和技术领域的专业人才，也包括科学技术领域的先进人才。例如，人工智能可以为运动员技术的改进提供帮助，风洞测试可以帮助设计出合理流线型和减少空气阻力的比赛服，运用运动心理学可以帮助运动员缓解比赛压力和克服心理障碍等，这些科学技术的介入，将共同提高训练的科学性和有效性。

另外，还需要促进竞技体育与教育协同发展，建立学校与体育学校、高校与专业队和国家队的合作机制，实现实践与理论和科学文化的融合，这是推动速度滑冰项目科学化发展的有力保障[1]。为了加快速度滑冰项目在校园中的普及和扩大招生范围，应积极推进体教融合，加强运动培训、科学研究、人才选拔、学科建设和优秀滑冰运动员学历提升等方面的一体化合作。还应大力培养体育教师和教练员队伍，提升我国速度滑冰师资力量，为速度滑冰项目的科学化、可持续发展打下坚实基础，有助于构建长效的工作机制，为速滑人才的选拔和培养创造更好的条件。

最后，为了进一步拓展人才选拔范围，可以进行赛制改革，通过设立不同等级赛制和采用晋级制增加参赛人数，增强比赛的竞争力和吸引力，积极兴建速滑场馆，努力实现"北冰南移、东展西扩"的目标，加快速度滑冰项目的发展。这不仅有助于我国竞技体育综合实力的提升，也能提高人民群众特别是青少年的体育健身意识，推动全民健身事业的发展。然而，完善保障只是促进我国速度滑冰项目发展的关键之一，更为根本的是培养综合素质高的速滑人才，不仅要让冰滑得快，也要提升人的素质，才能让传统的速度滑冰项目得到健康发展，使其在世界强国行列中立足。因此，我们应充分发挥体育在促进人全面发展中的重要作用，加强体育科技研发，完善全民健身体系，增进广大人民群众的体育健身意识，提高我国竞技体育综合实力和国际竞争力，加快建设体育强国的步伐。

（三）后奥运时代如何推广群众参与速度滑冰运动

1. 在国家层面上

第一，政府要发挥主导驱动作用。主导驱动作用主要是指政府对冰雪运动的主动扶持以及政策倾斜保障，为冰雪运动的发展制订相关的优惠政策，比如，税收、补贴、贷款，让更多的资本投入冰雪运动中。同时，可以进行

---

①陈建华，王浩，李锂.人文体育观视野下"体教结合"体育人才培养模式研究[J].体育科技文献通报，2009，17(9)：5.

政府购买冰雪运动服务，让社会上的冰雪运动组织、俱乐部、培训单位变得活跃，还可以加强体育局、文旅局、教育局等部门的联动，共同设计相关政策文件，从多角度、多维度、多层次推广冰雪运动。

第二，加强组织领导和区域协同，确保政策能产出、能落地。区域领导不到位、部门协调不到位、政策措施不完善，在一定程度上制约着冰雪运动的发展。例如，前文所言，目前还有很多省市并没有颁布当地冰雪运动发展规划和文件，意味着当地的冰雪运动发展全靠群众自己，这时政府的领导作用就显得尤为重要，政府要积极制订本地区冰雪发展战略规划，打开冰雪运动发展的新局面。

2. 在社会层面上

第一，要加强冰雪文化的宣传。营造良好冰雪文化氛围是促进大众提高冰雪运动认知，产生冰雪运动兴趣的基础。随着5G时代的到来，网络成为一块重要的宣传阵地，因此要丰富冰雪文化的传播途径和形式。

第二，要高度重视并加强青少年参与冰雪运动的深度和频率，因为青少年学习能力强、领悟运动技能快，参与体育锻炼条件好、时间多，是参与冰雪运动的主力军。近年来，一直大力推进"冰雪进校园"也是这个原因，因此很多学者都建议要注重对青少年参与冰雪运动的支持。

第三，要增加群众性冰雪运动组织和社团，让广大群众能找到志同道合的"冰雪爱好者"，让冰雪社团和冰雪组织发挥桥头堡作用，带动更多人尝试冰雪、参与冰雪、爱上冰雪，建立"冰雪+"产业，利用其他领域的成熟产业带动冰雪运动的开展，例如，"冰雪+互联网""冰雪+旅游""冰雪+娱乐"。可以说未来需要以大力发展冰雪运动产业为驱动力，进而带动群众冰雪运动的可持续发展。

3. 在支持层面上

第一，要加强场地支持。多项调查显示阻碍群众参与冰雪运动的主要原因是冰雪场地的不足和不便，因此，加强冰雪场地的建设、提高冰雪场馆的服务质量、提升冰雪场馆的安全性和方便性是推广冰雪运动的重要基础。

第二，要加强专业人才支持。无论什么运动都存在一定的风险，参与者的不当运动行为很容易导致运动损伤。冰雪运动中的滑冰、滑雪项目对身体协调性和核心肌肉要求较高，比其他运动更容易造成韧带、肌肉损伤。因此，要增加冰雪项目教练员、安全员等专业人员的数量，保证在冰雪运动场所有专业人员提供专业的运动支持和指导，保障参与者的安全。同时，对其他方面的冰雪专业人才还可以采用"跨项选材""人才引进"策略快速填补当前缺口。

综上所述，需要采取多方面的措施，才能实现我国速度滑冰项目的长远、健康和可持续发展。要加强科学研究、人才培养、制度创新等多项工作，使速度滑冰成为我国优势竞技项目。

第二节 花样滑冰项目发展史

近年来，我国在世界花样滑冰赛事上屡获佳绩，不断展现出强大的实力和潜力。然而，新中国花样滑冰运动的发展历程并非一帆风顺。

1949年，中华人民共和国成立时，花样滑冰运动在我国尚处于较低的发展水平，人们对这项运动几乎没有太多的认识和了解。不过，随着国家的发展和对运动事业的重视，花样滑冰项目逐步被人们所关注，并得到相应的支持。

20世纪50年代，中国开始花样滑冰运动的发展尝试。由于缺乏足够的滑冰场地和专业知识，中国的花样滑冰事业无法快速发展。但是，我国的运动员仍然勤奋训练，通过反复摸索和实践，逐渐提高自己的水平。这个时期，中国的花样滑冰运动员主要以自学为主，自己摸索和总结技巧，往往需要训练多年才能达到国际先进水平。

1960年，中国的花样滑冰运动开始迎来新的发展机遇。我们的运动员首次参加世界花样滑冰锦标赛，虽然成绩并不十分出色，但是这次尝试为中国花样滑冰的崛起打下了良好的基础。之后的10年间，中国的花样滑冰运动员在经验积累和技术探索中取得不少进展，提升了自身的实力和竞技水平。

20世纪70年代，中国花样滑冰事业得到进一步的提升。当时，中国一批优秀的教练员开始回国，通过传授自己的专业知识和技术，深入推进花样滑冰运动的发展，并且承担起为后辈运动员提供指导和训练的责任。其中，张坚敏、赵宏博等人都是中国花样滑冰史上的杰出人物，为中国花样滑冰的崛起做出巨大贡献。

20世纪80年代至90年代初,中国花样滑冰运动进入黄金发展期[①]。中国花样滑冰运动员开始在世界大赛中大放异彩,先后获得过奥运会和世界锦标赛的金牌和银牌。其中,1994年利勒哈默尔冬奥会上,陈露获得女单铜牌,此后的1995年获世界花样滑冰锦标赛女子单人滑冠军,中国花样滑冰运动在世界舞台上声名远扬,成为国际上备受瞩目的劲旅。

20世纪90年代末至今,中国花样滑冰运动依然处于高速发展阶段。随着技术的不断进步和专业化管理的深入推进,中国花样滑冰水平和实力不断提高,目前已经成为世界花样滑冰的一股强大力量。中国花样滑冰运动的发展拥有着良好的前景和广阔的空间,重新焕发出了生机和活力。

21世纪以来,中国花样滑冰运动继续保持强劲的发展态势。中国运动员在世界大赛中屡获佳绩,包揽多个金牌和银牌,展现出强大的实力和潜力。同时,中国也加速花样滑冰运动场地的建设,增加专业教练员的数量,提升了运动员的训练水平和技能。但是,中国花样滑冰运动面临的挑战依然较大。尽管我们已经在全国范围内构建起一定的训练体系和赛事体系,但是和国际上的先进水平、专业化和市场化相比,还存在一定的差距。因此,我们需要通过更大的投入和努力,为中国花样滑冰事业的发展开辟更为广阔的空间。

一、新中国成立前的基础铺垫阶段

花样滑冰是一项极具艺术性的冰上运动,结合技巧、速度和优美的舞蹈元素,是冬季奥运会上备受瞩目的项目之一。中国的花样滑冰起步较晚,但在新中国成立前的几十年中,也经历了一段缓慢但稳定的发展历程。这一发展过程固然与当时我国特殊的国情和社会背景有关,但不可否认的是,正是由于这段历史完成的基础铺垫,才使我国花样滑冰运动有机会不断发展壮大。最早的花样滑冰普及于上海与天津等大城市,最初是美国和英国水手带入中国的。1919年,上海市有一家名叫"上海冰上俱乐部"的组织开始进行花样滑冰活动,当时的滑冰场地都是自由滑冰,没有建立专门的花样滑冰带练区。因此,花样滑冰也和速度滑冰等其他冰上运动相似,在当时的特殊历史时期,一度成为上层社会的专属运动,尤其是在其他国家国民的影响下,成为一种带有社交属性的贵族运动。

---

①刘冬森.我国优秀花样滑冰运动员康复性体能训练特点的研究[D].北京体育大学,2013.

随着时间的推移，越来越多的运动员加入花样滑冰训练中，并开始探索不同的滑冰技艺和动作。1925年，第一次全国性滑冰比赛在上海举办，但是比赛的规模很小，并没有引起太多的关注。之后的十年，花样滑冰运动在中国的发展比较缓慢，虽然一些运动员专注于训练并且取得不少成果，但整体还是处于一个小众运动的阶段。

解放战争结束后，中国花样滑冰协会于1946年成立，标志着花样滑冰运动进入一个重要的发展阶段。协会的成立也激励更多的运动员加入这项运动中。此时，一些运动员已经掌握相当的滑冰技巧，并且开始担任教练，在全国各地推广花样滑冰项目。

1948年，中国第一家专业滑冰俱乐部——北京冰上运动俱乐部成立，为花样滑冰创建一个规范的平台。不难看出，花样滑冰在这一时期的发展，虽然已经成立了协会，但仍然属于娱乐大于竞技的状态。正是由于这种属性，使我国花样滑冰俱乐部的组建早于新中国的成立，也充分体现运动无国界这句话的含义。

随着新中国成立，花样滑冰运动进入了一个新的发展时期。1951年，中国花样滑冰队在全国华北五省运动会上首次亮相，并取得令人瞩目的成绩。此后，中国花样滑冰队开始参加国际比赛和巡回演出，不仅提高了运动的技术水平和赛事经验，也让更多的人了解了花样滑冰的美。

总体而言，新中国花样滑冰运动的初始发展，可以概括为起步阶段、正式成立和新中国成立三个阶段。尽管起步时期缓慢，但在中国花样滑冰协会成立后，运动员参与的人数急剧增加，为更开阔的发展奠定基础。随着新中国的成立，花样滑冰运动也进一步向外发展，在国际比赛中崭露头角，成为中国冬季运动事业中的重要组成部分。

二、新中国花样滑冰运动的曲折发展阶段

新中国花样滑冰运动从1950年到1978年，可以简单概括为曲折发展到力挽狂澜的时期。简要分为两个重要的历史阶段，从1950年到"文革"开始之前，为花样滑冰运动的初步发展期；而"文革"时期，是中国花样滑冰运动的停滞期。

新中国花样滑冰运动可以追溯到二十世纪五十年代初期，中国体育事业刚刚开始恢复和发展。1951年—1952年，上海举办全国性的冬季运动会，当

时花样滑冰还没有被列为正式比赛项目。这次全国性质的冬季运动会对我国体育事业，尤其是冰上运动的发展和推广有着极为重要的意义。但是，由于中国大部分地区没有冬季运动场地以及相关设施，花样滑冰运动在当时的发展还比较缓慢。也正是硬件上的要求，使花样滑冰运动仍然没有摆脱贵族运动的标签，很难真正融入人民群众中。直到1958年，苏联派出一批花样滑冰教练来华，为中国花样滑冰运动注入了新的力量。

1953年，为了响应在哈尔滨举行的首次全国冰上运动大会①。我国北方一些城市，从小学到中学都在积极开展花样滑冰运动。长春、哈尔滨、沈阳等地区，甚至将花样滑冰作为高校冬季体育必修课程之一。并且，哈尔滨市体委还在1953年成立了花样滑冰专项训练班，并且先后培养出杨家生、刘洪云、白秀芝等大批知名运动员，主教练田继陈还曾在1956年远赴欧洲进行考察，并撰写一大批有关体校花样滑冰教学以及花样滑冰赛事的指导文件和书籍。

1958年，中国第一座真正意义上的室内溜冰场在北京图书馆广场落成，为花样滑冰的发展提供重要的场地和设施支持。同时，这座室内溜冰场也是第一座对民众开放的花样滑冰专业训练场地。同年12月，中国首次赴马来西亚参加花样滑冰比赛，并在比赛中取得优异成绩，标志着中国花样滑冰运动在历经十年的发展和壮大之后，正式走上国际舞台。

当时，中国的花样滑冰教练都是从苏联引进的。20世纪60年代末期，苏联撤回这些教练，中国的花样滑冰运动陷入低谷。在那个时期，中国的花样滑冰运动员只能在计时器不灵的户外溜冰场上训练。80年代初期，中国花样滑冰运动再度崛起，在全球舞台上展示中国极高的花样滑冰水平。可以说，新中国花样滑冰运动从1950年到1966年的初期发展可以看出，其在艰苦环境下的成长历程，虽然受到客观条件的限制，但是中国滑冰运动员的不懈努力，也使中国在这个时期的花样滑冰成绩值得肯定。

1967年—1973年，中国花样滑冰队凭借出色的成绩先后在亚洲、欧洲、北美洲等国际比赛中表现出色，成为国际上备受瞩目的运动队。这些成绩的背后，是中国花样滑冰队的不懈努力和领导及教练的卓越管理。其中，中国女子花样滑冰获得1973年最具影响力的花样滑冰比赛——世界花滑大赛的金牌。

①李雨阳,韩贝宁.我国花样滑冰运动发展的百年回眸与未来展望[J].冰雪运动,2020,42(4):5.

1974年—1978年，中国花样滑冰队在国际赛事中的表现越发精彩。1976年，在日本举办的第二届亚冬会上，中国花样滑冰队夺得女子单人、女子双人以及冰舞三项冠军，成为全场关注的焦点。而在1977年举行的欧洲杯中，中国花样滑冰队获得全球大型比赛中的首个金牌，并且展现中国花样滑冰队在全球舞台上不可忽视的力量。

1978年，中国花样滑冰队再次取得突破性进展，代表中国出征加拿大举办的花样滑冰世界杯，荣获该项赛事的单人、双人和冰舞的总冠军。这些成绩标志着中国花样滑冰在国际舞台上地位的崛起，也是中国风格的一次辉煌。中国花样滑冰队的风格、技巧以及广泛的受众群体，都被世界公认为这项运动的独特风景线。

三、新中国花样滑冰运动的系统发展阶段

1979年—2010年，是中国花样滑冰运动系统发展并逐梦奥运的重要时期。花样滑冰作为一项世界性体育项目，在中国得到迅速发展。

从1979年—1990年，中国花样滑冰的发展达到一个新的高度，中国选手在国际比赛中取得很多成绩，表明中国正逐渐成为花样滑冰世界强国。

1979年，在著名的"名古屋决议"中，中国重新获得国际奥委会的合法席位，并且派遣运动员许兆晓、包振华参加1980年美国普莱西德湖冬奥会花样滑冰项目的比赛，这一举动不仅代表我国奥委会重新加入国际奥委会的大家庭中，同时，也代表花样滑冰运动开启对奥运会的冲刺。中国队第一次参加国际滑冰联合会世界花样滑冰锦标赛，首次面对来自世界各地的选手，但由于缺乏经验在比赛中取得较为一般的成绩。但是这个历史性的时刻让中国队开启了在世界舞台上的冰上表演之旅，这次比赛，针对中国代表队的表现，很多外国记者撰写了非常不屑的新闻稿件，也让我们看清了中国和其他冰雪强国之间经济实力的真实差距，国家体委立即拍板响应了"引进来、走出去"的时代政策，接受美国花样滑冰队以及英国冰舞队的访华意见，并且鼓励运动员留美学习，成立国家集训队。接下来的几年，中国花样滑冰开始得到国家的大力支持，在进行国际大赛的同时，中国还成立了自己的花样滑冰联合会，为花样滑冰运动在中国的发展提供更好的管理和组织。

1984年—1985年，中国花样滑冰运动员许兆晓在多瑙河温泉杯国际邀请赛中，初次代表中国获得国际比赛的金牌。花样滑冰运动员张树斌在意大利

大都会，助力中国队拿下第一个世界冠军。这两位运动员在接下来的几年里，多次夺得国际比赛金牌，成为中国花样滑冰的代表。

1986年，在第一届亚洲冬运会上，我国花滑运动员刘陆阳和赵晓磊成功打破日本和韩国的封锁，找到以冰上舞蹈作为中国花样滑冰赶超世界的契机和突破口。并且在其后的三年时间内，利用冰上舞蹈项目在政策上的优势，不断地提高自身经济水平。然而可惜的是，由于当时国内条件限制，中国花样滑冰队伍很难通过聘请世界级的知名教练提高自身水平，导致我国运动员在冰上舞蹈项目中的艺术表现力等方面，迟迟未能获得有效突破。

中国花样滑冰发展的另一个重要节点是1988年，中国小将陈露夺得第二十四届冬奥会女子单人滑比赛的银牌，成为中国花样滑冰的又一代表。这次胜利也激励了更多中国有梦青年登上世界舞台。陈露不仅为中国花样滑冰运动员打开通向世界的大门，同时也创造出极富难度的5个三周跳这一技术动作，进一步提高中国花样滑冰运动在技巧方面的实力和水平。

1990年，中国花样滑冰的发展进入新的高度。1990年中国在奥地利举办的国际滑联团体赛中获得团体第一名；第二年又在日本举办的世界花样滑冰锦标赛上获得三枚铜牌。随着中国花样滑冰运动员在国际赛场上的成绩越来越出色，群众对这项运动的热爱也在不断升温。在此期间，中国女子单人滑项目的优势渐渐体现，男子单人滑和双人滑项目则一直蓄势待发。申雪/赵宏博的组合正是在这一时期通过亚洲级别的赛事，逐渐崭露头角，并且成功立足。新中国的花样滑冰运动源于1955年，但直到1991年，该项目才被正式纳入国家竞技体育项目。随后，花样滑冰运动在中国加快了发展进程，成为我国优秀体育项目之一。

1990年，中国参加日本札幌第二届亚洲冬季运动会，这次比赛也成为新中国花样滑冰运动的突破。在本次亚洲冬季运动会中，中国代表队取得相当明显的进步，最终获得9金、9银、8铜，虽然仍然无法撼动日本队的东道主地位，但这次赛事的成功参与和选手的优异表现给中国花样滑冰运动带来巨大的鼓舞和动力，推动了该项目的快速发展。

1994年，新中国参加第十七届冬奥会，这次比赛使中国花样滑冰运动进入了世界顶尖水平。

2000年，中国差点儿成为第十八届冬奥会的举办地，但最终败给加拿大。不过，中国在此次申办活动中展示的花样滑冰文化和水平在全球范围内产生广泛影响。

新中国的花样滑冰队也出现了许多重要人物，他们表现出色，成为新中国花样滑冰运动的骄傲。其中，世界冠军陈露在1995年英国伯明翰世界花样滑冰锦标赛中，成为我国第一位花样滑冰世界冠军。此外，中国花样滑冰队的教练和领导也发挥了重要作用。

进入21世纪，中国男子单人滑已具备世锦赛前六水平，双人滑更是同时涌现出申雪/赵宏博、庞清/佟健、张丹/张昊3对具有夺牌实力的高水平运动员。2006年都灵冬奥会，张丹/张昊的意外摔倒使3对中国组合最终分列2、3、4名。2010年，37岁的赵宏博宣布回归，伴随《G小调柔板》的音乐伴奏终止，中国组合再度包揽1、2、4名，30年的坚持最终成就了中国花样滑冰的奥运登顶。从单人滑到双人滑，从女子项目到男子项目，中国花滑的质量和实力都迎来空前的提升。在这段时间里，中国队伍不断闯关夺旗，获得众多国际大赛佳绩。中国花滑团队的崛起，不仅为中国体育带来荣誉，也成为全民关注的焦点。

2000年，中国花样滑冰队成功拿到最高级别的世界花样滑冰锦标赛金牌。这是中国花滑进军全球舞台的重要里程碑，标志着中国花滑的实力和竞争力迈上新的台阶。自此，中国花滑团队开始一段辉煌的征程，接连获得各种奖项和荣誉，尤其在世界大赛中的表现更是令人印象深刻。

这一时间段内，中国花滑表现亮眼的原因是多方面的。首先，中国团队涌现出更多出色的选手，包括赵宏博等著名运动员。他们以稳健的表现和出类拔萃的技巧，不断地在各大国际赛事中斩获奖牌。此外，在技术和训练方面的投入也得到大幅增加，训练设备、教练资格和选手待遇等方面都得到保障，这无疑对整个运动队伍水平的提升起到非常积极的促进作用。

综合来看，中国花样滑冰在21世纪迎来崭新的发展时期。中国队伍在各大比赛中屡有斩获，不断地提高花滑赛事的竞争水平。中国花滑团队的崛起彰显其自身的实力和战斗力，也为全国的花滑爱好者和国家的体育事业注入了新的活力。在未来，中国花样滑冰一定会继续走在时代的前沿，迎来更加耀眼的发展方向。同时，中国花样滑冰队也积极引进外国专业化训练和管理模式，吸收国外先进理念，包括在训练时尽可能地采用科学、系统的方法去训练选手，制订合适的比赛计划等，对于提高中国花滑的整体实力起到不可忽视的作用。

2000年到2010年是中国花样滑冰在国际赛事中走向巅峰的关键阶段。中国花样滑冰队不断地探索技术方法和训练理念，建立现代化的训练体系，不断地引进国外先进技术方法和管理理念，提高整体实力。未来，也必须在这些方面继续努力，不断地提高中国花滑在世界舞台上的影响力。

四、新中国花样滑冰运动的全面布局阶段

自温哥华冬奥会后，我国有一大批实力出众的花样滑冰老将陆续退役。但老将的退役并未阻止中国花样滑冰运动的快速发展，在这批老将的带领下，我国又陆续涌现出一批具备国际竞争力的年轻组合。2011年至2015年，是新中国花样滑冰运动发展的重要阶段，全面地推动了运动员技能的提升，并在国内外多项比赛中获得优异的战绩。

2011年，中国花样滑冰队获得在国际大赛上的好成绩，证明中国花样滑冰队崛起的实力。在6月莫斯科花样滑冰世锦赛上，中国代表团在双人滑项目中，由庞清/佟健获得一枚铜牌。虽然在本次花滑锦标赛中，中国队的战绩不佳，但是这对双人滑组合仍然充分说明中国在花滑运动后继有人，获得的战绩也极大地鼓舞了中国花样滑冰界的士气。

在技能提升方面，中国花样滑冰队也付出了大量努力。2013年，中国花样滑冰队在哈尔滨举行的第十二届冬季国际青年运动会上获得了丰硕战果。在单人滑项目中，金博洋带领中国队获得3枚金牌，是历届冬青会上单人滑项目中国第一次包揽冠亚军。同年，在瑞士日内瓦举行的冰上世界大奖赛，唐珂再创历史，在女子单人滑自由滑项目中以141.34分的高分位列第一，并成为冰上花滑女选手中首位单次滑坡积分超过140分的选手。

在国际大赛上，中国花样滑冰队获得许多重要的赛事奖牌。2014年索契冬奥会，中国花样滑冰代表团共计出战4个项目，同年，世锦赛上，中国花样滑冰队共获得3枚银牌，分别为男子单人滑、女子单人滑以及华丽的冰上舞蹈项目。在此期间，中国花滑运动员在提升自己技能的同时，也为中国花样滑冰事业的发展做出积极贡献。

自2016年起，中国花样滑冰运动开始蓬勃发展。在此之前，中国花滑一直处于世界花样滑冰的边缘，只有少数选手能在世界大赛中有所成绩。但是随着中国政府在体育事业上的投入不断增加，以及教练员的努力培养，中国花样滑冰运动开始在世界舞台上崭露头角。

2016年和2017年，中国选手在世界锦标赛和四大洲锦标赛上取得显著成绩。2017年，中国选手金博洋获得赫尔辛基世界花样滑冰赛男子单人滑铜牌，同年，又获得国际滑联花样滑冰挑战赛芬兰杯男单金牌；2018年，他又以总分300.95的成绩，首次获得四大洲花样滑冰锦标赛男单冠军、平昌奥运会花样滑冰男单自由滑第四名的好成绩；2019年，花样滑冰大奖赛第四战中国杯的比赛中，金博洋凭借261.53分取得中国杯冠军。北京冬奥会，金博洋重现勾手四周加后外点冰三周的动作，取得90.98的高分。这些成绩让世界看到了中国花样滑冰运动的强大实力[①]。

除了在比赛中的表现，中国花样滑冰队还引领世界范围内的花滑技术革新。中国选手开始尝试复杂的花式动作，包括旋转和跳跃的组合动作，以及更高难度和更高速度的动作。中国队还尝试一些新的配对组合，显示出对创新的渴望和推动花滑领域技术发展的显著影响。

在中国民众中，花样滑冰也越来越受到欢迎。中国的电视直播和网络直播全年都会涵盖世界各地的花滑比赛，使这项运动更受欢迎。此外，中国的一些城市还建造专门的冰场和滑冰中心，为广大群众提供丰富的花样滑冰活动，使其成为一项颇受喜爱的体育项目。

为使花样滑冰尽快在基层群众中普及，各级政府在组织领导、场地建设、教练员队伍建设、宣传教育等方面进行一系列的工作。在组织领导方面，各级政府都成立由主要领导挂帅的花样滑冰管理机构，并配备专职人员负责此项工作。在教练员队伍建设方面，国家体委为提高花样滑冰运动的普及水平和竞技水平，推动我国花样滑冰运动的发展和提高教练员业务素质，培养了一批高水平的教练员队伍，这些教练员来自各省、自治区、直辖市和中央体育学院等院校。

在场地建设方面，从1981年开始，国家体育总局以"群众体育""全民健身计划"为契机，积极响应中共中央、国务院关于建设社会主义小康社会、提高人民健康水平的号召，高度重视我国冬季体育场地设施的建设，建立全国全民健身活动网络体系，积极引导广大群众开展体育活动。为加强对群众参与花样滑冰运动的引导与指导，在1983年至1986年期间，国家体委每年都举办全国群众冰雪运动会。为普及和推广花样滑冰运动，提高我国冬季体育

①孙岩.我国花样滑冰运动员的科学选材［J］.冰雪运动，2011，33（1）：5.

运动水平，1984年开始国家体委、财政部在全国范围内组织全国青少年花样滑冰比赛。

在宣传教育方面，为了使广大群众了解和参与花样滑冰运动，国家体委和国家新闻出版署联合举办《大众体育》《中国体育报》《体育与健康》《中国少年儿童》等期刊和报刊。同时，中国花样滑冰运动员在世界赛场上的优异表现，给国人带来很大鼓舞，使中国冰上运动进入了一个新的发展阶段。随着冬奥会的到来和参与人数的增多，群众对花样滑冰不再陌生，参与热情也不断提高，一些曾经的"冰上贵族"也走入寻常百姓家，在民间逐渐形成了"冰上健身"的观念。

2022年，北京冬奥会的举办也为中国花样滑冰队提供了巨大的机会，不仅是中国首次承办冬奥会，也是中国花样滑冰队为自己赢得更多荣誉和奖项的最佳机会。

竞技实力提升的同时，体育赛事也逐步走向成熟。多年承办"四大洲花样滑冰锦标赛"分站赛的上海宣布承办2015年花样滑冰世锦赛，就此踏出中国举办冰雪大赛的第一步。伴随2019年"中国杯世界花样滑冰大奖赛"的落户，重庆成为继北京、南京、哈尔滨、上海后的第五座城市，也见证了"北冰南展西扩"取得实质性成效。南方城市花样滑冰运动的发展离不开花样滑冰协会的推动。

2018年1月，中国花样滑冰协会正式成立，以申雪、张艺谋、姚滨等人为核心的专业团队展开了中国花样滑冰运动普及、推广、国际交流、赛事运营、人才培养及体系建设、产业发展等全方位的工作。国内俱乐部联赛从呼和浩特一直绵延到深圳，即便是最南端的三亚也开始承办亚洲青少年花样滑冰挑战赛。

赛事之外项目的推广也取得了突破。2010年，电影《冰刀双人舞》的上映打破了冰雪类体育电影长达20年的沉寂。2011年，申雪/赵宏博的退役仪式分四站在北京、上海、深圳、台北举行，别具一格的"冰上雅姿盛典"突破花滑的竞技价值。2016年，《冰雪星动力》《冰雪奇迹》《冰雪大作战》《铁马冰河》《疯狂冰雪季》《冰雪嘉年华》等区域性媒体推出的节目开启了冰雪类体育真人秀的先河。2017年，《跨界冰雪王》的播出为国内"真人秀"节目开拓新的内容和方向，并在某种程度上为普及冰雪运动贡献了力量。可以说，中国花样滑冰运动的未来是光明的。中国的投资和教练员的努力始终如一地支持中国运动员的培养，使其在全世界舞台上表现出色。借助于2022年北京冬奥会，中国的花滑选手有机会改写历史，把中国带入花样滑冰运动的又一个高峰。

五、我国冰上舞蹈运动项目的发展历程

（一）冰上舞蹈的起步阶段

1976年，对我国花样滑冰运动员来说，观看世界花样滑冰锦标赛可以说是一次历史性的体验。当时，他们尚未接触到冰上舞蹈这一项目，仅限于单人滑项目。虽然如此，选手却在比赛中深刻感受到舞蹈化表演所具有的独特魅力和美感，产生极为深刻的印象。不久，北美教练委员会主席劳斯和副主席迪特尔受到邀请，前往北京向我国深入介绍花样滑冰以及冰上舞蹈这一项目，他们还为我国提供了相关资料。毫无疑问，这次拜访为我国冰上舞蹈项目的开展做出了积极贡献。然而，单单依靠外来的专家和技术资料，并不足以让我国花样滑冰和冰上舞蹈真正走向成功。于是，1976年到1980年期间，依托着国内外的学习和交流，我国花样滑冰和冰上舞蹈项目获得不断发展。比如，在1980年，北美职业和专业运动员来我国参访，北美花样滑冰协会主席戴莫及其夫人也随行介绍冰上舞蹈的知识和裁判方法，为我国冰上舞蹈的开展提供重要帮助。

终于，在1980年全国花样滑冰赛上，我国冰上舞蹈项目正式被引入比赛中。参赛的8对选手多来自黑龙江、吉林和新疆地区的代表队。在经过激烈角逐后，奚鸿雁和赵晓雷以66.10的高分成为首个冰舞全国锦标赛的冠军，也标志着我国在冰上舞蹈领域里正式启动了攀升之旅。

作为一门具有高度技术性的运动项目，冰上舞蹈的评分系统采用的是6分制。总分由技术分和节目表现分组成，裁判在运动员完成整套节目后，对技术和表现分别给出评分，每项最高分为6.0分。一个完整的节目中需要包含多种动作，比如，旋转、托举、步法以及滑行等。虽然这个评分标准有些笼统，存在一些问题。例如，评价不够准确、运动员之间执行的评分标准差异较大等等，但还是能够为冰舞选手奠定基础，提供标准化的比赛规则和设备。

值得一提的是，冰上舞蹈运动在1937年首次在英国举办，随后得到全世界的普及与发展。1949年，被正式认定为单独的比赛项目。相信许多人知道

在1976年，冰上舞蹈首次成为冬季奥林匹克运动会的正式比赛项目，首次出现在奥地利因斯布鲁克市举办的第十二届冬季奥林匹克运动会上。然而，与冰上舞蹈项目的兴起相比，我国在这方面的起步较晚，直到1980年才开始正式开展这一项目。尽管如此，我们深信在今后的日子里，随着更多优秀运动员的加入和更为成熟的技术体系的不断完善，我国冰上舞蹈项目将会迎来更加光明的未来。

（二）冰上舞蹈的发展阶段

1981年，我国的花样滑冰冰上舞蹈步入快速发展期。当时，我国正处在改革开放初期，体育运动的发展成国家政策的重点之一。冰上舞蹈作为新兴项目，受到大众的关注和体育界的重视。然而，由于缺乏经验，缺乏相关资料和教材，我国在冰舞领域发展缓慢，且技术上存在局限。

为了推动我国冰上舞蹈项目的发展，王树本等专家开始对冰舞技术进行系统的研究和整理。1981年，王树本编译《冰舞裁判手册》，成为当时唯一的冰舞学习资料和裁判依据。同年，代表英国花样滑冰队的17人来到我国表演，并进行长达39个小时的讲课和冰上辅导，此次合作训练更加注重基本知识和技术的学习，满足我国冰舞项目的需要。

为了更有效地开展我国的冰上舞蹈项目，并了解冰舞规则和技术要领，在国家体育科学研究所的配合下，王树本、刘勤和李耀明在1981年到1983年期间，拍摄了18套规定舞的录像教材，并得到英国冰舞教练员吉米杨的热心帮助。这套录像教材对我国冰舞规定舞技术的提高起到很大的作用，被使用长达5年。直到1986年，黑龙江省体育科学研究所的王树本获得国际滑联录制的最新冰舞教学录像带并停用了原录像教材，我国冰舞规范化和专业化的教学和裁判工作才得以进一步推进。然而，冰上舞蹈尚处于启蒙状态，无论是在技术动作还是艺术表现等方面都没有创新，无法与国际水平相媲美。专家指出，当时总体技术水平还比较低，普及程度也不高，冰上舞蹈资讯来源有限，无法对国际先进水平进行及时跟进。加之信息沟通渠道不畅通、资料来源困难，冰上舞蹈的教学和裁判工作一直面临着诸多难题。

于是从1983年开始，政府开始将冰上舞蹈作为国家政策的重点培养项目，投入大量的资金和人力，但一直处于模仿国外优秀运动员全套节目的阶段，甚至有的照抄、照搬，使冰上舞蹈依旧缺乏自主创新，无法做出更大突破。

只有在经过消化和理解后，才有可能做到真正的进步。

随着时间推移，我国冰上舞蹈技术的水平也在不断提高，艺术表现越来越出色。例如，在1994年利奥尼多夫和谢琳娜的《卡门》舞蹈中，他们将中国传统唢呐、锣鼓等传统乐器的演奏融入其中，使其更具有中国特色和魅力，获得世界滑冰锦标赛的冠军。这不仅是我国冰舞取得的重要成就，也代表我国在全球范围内的艺术表现水平。今天，我国冰舞项目引领着整个亚洲冰舞运动的发展，且在国际舞台上越来越受到重视。无论是技术还是艺术表现力，都有重大的突破和提升。同时，在冰舞的教学和资料获取等方面，信息渠道畅通、资料来源丰富。冰上舞蹈在国家政策和人民普及意识下，已经在国际舞台上有了更加出色的表现。

1984年，奚鸿雁和赵晓雷作为我国首对冰舞运动员，首次亮相世界大赛，参加第十四届冬奥会。尽管在比赛中表现得并不理想，最终位列第19名，但标志着我国冰上舞蹈项目踏上发展之路，并为以后的冰舞项目积累了宝贵的经验。

1986年，第一届亚洲冬季运动会举办，我国的冰舞项目已经发展4年多。在这场比赛中，刘陆阳和赵晓雷组成的冰舞配对以出色的表现获得首届亚冬会的冠军，为国争光的同时，也鼓舞了我国冰舞项目的教练员和运动员的斗志。在那个时期，冰舞是我国冬季运动项目的重要组成部分，在冰舞项目的训练上投入大量的资源和人力。

此时，以冰舞为重点的政策依然坚定不移。为了提高冰舞训练水平的系统性，特邀请苏联冰舞教练沙莫辛来到我国执教。在沙莫辛的指导下，我国冰舞运动员的整体实力得到显著提高。1989年10月，又邀请苏联冰舞专家哈恰图洛夫到哈尔滨，对我国国家冰舞集训队和各地市的冰舞运动员以及教练员进行指导，并举办全国冰舞培训班。然而，这次培训班效果却比较差，出现了运动员和教练员的学习劲头不足、上课缺席等问题，让专家感到不悦，国家冰舞集训队也就此告一段落，结束了以冰舞为重点的历史时期。在这段时间，虽然投入资金、人力资源丰富，但是冰舞项目的产出却略显不足。然而在这段历史时期，人们更加重视冰舞项目的发展，投入了更多的精力和资源，为我国冰舞项目的未来发展奠定了坚实的基础，同时，也培养了许多优秀的冰舞选手和教练员。

1992年，中国花样滑冰又迎来了一位伟大的推手——陈露。作为女子单人滑运动员，她在国内外的比赛中表现出色，赢得广大观众的喜爱和尊重。

1994年，陈露在NHK杯国际花样滑冰邀请赛中夺得女子单人滑第一名，标志着中国花样滑冰运动的全面崛起。当时，中国的冰上舞蹈选手张天一、蔡伟滨也参加了比赛，虽然成绩不尽如人意，但是他们为中国的花样滑冰事业做出了贡献。

1996年，申雪、赵宏博成为中国首对获得世锦赛双人滑金牌的选手。与此同时，李成江也成为中国男子单人滑选手中第一个打入世锦赛前五的人。此外，庞清、佟健与张丹、张昊等一批优秀的选手也在国际比赛中获得可喜的成绩。这些辉煌成就让中国花样滑冰运动逐渐声名鹊起，赢得国内外观众的欢呼声。但是，在这一切的辉煌中却一直没有我国冰上舞蹈项目的身影。虽然也有一些优秀的冰舞运动员从事此项运动，但是他们成绩平平，远远不能与国际上的强队相比，也暴露出我国冰舞项目发展比较缓慢。

之所以我国的花样滑冰开展得如此迅速，而冰舞却相对落后，原因或许有很多，其中一个便是缺少更专业化的训练。在花样滑冰项目中，我国在诸多方面都在追赶国际最新技术，从选手的体能训练到技术细节，都做得比较到位。但是在冰舞项目中，当前专业人才和训练设施还不能满足其迅猛发展的需求，从这个角度来看，我国的冰舞项目还需要更多的努力。

2002年，盐湖城冬奥会上，一场触目惊心的花样滑冰比赛引发世人关注。当时的女子单人滑决赛，俄罗斯选手普鲁申科和美国选手科恩的表现都十分出色。然而，在最终的评分中普鲁申科竟然只排名第二，令人感到匪夷所思。更加让人意外的是，背后竟然隐藏着腐败和贿赂的丑闻。而且，这不是一个孤立事件，类似的情况在很多地方都在发生，这都表明原本公正的比赛制度存在严重的问题。

为了杜绝类似事件的再次发生，国际滑联决定实施一项革命性的改革，推出全新的评分制度——国际滑联裁判系统。这项改革的目的是提高比赛的公正性和透明度，同时为选手提供更多的展示机会，让他们的才华被公正评价和肯定。新的评分制度改变以往的比赛打分方式。以前，裁判仅仅是根据选手的表现打出一个分数，然后按照这个分数对选手进行排名。而新的评分制度对技术动作进行定级。裁判分为了两组：技术组和执行组。技术组裁判需要对每个技术动作的基础分数进行实时评分，并对技术动作进行定级（1~4级）。然后，执行组裁判需要对每个技术动作实时给出执行分（GOE）——

3到+3的区间，以及节目内容分滑行技巧、衔接、表演、编排和音乐表达的评分（0.00—10.00）。最终，每个动作的得分通过电脑相加得出总成绩。这种新的评分制度将选手的具体技术层面和整个表演的内容相结合，可以更加全面地评价选手的表现。因为技术层面的评分，将选手的表现分为比较具体的部分，每个部分得分都是由专业的裁判进行判定。这样的评分制度可以避免裁判的主观性和偏颇，提高了比赛的公正性和透明度。同时，这个新的评分制度也为选手提供了更多的表演机会，可以让他们发挥出更多的才华和灵感，让整个比赛更加精彩。

然而，这种新的评分制度并不是一开始就被完美接受的，人们存在着不同的意见和看法。很多人认为，这种评分制度会让比赛变得更加商业化，而且会让选手陷入一个更加激烈的竞争环境中。但是，也有很多人认为这些意见并不正确。他们认为这种评分制度将会让最有才华的选手获得胜利，而不是让那些选手利用手段来获得胜利的。

在新的评分制度推出后，花样滑冰运动进入一个新时代。从2002年开始，世界上所有花样滑冰比赛都开始使用这项新的评分标准，新的评分制度取代旧的6分制评分系统，对花样滑冰的发展起到积极的推动作用。

接下来几年，为了更好地规范比赛，国际滑联对花样滑冰的规则进行了不断完善和调整。2010年，国际滑联取消了冰舞比赛的规定舞和创编舞，由新的短舞蹈取代。这一改变，让冰舞选手可以更好地展示自己的创新和才华，让选手能够更好地表达自己的想法和感受。而在2018/2019赛季，冰舞的规则又进行修改。现在，冰舞被分为了韵律舞和自由舞两个部分，同时，执行分（GOE）也开始变为了-5到+5的区间，意味着对运动员技术动作完成质量的评判更加细化，为选手提供更多的展示机会，让选手可以更好地展现自己的才华和魅力。这一期间，国际滑联的评分制度是一项革命性的改革，改变了花样滑冰比赛的评分方式，增强了比赛的公正性和透明度。在这个新的评分制度下，选手可以更好地展示自己的技能和才华，让观众看到更加丰富的表演和创意。

（三）冰上舞蹈的转型阶段

随着我国冰舞最早一批运动员陆续退役，中国冰舞项目进入了一个转型期，新一批年轻的运动员开始崭露头角，并逐渐成长起来，这些年轻的冰舞选手中，以于小洋、王晨，黄欣彤、郑汛为首，他们在国内的比赛中屡获佳绩，为中国冰舞的未来打下了坚实的基础。

回顾历史，2010年温哥华冬奥会上，中国冰舞选手黄欣彤、郑汛第一次亮相，对世界滑冰界以及中国冰舞项目来说，所获得的成就是非常喜人的，但又与总冠军加拿大选手的总成绩差距较大，尤其是在技术评定上很多动作都被判减分。

2012年，国际滑联对世界花样滑冰锦标赛冰上舞蹈的参赛资格重新做出规定，选手必须在国际比赛中短舞蹈得到技术分29分以上。由于我国冰舞运动员未能达到该标准，因此未能参加2013年和2014年世界花样滑冰锦标赛。这一规定对中国花样滑冰项目的整体发展造成了一定影响。

此后，像黄欣彤、郑汛等成熟的冰上舞蹈运动员陆续退役，中国冰上舞蹈项目的后备人才储备变得十分紧缺，发展面临着严峻挑战。在不断变化的比赛规则、内容和要求中，中国对国际冰舞规则的理解仍然不够深入，导致技术水平无法达到国际要求，无法在世界舞蹈比赛中取得好成绩。与此同时，在许多国家已经出现了更具个性化、灵活多变的冰舞模式，也给中国冰上舞蹈运动员带来了更多的压力。为了满足观众的需求，滑冰比赛的技术要求逐渐向艺术性转变，使中国运动员在技术方面更加吃力，甚至陷入技术瓶颈。

处在这个挑战时刻，在中国冰舞项目的全面推广中寻找到了一些新的机遇。如今，越来越多的中国年轻人开始学习和喜欢滑冰，冰球、滑雪、花样滑冰等项目在国内得到更广泛的认可，也为中国冰上舞蹈运动员提供更多的锻炼机会。中国各地陆续开设了许多专业的冰上舞蹈学校，这些学校致力于挖掘和培养年轻的冰上舞蹈人才，不断发掘和推广中国冰上舞蹈的发展潜力。

同时，中国冰舞选手也正在进行全面的技能提升和知识储备。他们学习国际冰舞规则，与国外教练进行交流，寻找技巧和成就技术升级，应对世界冰舞大赛对他们的挑战和严格的要求。通过不断地提高技术和艺术方面的水平，他们需要在今后的比赛中展现出中国的实力和风华，为中国冰上舞蹈项目的崛起和发展贡献力量。

六、花样滑冰后备人才存在的主要问题

花样滑冰运动被德国体育通讯社称为"世界上最高难的运动"，虽然早在20世纪30年代就已经传入中国，但直到80年代后，花样滑冰才真正走向世界，虽然已经创造了较好的成绩，但就现实情况看，还存在很多问题。

（一）花样滑冰后备人才培养的主要问题

中国花样滑冰运动在发展中取得了很大的进步，但仍然存在一些问题，需要进一步优化和完善。从受众群体来看，尽管花样滑冰运动越来越受欢迎，但仅限于少数青少年，并未引起广大青少年的广泛参与。以中国为例，虽然到2018年，已有918名注册花滑运动员，但与其他国家相比，中国在花样滑冰运动方面仍存在很大差距。因此，需要进一步提高花样滑冰运动的知名度和吸引力，通过开展宣传推广、组织赛事等多种方式，将更多的青少年吸引到这项运动中来。

选材范围的问题也需要引起关注。目前，我国花样滑冰后备人才的培养主要依靠竞技体校和商业化俱乐部。虽然这两种途径选拔出的后备人才素质较高，但选材范围仍然较小，远不能涵盖全国的青少年。为备战2022年冬季奥运会，中国花样滑冰队已经推出多项改革措施，包括"扩大青少年选材范围"的举措。此外，在北京舞蹈学院和上海戏剧学院附属舞蹈学校进行跨界选材，也是在拓宽人才选拔渠道，加速后备人才的储备①。这些举措必将有效地提高花样滑冰后备人才的培养质量和竞争力。通过提高花样滑冰运动的知名度和吸引力、拓宽选材范围，可以进一步优化和完善花样滑冰运动，更好地促进其发展壮大。

在小范围培养方面，虽然一些学校开始引入冰雪项目作为特色体育活动，但是尚处于"起步阶段"。相对于冰雪运动在专业体育学校得到大力推广，学校体育教育的冰雪项目发展相对滞后，未能与学校体育形成有效的联系。从备战2022年冬奥会的目标来看，这样的举措似乎收效甚微。

在小范围参赛方面，尽管花样滑冰运动的群众基础大幅增加，但是也存在着不少问题。花样滑冰需要较长的培养周期，需要青少年投入很多的精力和时间，而后备人才快速成长的4～14岁之间恰恰与义务教育阶段相重合，导致花样滑冰青少年后备人才经常不得不面对"要训练还是要学习"的艰难选择。许多家长也因为对体育学校学员文化教育水平低以及专业运动员出

①王宇潇.跨界选材培养模式下花样滑冰运动员上肢动作训练方法[J].尚舞，2021(021)：46—49.

路窄的顾虑，不愿让子女进入体校，花样滑冰作为一种兴趣爱好而非一种长期从事的竞技运动，或许对大多数人来说是一种最普遍的想法。在这种情况下，如何在高质量文化教育和花样滑冰培养之间找到平衡点将是亟待解决的问题。

综上所述，花样滑冰运动在发展过程中需要面对许多问题，需要系统性的解决方案。通过加大对学校体育教育冰雪项目的推广和培养，提升花样滑冰运动在学校体育中的地位，可以为花样滑冰运动的发展奠定良好基础。

（二）花样滑冰后备人才培养的问题原因

当前的花样滑冰后备人才培养在思想观念方面相对滞后，已不能适应对运动员综合能力和动作质量不断提高的要求。一方面，传统的"重运动、轻气质"惯性思维仍然存在。花样滑冰依赖运动员将个人动作与音乐内涵完美结合，但培养后备人才时普遍只关注专项技术动作，忽视音乐舞蹈气质和艺术修养的培养。另一方面，急功近利的"重突击、轻长远"思想仍然占据主导地位。虽然花样滑冰在我国发展已有一段时间，但仍然只注重一时的竞技成绩，忽视长远的人才梯队建设，这种情况尚未根本改变。同时，对家长和孩子来说，花样滑冰等体育项目对青少年身心健康的认知还不充分。

基于前文提到的"体教融合"思路，将体育和教育两个系统的资源优势结合起来，可以产生"1+1＞2"的效果，也是花样滑冰运动培养后备人才学习和竞技双收益的最优选项。然而，从目前的运行情况看，大多数竞技培训部门没有实施有效的体教融合，仍然采用封闭式的训练模式，很大程度上导致青少年运动员文化程度不高、训练成绩滞后、创新能力不强等负面效果。与此同时，在"三级体系"培养模式中，地方体育部门通常需要免费输送他们辛苦培养出的优秀运动员到国家队，导致一些地方的体育部门对花样滑冰后备人才的培养不够专注。在我国，传统的花样滑冰后备人才培养系统正在逐渐减弱，以俱乐部为主的商业化人才培养模式刚刚开始，但存在人才选择范围小、成材率低、培养周期长的弊端[①]。

另外，应提高冰雪运动宣传力度。随着社会发展，人们越来越重视体育运动，而冰雪运动作为其中的代表之一，也得到了全面推广。在东北三省、

---

① 于海浩,孙玉巍.俱乐部培养花样滑冰后备人才的可行性研究[J].冰雪运动,2012,34(4):6.

北京、河北等地纷纷推出冰雪文化、冬奥文化和特色文化相结合的宣传活动，尤其受到冬奥会的影响，花样滑冰发展方兴未艾。然而，很多年前对花样滑冰等冰雪运动的宣传不足，导致有时出现这些运动无人问津的局面。因此，将广泛宣传转化为群众接受，并推动参与运动和选材范围扩大需要一个漫长的过程。由此，当前"知之不多，知之不深"的现象比较流行。比如，张家口建立以"大好河山·激情张家口"冰雪季等品牌活动为主线，多方面地加大宣传，但宣传力度仍有待提高。

最后，缺乏花样滑冰教保人才。花样滑冰后备人才的培养依赖于青少年运动员的培养，以及花样滑冰教练员、科研人员、训练人员等人才的培养。正如学者指出的，"奥运会赛场运动员竞争的背后就是各级教练员专业素养的整体竞争"[1]。因此，花样滑冰后备人才培养需要建立复合型人才队伍，其中重点是运动员、教练员和保障人员三类人才群体。但在目前，我国大多数花样滑冰教练员都来源于专业运动员，尽管他们在运动技术和比赛技巧等方面有很高水平，但他们的知识储备、知识结构、执教能力和沟通技巧等方面存在很大欠缺。此外，他们对运动训练学、生理学、力学、心理学等方面的知识掌握也不足，直接制约了花样滑冰后备人才的质量和效益。虽然近年来一些冰雪项目的专业学校已经开始建立，并输送教练员和保障人员，但距离形成一个整体的合力并发挥综合效能还有很大的差距。因此，我们需要进一步强化花样滑冰教练员、保障人员的培训计划与人才储备，这是加强中国花样滑冰事业长期稳步发展的必要条件。

（三）花样滑冰后备人才培养模式的构建

2022年冬奥会在北京举行，为我国大力推进冬季运动产业提供了难得的机遇。其中花样滑冰项目尤其备受瞩目，因为它一直是冬奥会上的重头戏，而且许多人认为我国在这个项目上拥有较大的优势。

从历史来看，这种优势可谓是源远流长。长期以来，我国采用的"举国体制"对培养世界冠军和奥运冠军形成了强大的项目竞赛团体优势，并发挥了不可磨灭的作用。然而，这种单一的培养模式已经不能适应当前世界级花样滑冰项目的需要，因此需要进行总体思路的修正。具体来说，需要将多元化、

---

①李阿强，左斌，刘宏辉.我国速度滑冰项目发展之路与启示[J].冰雪运动，2015(4)：7.

全民化、系统化作为推动花样滑冰后备人才培养的总体思路。

突出贯彻"一个战略"。即以建设健康中国和体育强国战略为引领，立足于促进经济社会发展，充分发挥市场作用，激发民众参与热情，让更多的人有机会体验花样滑冰运动，让更多的人立志于投身花样滑冰运动。

实施"两个融合"。深入与教育、文化、科技等领域融合，通过协同创新共同推进后备人才培养的规划、组织、实施。具体来说，可以加强与各级教育部门的合作，充分发挥学校和教育培训机构的作用，让更多的青少年有机会接触和接受花样滑冰运动的训练与培训。同时，还可以与文化领域、旅游业、体育产业等相关机构深度合作，丰富赛事和文化活动，提高花样滑冰的社会知名度和影响力。

夯实"三个基础"。建立健全基础性保障体系，从根本上保障后备人才提升水平、培养质量和效果。具体来说，夯实基础设施建设，包括场馆、训练设施和运动装备等；完善后备人才培养机制，包括选拔、培训、考核和激励机制等；加强科技创新，推动花样滑冰运动的技术和规则不断进步，提高后备人才的竞技水平和比赛成绩。

1. 突出贯彻"一个战略"，引领花样滑冰后备人才培养方向

花样滑冰是一项综合性极强的运动，需要运动员具备优美的形态和高超的技巧，以及出色的心理素质和卓越的表现力。为了培养花样滑冰后备人才，需要重点突出一个战略的重要作用。

在基础体育教育中加强花样滑冰项目的普及程度，把花样滑冰运动引进校园，让更多的青少年接触到这项运动，从小锻炼自己的身体素质和协调能力。加强对学校体育教师的培训和考核，强化其对花样滑冰项目的指导能力和专业水平，使基础教育能为后期的专业训练打下坚实的基础。其次，在专业化训练中，注重发掘优秀的花样滑冰运动员，加强对他们的培养和训练，为国家队培养有实力、有潜力的运动员。在训练过程中，注意力量、柔韧性、协调性及耐力等方面的综合训练。只有透彻地理解这些因素的重要性并付诸实践，才能培养出高水平的花样滑冰运动员。此外，业余花样滑冰爱好者也需要得到更多的支持和帮助，促进全民参与花样滑冰的热情。为此，可以建立社区花样滑冰俱乐部，为爱好者提供交流和分享的平台，将其作为体育强国建设的重要一环，激励全民的运动和身体锻炼。最后，加强对

花样滑冰赛事的运营和市场推广。举办优质的比赛和赛事，提高花样滑冰在全社会的知名度和影响力。同时，通过市场化手段，以购票和广告收入为核心，促进花样滑冰产业发展和人才培养。培养花样滑冰后备人才不仅是一项体育事业，更是国家发展战略的重要组成部分，需要付出持久而艰辛的努力，让更多的人受益于花样滑冰运动，实现全民健身和全民健康。

2. 坚持推动"两个融合"，构建花样滑冰后备人才培养体系

在构建花样滑冰后备人才培养体系中，坚持推动"两个融合"，即竞技体育与全民健身的有机融合以及学校教学与专业训练的有机融合。从国家主导层面来看，推动竞技体育和全民健身的有机融合，是满足人民群众日益增长的体育健身需求、推动健康中国建设的必然要求。2011年发布的《2011—2020年奥运争光计划纲要》，系统规划竞技体育的发展以及实施奥运战略的指导思想、工作方针、发展目标、主要任务和对策措施[1]。2016年，随着人们的文化需求越来越高，《全民健身计划（2016—2020年）》的发布旨在满足人民群众的体育健身需求，促进全民健身事业的可持续发展。作为备战冬奥会的重点项目，花样滑冰后备人才培养离不开"奥运争光计划"的全方位支持。同时，花样滑冰也是"全民健身计划"的重要领域，培养后备人才时，必须将这两个计划有机地融合起来，以全面健身计划为基础，以奥运争光计划为重点，使二者相互促进、相互融合、相互关联。

从社会参与层面来看，推动学校教学与专业训练的有机融合是培养优秀运动员的必经之路。在北美这样冰雪运动比较发达的国家，学校体育建设得到了大力投资和学校培养出优秀运动员，保持冰雪运动的领先地位。此外，学校的体育建设也给那些想要进入大学并完成学业的运动员创造了条件。因此，我国也应将学校教学与专业训练的有机融合视为重点，深化"体教融合"理念，改变当前滞后的花样滑冰后备人才培养体系，实现义务共尽、责任共担、成果共享以及优势互补的对接模式。同时，这种有机融合的模式还有助于培养竞技体育后备人才，促进竞技体育的可持续发展，有利于青少年体育身心健康和运动员的全面发展，也有助于政策制度的建立。

坚持推动"两个融合"，构建花样滑冰后备人才培养体系，不仅符合我

---

①唐子芹.山东省女子中长跑项目运动成绩发展态势的研究[D].山东体育学院.

国冰雪运动发展的趋势和需求，也有助于推进全民健身、实现健康中国建设的战略目标。同时，推动学校教学与专业训练的有机融合，不仅推动花样滑冰后备人才的培养，而且有利于竞技体育后备人才的培养和可持续发展，并全面促进青少年体育身心健康，为推进减贫、改善民生、促进国家文明建设提供更广阔的平台。

3.注重打牢"三个基础"，抓住花样滑冰后备人才培养重点

（1）产业基础

随着消费升级，中国的体育消费也在不断增长，未来中国的体育行业将充满机遇。冬奥会的举办为中国冰雪产业带来前所未有的发展机遇。据《2018冰雪产业白皮书》指出，2017年，中国冰雪产业规模已经达到3976亿元人民币。预计到2022年冬奥会期间，我国冰雪产业总体规模将完成6000亿元的目标，最终达成 2025年1万亿元的目标。对花样滑冰运动项目的发展，后备人才培养是一个关键性的短板，因为训练场地比较缺乏。如果单靠政府力量是不够的，必须充分发挥市场机制作用，通过壮大体育产业、培育体育市场来解决这个问题。

作为冰雪产业的先行者，创立于1999年的"世纪星滑冰俱乐部"在全国17个城市经营着26个连锁冰场。据该俱乐部的创始人介绍，十几年前，中国的冰场基本在体育馆中，极少对公众开放，送孩子学滑冰的家长也很少。而现在，每逢周末，大型购物中心内的商业冰场的门票"一票难求"。"世纪星滑冰俱乐部"在培训滑冰人才的同时，积极开拓冰场运营，承办各种冰上赛事，不断丰富业务形态。

花样滑冰作为体育运动项目具有广泛的受众基础，很容易形成良好的商业及传播价值。尤其是在大型赛事、明星运动员等活动中，流量、口碑、粉丝经济等成为带动花滑产业发展的重要动力。中国女单花滑选手李子君因参加综艺节目《创造营2020》，在短时间内被全国观众熟知。她不仅表现出色，还倾情演绎了滑冰和音乐的融合，不仅增加了她的知名度，也进一步提升了花样滑冰的影响力。在比赛中，选手的表现将会影响观众对体育项目的喜爱程度，吸引更多观众前来围观，从而带动整个行业发展。互联网技术的不断发展也给花滑行业创造更多的发展机遇。在线直播、社交网络、移动端应用等各种新技术的引入，使观众更加便利地参与观赛和互动。不仅如此，这些

新技术也在促进花滑行业的商业价值进一步释放，为行业的发展带来了新的动力。

花样滑冰作为一项具备广泛受众和极高商业价值的体育项目，其未来发展潜力巨大。近年来，投资花滑项目的人越来越多，行业成为一大热门。尤其是在冬奥会举办的背景下，传统的冰雪产业将迎来前所未有的机遇，花滑行业也受益于这股热潮。除了传统的冰场、培训机构等投资机会，还有新技术创新、影视传媒、文化旅游等领域的投资机会等着投资者。花样滑冰作为一项时尚、健康、文化、商业相结合的高娱乐化体育运动项目，具有广泛的发展前景和投资价值。在新时代背景下，我们可以充分地发挥市场机制的作用，通过体育产业的壮大，培育体育市场，共同推动花样滑冰行业的进一步发展。

（2）群众基础

花样滑冰的发展基础在于人才培养，只有通过广泛的后备人才培养和不断提升人才素质，才能挑选出更优秀的竞技体育人才参与国际比赛。因此，加强花样滑冰运动及其相关文化的宣传工作非常重要。中国退役花样滑冰运动员陈露代言"北冰南展"，推广花样滑冰。在向南方推广这项运动的初期阶段面临很多困难，因为南方的群众对花样滑冰不太了解，有些人只为了体验摸冰和见识巨大的冰面。让大众了解冰上运动的过程并走进这项运动及认可的过程不容易。因此，推动"北冰南展"，不断扩大花样滑冰的基础人口，是花样滑冰良好发展所必需的。

科技创新是促进花样滑冰进步的关键，随着技术的不断发展，花样滑冰装备和训练方式得到大幅改进。现代化器材供应、虚拟现实技术、先进的运动科学等，都让选手可以更好地进行训练和比拼。例如，日本的锦织圭和高桥大辅曾在奥运会上使用最先进的kinesio taping技术，为运动员提供了巨大的舒适性和安全性保障。因此，我们需要不断地推动科技创新，运用最先进的技术和装备，提高花样滑冰运动员的训练和比赛水平。

国际化是花样滑冰发展的必要条件。旨在推广、维护花样滑冰项目发展的国际组织。比如，国际滑冰联盟，正在积极发挥作用，推动花样滑冰全球化、普及化，帮助更多国家参与国际比赛。我们需要积极参与国际交流与合作，了解和吸收国际上的先进理念和经验，不断推动我国花样滑冰的国际化进程，并通过不断的人才培养，推动科技创新和积极参与国际化进程，创新花样滑冰运动、培养更多的人才以及扩大其基础人口。相信在这些努力下，花样滑冰将迎来更美好的未来。

（3）队伍基础

花样滑冰是一项技术含量极高，以体操、舞蹈气质为特点的冰上运动。随着我国花样滑冰运动的快速发展，该项目已成为短道速滑、速度滑冰、冰球等项目外，最具代表性、最具实力的冰上竞技项目之一。如此重要的项目需要对人才队伍的建设和培养下足功夫，重视花样滑冰人才队伍建设的必要性和意义，深知花样滑冰人才队伍是花样滑冰运动发展的基础。如今，滑冰运动发展迅速，而花样滑冰发展更加迅速。因此，花样滑冰运动员必须不断创新、不断突破自己的极限以实现高难度动作。唯有如此，才能在国际赛场上获得胜利。因此，建立完整的花样滑冰人才队伍不仅是推动我国花样滑冰事业发展的基础，更是3000万冰迷的期待，是国家实现"体育强国"目标的重要一环。

加强花样滑冰人才队伍建设的措施要贯彻《冬季项目青少年后备人才培养规划》，为确保做好备战工作，应认真贯彻体育总局制订并印发的《冬季项目青少年后备人才培养规划》，重点关注花样滑冰项目青年队和青少年后备人才训练营等工作，加强花样滑冰人才队伍的培养和建设。为留住优秀的花样滑冰人才，需要提供合理的薪酬和福利保障。同时，加强对花样滑冰人才的职业规划和发展管理，让运动员感到自己的投入和奋斗是有收获和回报的。为提升花样滑冰运动水平和竞争力，需要加强赛事组织，为运动员提供更多高质量的比赛机会；加强花样滑冰教练队伍的建设，提高教练员的专业能力；加强对花样滑冰运动科学方法的研究，发现优秀人才和人才队伍成长的方法，为花样滑冰人才队伍的建设提供理论指导。花样滑冰是一个精益求精的项目，加强花样滑冰人才队伍建设和培养，才能在国际舞台上获得胜利。

（4）花样滑冰后备人才培养的具体策略

① 转变理念，创新人才培养路径

"举国体制"在花样滑冰运动中取得了辉煌的成就，但是现实和未来的发展趋势告诉我们，这种体制已经不能完全适应当今花样滑冰运动的需要。因此，我们需要转变培养理念，更加精英化和专项化，以项目推广带动选材和培养，以跨界选材促进人才培养。政府应当走一条多元主体共治之路，使市场机制嵌入花样滑冰后备人才的培养中，国家在宏观层面给予支持。一个充满活力的市场机制有助于深入花样滑冰后备人才培养中，这一点非常重要。政府部门应着手建立并完善灵活多样的花样滑冰后备人才培养模式，适应时代的发展和市场的需求。例如，2018年5月，中国花样滑冰协会开始跨界选才，与北京舞蹈学院合作选拔52名舞蹈学院附中13—16岁适龄的学生，通过利用北京舞蹈学院在选拔能力、教育资源、舞蹈表演、舞蹈教育、舞蹈编创等方面的特殊优势，增强花样滑冰运动员在赛场上的竞技实力。

时代在进步，花样滑冰在发展，我们必须针对现实和未来的发展做出具有深远意义的改变。政府相关部门应贯彻多元主体共同治理理念，吸纳市场力量，建立顺应时代发展的花样滑冰后备人才培养模式，并通过相应的政策支持，引导和鼓励社会资金的投入。

② 广泛造势，加大宣传推广力度

花样滑冰作为一项集艺术和运动于一体的竞技项目，已经成为人们热爱的运动之一。然而，在推广普及花样滑冰运动的过程中，还存在一些问题和困难。尤其是在推广花样滑冰运动的方法和措施上，更需要进行探讨。

首先，要注重发挥花样滑冰体育明星的示范作用，以明星效应促进花样滑冰运动的推广。陈露退役后一直从事花样滑冰的推广工作，为人们树立了榜样，鼓励更多人投身于这项运动事业中来。要通过明星的示范引领，让更多人了解和参与这项运动，而非要求所有人都追求世界冠军。只有这样，才能让更多人了解这项看似高端的运动，实则可以普及到基层。另外，要充分利用"三亿人上冰雪"的优势，促进花样滑冰运动的推广也是北京冬奥会的重要目标。因此，一方面应该鼓励社会资本投入花样滑冰产业，吸引更多社会大众参与冰雪运动并支持花样滑冰事业的发展；另一方面，国家层面应该积极进行各种顶层设计和政策扶持，持续推出一系列促进花样滑冰产业的政策措施，并持续实施下去，防止其流于形式或虎头蛇尾。

除了以上手段，还可以利用自媒体的宣传和营销效果，营造浓郁的花样滑冰运动氛围，进一步扩大花样滑冰运动的知名度和影响力，加深普众对花样滑冰运动的认识。在这个数字化的时代，利用"互联网＋"的优势发挥微信、微博、推特、电视、广播等融媒体优势，向全国乃至全球广泛传播花样滑冰运动，分地区、分地点、分语言、分赛事，进行实时记录、实时统计、即时展示且深度传播，让更多人了解和参与冰雪运动。

此外，更应该在体育基础教育中加强花样滑冰运动的推广，为孩子提供学习和参与这项运动的机会。在课程设置中增设花样滑冰竞赛项目，并增设花样滑冰课程或选修，让更多人了解和热爱这项运动，提高花样滑冰在群众中的认知度水平。同时，对愿意参与冰雪运动的孩子，也应给予必要的培训和指导，帮助他们成长为更优秀的花样滑冰选手。通过综合利用以上这些可行手段，可以更加有效地推广花样滑冰运动，提高大家对该运动的了解和接受程度，也能让更多的人受益于健康的冰雪运动。

③ 注重协同，促进体教深度融合

为了推动花样滑冰运动的进一步发展，需要在多方面进行深入探究，实现更高层次的发展目标。首先，在弘扬运动精神和提升课外体育活动水平方面，应加大对花样滑冰基础设施的投入，并且鼓励学校和社会组织配合，共建运动场所和设施，方便更多的学生参与到花样滑冰运动中来。其次，应进一步加大对花样滑冰青少年运动员的培训和选拔力度，提高我国花样滑冰运动员的整体水平。加强对花样滑冰运动员的体能和技术素质培训，制订一系列行之有效的技术培训方案，让花样滑冰运动员能够快速地提升自己的技巧水平。在选拔阶段，应该坚持公正、公平的原则，对每一位有潜力的花样滑冰青少年运动员给予机会，让他们发挥出应有的才能和潜力，从而在国际比赛中获得更好的表现和成绩。此外，针对花样滑冰后备人才培养模式，可以进一步引入外部专业机构、名师或外籍教练团队，让他们直接参与到运动员的引进和培训工作中。与此同时，还需要通过国际交流、体裁展示等多种方式，推广我国自己的花样滑冰文化，吸引更多的本土和国际人才加入我国的花样滑冰发展中来。

④ 多措并举，打造更高水平队伍

为了推动中国花样滑冰事业的发展，需要在教练员队伍建设、基础教育、艺术素养和科学研究等方面做出全面且有效的努力。

一是围绕"走出去、引进来"，加强花样滑冰教练员队伍建设。目前，本土教练员仍是中国花样滑冰教练员的主要力量，但因为我们与外国有很大差距，更要主动地将中国运动员带到国外参加外训，让他们感受不同的训练环境，提高交流和比拼水平，同时也要注重引进外国教练员，借鉴国外先进训练理念和方法，提高花样滑冰后备人才的水平。

二是夯实基础，扩大基层花样滑冰教练员的数量。常言道，基础不牢，地动山摇。在重视培养高精尖教练员的同时，也应注重基层教练员的质量，进一步提高基层教练员对花样滑冰项目规则的理解，加强对花样滑冰运动训练基本理论知识的学习，及时掌握花样滑冰运动训练的最新方法和手段，不断地更新基层教练员的知识结构和执教理念，扩大基层花样滑冰教练员的数量，加大人才培养力度，积极策划组织相关的培训班和进修班，以提高教练员的素质和技能水平。

三是注重"体艺结合"，增强教练员的艺术素养。现代花样滑冰运动融合了体育与艺术、力量与技巧，是"力"与"美"的统一体。因此，应采取专业院校培养新生力量和现有教练员在职进修提高相结合的方法，不断地提升花样滑冰教练员队伍在体育理论、艺术修养等方面的综合素质。此外，鼓励花样滑冰教练员通过参加相关的艺术文化活动以及与其他国家艺术团体进行交流，提高他们在艺术方面的修养和能力。

四是加强科学研究，注重儿童发育规律与花样滑冰选材训练规律的结合。对于花样滑冰运动的科学研究是不可或缺的。为了更好地推动花样滑冰事业的发展，应加大对花样滑冰科研人员的培养，并鼓励有花样滑冰研究背景的科研人员去花样滑冰高水平的国家进行访问交流，学习这些国家在后备人才培养方面的先进经验，深入理解花样滑冰运动。同时，应结合儿童发育规律，在选材和训练上注重科学性和精准性，为花样滑冰后备人才培养打下更加牢固的基础。

综上所述，围绕教练员队伍建设、基础教育、艺术素养和科学研究等方面，我们需要采取一系列的举措，推动中国花样滑冰事业的跨越式发展。

七、中国花样滑冰运动未来发展浅析

中国花样滑冰运动自20世纪80年代起取得了长足的发展，如今已成为国内冰雪运动非常重要的一部分。在威廉姆斯2018年发布的全球体育品牌价值榜中，花样滑冰是位列全球第七的运动，足以证明其受到越来越多国家的关注和热爱，但是仍然存在一些挑战和困难，因此，中国花样滑冰运动需要一些有效的发展策略来应对这些问题。

首先，中国花样滑冰运动需要加强青少年人才的培养。目前，中国有很

多非常优秀的花样滑冰选手，但是他们大多数是在成年后才开始接触这项运动的。如果中国想要更好地发展花样滑冰运动，就需要从青少年时期开始培养，包括为他们提供更好的训练设施和资源、培养更多的专业教练、提供更加全面的训练计划等等。只有通过这些措施才能让更多的年轻人了解和热爱花样滑冰，并从中发掘更多的优秀人才。其次，中国花样滑冰也需要加强国际交流和合作。跨国合作是任何一个领域发展的必要条件，花样滑冰也不例外。要加强国际合作，中国花样滑冰可以通过加强选手间的交流和互动促进技术的交流和共享，在此基础上加强国际比赛和赛事的参与，甚至可以引进海外优秀的教练指导本土选手，这些举措将帮助花样滑冰在全球范围内获得更高的知名度，并且向外输出中国优秀的文化和体育形象。

其次，提高选手技术水平也非常重要。随着世界各国花样滑冰水平的提高，要想在国际比赛中保持竞争优势，必须不断地提高选手的技术水平。因此，中国花样滑冰需要加强对选手的训练，提高选手的技术含量和创新能力。还需要注重对比赛中的细节反复训练，并对选手的心理素质进行调整和优化，才能更好地发挥出选手的水平和潜力。互联网技术的跨界融合也为中国花样滑冰的发展提供许多机会。通过建立花样滑冰运动的线上教学平台，为广大爱好者提供线上视频课程和技术交流，让更多的人在家门口就可以接受正规的花样滑冰教育，也可以帮助更多的人爱上这项运动，并培养出更多的优秀人才。随着人们对娱乐的要求越来越高，现代人对体育运动的需求也随之上升，尤其是对高水平的体育竞技赛事的关注度也越来越高。

在中国，花样滑冰运动受到广泛的关注，尤其是在国家队取得一系列的卓越成绩后，更是吸引大量的人才和资金，使花样滑冰运动越来越繁荣的发展。新媒体的出现和普及，进一步加速了花样滑冰的推广和发展。作为一项需要高超的技巧和完美的艺术表现，花样滑冰选手的个人形象和风格十分重要。因此，新媒体平台可以帮助花样滑冰运动员从赛事和组织机构方面更好地展示其实力、品牌和价值观，增强其信誉和品牌形象。

利用社交媒体宣传。目前，社交媒体是社会信息传播的主要渠道，在这个时代可以说是最快的传播和最直接的交流工具。花样滑冰运动选手、领导人以及支持团队可以通过不同的社交媒体平台，比如，微博、微信、抖音、INS等，宣传自己的形象、风格、特点和精彩瞬间，使更多关注花样滑冰的用户收到最新的消息。

在网络视频制作方面。网络视频拍摄和播放简单易操作，较容易消费，通过传播有魅力的花样滑冰赛事和领导人的访谈、纪录片等内容，可以吸引更多的观众，在影响力、流量和信誉等方面都有很好的效果，而图片的处理和报告相对简单，可以搭配精简的文字和附加链接，更好地将花样滑冰项目和个性表达传送给用户。绝妙的一瞬间，不光可以展现运动员的技巧和气质，也能促进相关赛事的认可度和用户留存度。

此外，相关部门也可以开放网络直播渠道。网络直播已成为大型赛事的重要宣传渠道，也是直接传递精彩赛况的重要方式。比如，中国花样滑冰的公开赛每年都免费在官网进行在线直播，这种方式能让更多的人看到这个快速成长的运动项目赛事，并提高其关注度和参与度。利用新媒体，中国花样滑冰运动的推广和发展得到更好的发展。未来，花样滑冰运动需要不断靠新媒体满足受众需求，通过媒体的宣传、访谈和精准的宣传，可以让更多的人了解花样滑冰的风采，推进中国花样滑冰向竞技化、市场化、品牌化的方向发展，让更多的观众、赞助商、支持者能够参与其中，助力花样滑冰的成长。

总之，面对新时代，中国花样滑冰发展之路任重道远，但其不懈努力和不断探索能力也将为自己注入新的动能与生命力。通过社会各界的共同努力和重视、良性务实的竞争环境、专业的优秀人才培养、高水平的协作技术交流等方面的举措，中国花样滑冰作为群众冰雪运动项目的发展会更快地跨向更高的台阶。

第三节 我国滑雪运动发展史

一、我国滑雪运动的含义和起源

滑雪是一项高强度的户外运动，被誉为冬季的皇冠运动。虽然中国是一个亚热带国家，但滑雪在中国越来越受欢迎。无论是在发达的滑雪胜地还是在山区的乡村，越来越多的人参与到滑雪运动中。因此，了解中国滑雪运动的含义和起源，也是梳理其发展历程、了解其历史的重要前提。

滑雪运动的起源可以追溯到公元前4000年到5000年之间中国人早期的生产、生活中。古代中国人在山区地带的村落里，用一种叫作"木竿"的器具，代替现代的滑雪板，从楼顶、山坡上滑下来。这种运动虽然没有现代滑雪的高速和激烈，却是中国滑雪运动的最早形式之一。

随着我国经济发展，滑雪在国内逐渐兴起。20世纪80年代末90年代初，国内首批滑雪俱乐部，比如，长城俱乐部、湖南滑雪俱乐部、江苏皮草厂俱乐部、山东泰山俱乐部和广东至上滑雪俱乐部陆续成立，使国内滑雪运动开始走进一个全新的历史时期。

随着我国经济和体育事业的发展，越来越多的专业运动员和滑雪爱好者开始参加到国内各种滑雪比赛中。中国山区或者冬季旅游胜地，比如，长白山、井冈山、莫干山、张家界等地，都成为国内著名的滑雪胜地。滑雪在中国的兴起，除了受到国内强劲的市场需求，也吸引了不少国外的滑雪公司和品牌。比如，国际滑雪联合会（FIS）组织世界杯赛在长白山举行，而亚洲杯等各种国际滑雪赛事也相继在我国举行。中国滑雪运动自古已经发源，经历了很长时间的沉淀，发展至今，随着中国体育事业的蓬勃发展而取得巨大的进步。

滑雪运动本身是一项充满魅力和挑战的竞技运动，大致可以分为两类：一种是越野滑雪，另一种是高山滑雪。越野滑雪是通过人力推进完成比赛，比赛的起点和终点相隔较远，通常在森林、草原等自然环境中进行比赛。高山滑雪是在高山雪地中进行，主要包括速度滑雪、技巧滑雪等比赛项目。滑雪运动是一项全球性运动，各国都有自己的代表队参加比赛，世界各地的滑雪场都举办过重要的国际比赛。

越野滑雪的主要比赛项目包括：

（1）个人比赛：选手单独进行比赛，比赛距离一般在5—50公里之间。

（2）团体比赛：由多名选手一起进行比赛，比赛距离在20—50公里之间。

（3）追逐赛：分为起点追赶式和盘旋式两种，选手先进行定量公里的个人比赛，然后按照选手之间的差距进行追逐。

（4）队列比赛：一种新型越野滑雪比赛方式，每个队有3名选手，比赛成绩取决于每队最后一位选手的成绩。

高山滑雪的主要比赛项目包括：

（1）速度滑雪：选手通过斜坡的高速滑行，比赛过程中达到的最高速度可以超过200公里。

（2）技术滑雪：选手在规定的道路上完成各种动作，评分标准为整体表现和动作难度。

（3）越野滑雪：选手在复杂多变的山地环境中完成越野滑行，比赛形式为个人、团体和追赶式。

（4）自由式滑雪：包括空中技巧、坡面技巧和障碍滑雪，选手在规定的道路上完成各种高难度动作[1]。

滑雪运动的重要比赛包括冬季奥林匹克运动会、滑雪世界杯、欧洲杯和北美杯等，这些比赛不仅是滑雪运动员展示自己的舞台，也是各国运动员互相学习、交流的平台。

二、新中国滑雪运动的起步阶段

新中国成立后，我国开始逐步重视各项体育运动项目的发展。滑雪运动作为国际上备受关注的项目之一，也得到了政府的重视。1950年至1959年，我国滑雪项目逐渐发展壮大，各种政策和比赛的实施成为推动滑雪事业发展的重要力量。

1950年初，政府开始鼓励和发展体育事业，特别是在冰雪运动方面。为了培养更多的体育人才，政府出台了一系列鼓励措施。比如，免费向群众投放滑雪设备，建设冬季滑雪场地，设置体育运动学校等。当时我国的滑雪运动大多是在新疆的天山、长白山大小兴安岭等滑雪胜地进行，主要开展的是滑雪训练和竞技活动。

1953年，我国首次参加在瑞士举行的国际滑雪比赛，当时代表队只有两名选手参赛，而且表现也不是特别出色。但是这一次参加国际比赛，极大地促进了我国滑雪运动的发展，国际比赛逐渐成为我国滑雪事业重要的参考和选拔人才的渠道。其后，我国滑雪运动员又参与了一系列国际比赛，虽然一直未能获得亮眼的成绩，但也为我国滑雪事业带来了荣誉，激励更多的国人参与和了解滑雪运动。同时，政府也通过一系列的举措进一步鼓励和支持滑雪运动的发展，包括举办全国性滑雪比赛、修建多个滑雪场地、培训更多的教练员等。

1957年，我国举办了第一届全国滑雪比赛，在吉林省通化市正式打响国内近代滑雪竞技体育的第一枪。其后，吉林市又举办了第一届全国冬季运动

①李克敏.弘扬北京冬奥精神大力推进天津体育事业高质量发展[J].天津支部生活,2022(11)：2.

会，不仅邀请了东北三省、内蒙古和新疆等地区的解放军单位和运动代表队，更是邀请了苏联滑雪代表团开展了一系列的表演和训练课程，使我国滑雪运动员第一次看见了当时世界范围内最优秀的滑雪运动。这一系列的活动不仅有效地推动了我国滑雪运动的发展，也激发了民间参与滑雪运动的热情和积极性。

1959年，中国滑雪协会正式成立，不仅将我国的滑雪事业纳入体育总会的管理中，还组织更多的国内和国际级别的比赛，并通过不断发展和创新，激发了更多中国滑雪爱好者的热情和兴趣。至此，中国滑雪事业进入了一个新的阶段，未来的发展将更加充满希望和机遇。

20世纪50年代，我国滑雪项目开始逐步发展壮大，政府和民众齐心协力，推进各种政策和比赛的实施。通过参加国际比赛、培养人才、增加场地设施等一系列举措，我国滑雪事业逐渐得到更多人的关注和支持。

60年代初期，我国滑雪运动的发展主要体现在当时政府在体育事业方面加大投入，并开始推广各类滑雪运动。当时，滑雪运动在国内还属于较为新颖的项目，受到了相当大的关注和支持，我国滑雪运动开始迅速发展。滑雪运动主要是通过国外教练向国内普及，摸索出适合国人体质和场地条件的训练方法和技巧。同时，我国的户外活动爱好者也逐渐对滑雪产生了浓厚的兴趣。在此背景下，各地开始兴建起许多滑雪场和滑雪俱乐部，满足人们对滑雪运动的需求。滑雪装备和技术也开始逐渐跟上国际水平，我国滑雪运动的水平也逐渐提高。

二、新中国滑雪运动的曲折发展阶段

随着时代的变迁，我国体育运动也有了不断的发展与成长。其中，滑雪运动作为一项高难度的运动，历经了1966—1976年这十年的时间，经历了许多挫折与困难，但也取得了一些值得纪念的历史性成就。

1966年是中国滑雪历史上的一个重要节点。由于"文革"的原因，我国国内的滑雪运动发展一直处于停滞状态，一直持续到1976年才得以好转。从1976年到1979年，国内陆续恢复了一些全国性质的滑雪运动比赛，预示着我国滑雪运动已经开始逐步复苏，但是由于前十年的发展停滞，导致这一时期我国滑雪运动基础非常薄弱，不仅出现器材短缺、场地设施不足等问题，同时一大批优秀运动员退役也直接导致我国滑雪运动出现青黄不接的情况。然而这只是开始，当时我国滑雪队的再次成立几乎可以说是从零开始，队员缺乏相关的装备和教练，许多运动员还没有滑过雪，甚至连电视也没有看过。为了快速提升实力，我国滑雪队开始各种努力。

尽管如此，我国滑雪队在发展过程中还是遇到了不少困难和挑战。由于当时气候变暖、雪量不足等原因，滑雪场数量不足且分布也不均匀，给我国滑雪运动的传统和发展都带来了一定的影响。此外，由于政治因素的影响，我国滑雪运动在此期间还未能完全融入国际滑雪赛事中，需要继续加强其在国内外的声誉和实力。

总的来说，1966—1976年这十年的中国滑雪历史发展时期，是我国滑雪运动建设与发展的困难时期，面临着很多的挑战和困难，但也正是这一阶段我国滑雪运动的建设和发展不断吸收国内外先进经验与技术，才得以提高自身的核心竞争力，确保后续实现良性健康发展。

三、我国滑雪运动的恢复发展阶段

此时，国内的滑雪运动刚刚起步，滑雪运动队伍主要由军队运动员组成，他们在各自的军营中进行滑雪训练，并参加国内外的滑雪比赛。由于缺乏相关设施和装备，我国滑雪运动水平一度落后于国际水平。随着改革开放的进行，滑雪运动开始受到更多人的关注和支持。

1980年，我国第一座滑雪场——北京红螺山滑雪场开放，为国内滑雪运动发展提供良好的基础。此后，国内相继开设许多滑雪场，越来越多的人加入滑雪运动中来。同时，1980年第十三届冬季奥运会开始，中国代表队再次出现在冬奥会的比赛现场，这无疑对我国滑雪运动的快速恢复注射了一针强心剂。虽然在当时世界范围内有很多国家并不看好我国滑雪运动的发展，甚至认为我国参加冬季奥运会有班门弄斧之嫌，但实际上通过参加世界级别的大赛，不仅可以开阔我国滑雪运动员的眼界，还可以打开中国滑雪运动和其他国家之间交流的渠道，同时，也帮助中国滑雪运动从停滞期转型向快速发展期的契机。另外，在1980年初我国将近代滑雪运动进行大致分类，分为高山滑雪和越野滑雪两个项目。

1981年，国际雪联理事会通过决议，正式接纳中国滑雪协会成为临时会员[1]。

---

[1] 谷化铮.我国滑雪运动可持续发展的研究.东北师范大学，2010.

同时，我国体委也决定在其运动司内配备滑雪专业管理人员。自此，我国陆续和很多冬季运动强国达成协议，比如，1981年年底中国滑雪协会与日本长野县中日友好协会共同达成滑雪联盟协议。日本每年接受一定数量的中国滑雪研修人员，通过勤工俭学的方式，一边工作一边练习滑雪，而日方需要每年赠予中国运动员相应的滑雪训练器材以及配套训练场馆。之后，我国陆续派遣超过200位滑雪运动员到日本接受训练，并且接收滑雪专业器材超过万副。这种友好交流的方式不仅为中国滑雪运动培养了更多优秀人才，也解决了当时严重限制我国滑雪运动发展的器材和设备问题。同时，和滑雪运动强国的交流也有助于我国滑雪运动快速建立自身的专业学术体系，对当时的中国滑雪运动而言无疑是一种雪中送炭的行为。

1982年，中国第一次派出滑雪代表队参加国际滑雪大赛。虽然当时中国代表队的表现并不出色，但也是中国滑雪运动的重要一步，为国内的滑雪运动在国际上争得一席之地。

随着时间的推移，中国滑雪运动得到越来越多的支持和投入。相关政策出台、设施建设以及人才培养等也逐渐完善。从20世纪70年代到80年代初期，中国滑雪运动经历了一个发展的过渡起步阶段。尽管在当时的国际比赛中表现不算出色，但是为国内滑雪运动奠定了基础，为未来的发展铺平了道路。

80年代以后，现代经济滑雪运动在世界范围内的发展愈发迅速。而且在中国境内的发展也超过了20年，此时中国滑雪运动的相关体育部门领导，在面对我国滑雪运动落后于世界滑雪水平的现状并没有气馁，反而和众多教练员、运动员、裁判员、管理人员等，秉持着中华民族坚韧不拔、奋发图强的精神，陆续开展一系列夯实基础且有利于后续发展的重要工作。

1983年，中国滑雪协会和欧洲13个国家的滑雪工厂签订合作协议。每家工厂每年向中国提供50套现代竞技滑雪装备，并且接纳中国运动员赴欧洲参与各种训练和比赛[1]。这一举措，不仅使我国滑雪运动得以接触当时世界最先进的技术，也可以在比赛中使用最专业的设备和器材。这种交流和合作无疑强化了我国运动员在世界级比赛场上的竞争力，也使我国滑雪运动的发展受益匪浅。在这一时期，我国政府高度重视滑雪运动的发展，投入了大量的人力、

---

①顾洪伟，王广贵，刘石.黑龙江省高山滑雪后备人才培养现状的分析与对策研究[J].林区教学，2010(11)：3.

物力和财力进行推广。同时，国内外知名滑雪运动员被邀请来中国进行示范和培训，提高了中国滑雪专业人员的素质和水平。

1984年，我国滑雪运动开始实施运动员积分制，并且将这种制度逐步扩大到优秀运动队的积分制。这种制度的建立，不仅为我国滑雪体校人才输送构建了一个透明且科学的体系，同时也将教练员、裁判员、运动员都纳入该体制中。此外，20世纪80年代末至90年代初，随着中国改革开放不断深入，国内外的经济、文化和体育交流越来越频繁，许多国外的滑雪和器材品牌进入中国市场，极大地促进了中国滑雪运动的发展。同时，越来越多的国际滑雪赛事开始在我国举行，提高了我国滑雪运动员的比赛经验和竞技水平。尤其是90年代，国内各大城市开始兴建滑雪俱乐部和滑雪场，许多国内的滑雪爱好者开始积极参与到滑雪运动中来。我国体育部门也积极培养和选拔优秀的专业滑雪运动员，在国际大赛上多次斩获奖牌，为我国滑雪运动的发展注入新的活力。

1986年，我国高山滑雪和越野滑雪两项运动的运动员参加了在日本举行的第一届亚洲冬运会，并且成功获得1枚金牌、2枚银牌和6枚铜牌的好成绩。女子滑雪运动员唐玉琴、宋世纪、常德珍、卢凤梅在4×5公里集体项目中打破当时诸多强队的封锁，勇夺金牌，实现了中国滑雪运动冲击亚洲的伟大战略目标。

1989年，在世界冬季大学生运动会中，我国冬季两项女运动员王敬歌通过自己的努力和冷静的临场表现，获得一枚极其珍贵的铜牌。当时，国家体委对这枚铜牌极其重视，并认为这是中国滑雪运动历史性的突破。之后，中国的滑雪运动迎来了快速的发展。1990年至1995年，中国国家队在多项滑雪比赛中取得了重要的成就，这些成就背后凝聚了中国滑雪运动迅速发展的汗水和努力。

1990年，第二届亚洲冬季运动会上，我国越野滑雪和冬季两项运动员，在极其艰苦的条件下，仍然在此次比赛中为中国国家队斩获2枚金牌、2枚银牌和2枚铜牌。本届赛会并没有设置女子项目，也遭到当时很多参与国家的质疑和否定。

1991年至1994年，中国国家队参加多项世界范围内的滑雪比赛。在1993年的世界冬季大学生运动会上，运动员王锦芬在7.5公里项目中夺得金牌，这枚金牌不仅是我国第一个滑雪运动大学生冠军，也完成了我国女性滑雪运动员在世界级大赛上的冠军突破。此外，在男、女特技滑雪项目中，中国选手也取得了不错的成绩。

1996年2月，第三届亚冬会在中国哈尔滨举办。中国代表团共有20名选手参赛，其中包括滑雪、自由式滑雪、花样滑冰等多个项目。由于是在家门口的比赛，因此本届赛事对于中国滑雪运动员而言有着不同以往的重要意义，除了哈尔滨在参加亚冬会组织工作做得十分出色外，中国滑雪运动员的表现同样神勇。最终，中国代表团取得4枚金牌，总奖牌数高达17枚，坚定了中国滑雪队在国际上的地位。

第三届亚冬会上，中国滑雪代表队获得的成绩是新中国成立后我国现代经济滑雪运动发展的一次重要检阅。尤其是1980年以后，我国滑雪界各方人士付出的共同努力终于取得了回报。这次比赛不仅是我国现代滑雪运动的一个里程碑，同时也使我国滑雪运动的发展进入了快车道。这期间，中国滑雪运动发展势头迅猛，在国际上取得了显著的成就，无不彰显了中国滑雪运动队员的职业精神和勇气，他们的努力和拼搏为中国滑雪运动的发展奠定了基础，并为后来的运动员提供了重要的参考和学习经验。也有人将第三届亚冬会中国滑雪运动的成果形容为冲出亚洲走向世界的标杆，这充分说明中国滑雪运动的发展并没有停歇，也没有自满，而是一直将获得更加优秀的成绩视为目标，并且还有目的地将1998年第十八届冬季奥运会列入任务清单中。

这一阶段我国滑雪运动的发展是具有完备性且科学的，在确定明确的目标之后，相关部门提出自由式滑雪空中技巧女子项目，应该作为我国力争奖牌的核心项目。之所以做出这样的决定，是由于经过科学分析后，明确了当时该项目的国内外形势，在充分了解我国运动员有可能在该项目上取得奖牌后就明确了以难制胜、勇夺奖牌的战略。此时，中国滑雪运动国家队的训练竞赛队伍形式，也体现出自身的优势，尤其是在备战第十八届冬奥会的过程中，国家体育总局更是将人力、财力、物力进行了充足配置，调动了大量当时中国滑雪界的各方优势因素，目的是保证自由式滑雪空中技巧女子项目能真正完成奥运会的冲击。

四、中国单板滑雪运动的引入及发展

（一）单板滑雪运动概述

随着科技的不断发展，普及化的冰雪旅游也让单板滑雪变成一项盛行运动。单板滑雪不再只是交通工具和娱乐活动，也成为一项具有挑战性和刺激性的极限运动。如今，单板滑雪不仅带动了雪山地区的经济发展，也成为众多年轻人追逐梦想及享受人生快乐的一种方式。单板滑雪需要运动员在滑雪板上侧身站立且在雪地上滑行。为了保证运动员的安全，单板滑雪运动装备必须十分完备，最基本的装备包括滑雪板、雪地靴、保护头盔、护肘、护膝、手套和太阳镜等。这项运动需要运动员具有较强的体能和技巧，不仅需要在陡峭的坡面上下降，还需要在端坡和冰雪道上进行各种特技。比如，跳跃、旋转、滑行等等。因此，单板滑雪不仅有技术含量，也有极高的观赏性，成为现代冬季极限运动的代表之一。

单板滑雪在全球各地都有很高的人气。日本的暴走族风格、美国的X-games极限运动、欧洲的金冠世界杯赛事等都具有一定的代表性。中国自2006年进入单板滑雪世界杯时代以来，取得了不少优异的成绩。中国的单板滑雪在世界上越来越有影响力。作为一项极限运动，单板滑雪也存在着一定的风险，运动员必须具备丰富的经验和科学训练，才能保证自己的安全。此外，很多雪地旅游者也选择体验单板滑雪，需要懂得如何保护自己。对雪地旅游者来说，必须选择正规的滑雪场地、了解山地气象，同时也需要购买适合的保险。

总之，单板滑雪具有悠久的历史和广泛的人群基础。它不仅能带给雪山经济以巨大的效益，还能让滑雪运动爱好者感受到刺激与挑战，并在挑战极限后获得满足感和成功感。同时，我们也应重视单板滑雪的保护和安全工作，让这项运动能更加规范和健康地发展下去。

（二）中国单板滑雪运动的初步发展

中国冰雪运动在过去几年经历了长足的发展。其中单板滑雪运动成了最为引人注目的项目之一。作为一项新兴的极限运动，在短短几年内，单板滑雪就火热起来。它的兴起让世界看到了中国冰雪运动的蓬勃发展，也成了中国冰雪运动的新星。

单板滑雪起源于20世纪60年代的美国加州。起初只是一种滑雪爱好者自娱自乐的运动项目，直到1998年才被列为冬奥会正式比赛项目。随着奥运会的推广，单板滑雪在世界范围内得到了广泛的关注和认可。我国在2003年引入该项目，但当时并没有引起太多关注。直到2015年北京申办冬奥成功，中国才开始大力推广和发展单板滑雪运动。

单板滑雪由于其极限、高速、高难度等特点，不仅形象地展现了年轻人热衷的趣味运动，更有助于促进中国精神文明的发展。单板滑雪激发着年轻人的自信与勇气，挑战极限，传递冰雪运动与激情的正能量。冰雪运动作为一项富有时代特征的体育，无疑对年轻人的身体和心理发展都产生积极的影响。在单板滑雪项目的推广与发展路上，国家相关部门通过大力宣传、推广和集训，提高了单板滑雪项目的参与度和发展水平。在已经结束的2019—2020赛季的世界杯中，中国单板滑雪代表队的成绩有了很大提高，也意味着在未来，中国将更有可能在国际大赛中获得更好的成绩。

单板滑雪的兴起也促成了相关著作的出现。目前，市面上已经有不少关于单板滑雪的书籍、讲义、指南等著作。其中，有的是介绍单板滑雪技巧和规则，有的是讲述单板滑雪故事和留影，还有一些是关于单板滑雪热度和文化交流。这些著作向人们介绍了更多关于单板滑雪运动的知识和文化，让人们更好地了解单板滑雪运动的本质和价值。单板滑雪作为新兴冬季运动，已经融入中国人的生活和文化中。随着我国冰雪运动的快速发展，单板滑雪将成为我国冰雪运动中的重要组成部分，同时也将吸引越来越多的人关注，对于推动我国冰雪运动的发展与文化交流都将发挥重要作用。

2003年2月，国家体育总局冬季运动管理中心经过决定，成立单板滑雪运动研修团，并前往日本学习单板滑雪项目。在经过研究和学习后，他们将单板滑雪项目引入我国。随后，冰雪运动大省黑龙江、吉林和辽宁迅速建立单板滑雪运动队，国家体育总局还为他们专门建造了5块U型池场地，第一批纳入省队的队员超过100人。由此可见，我国对单板滑雪项目的发展给予了高度重视。正是因为如此，单板滑雪在我国的发展速度十分迅速，运动员的技术水平提升很快，赛场成绩也越来越好。在所有冰雪运动项目中，单板滑雪的发展速度是最快的。

自从引进单板滑雪运动项目后，黑龙江、吉林和辽宁省队的单板滑雪运动员快速发展，技术水平也逐步提高。2005年，国家体育总局决定成立中国单板滑雪U型池场地国家队，并立即参加世界大学生冬季运动会。这是国家队成立后的首次参赛，女运动员潘磊获得银牌，并赢得都灵冬奥会参赛资格。同年，孙志峰在智利举办的世界 U型池场地技巧大赛上获得第八名，也获得都灵冬奥会参赛资格。2006年，我国单板滑雪国家队参加了首次冬奥会，参赛队员为潘磊和孙志峰。随后，运动员继续训练，孜孜不倦地努力，2008年刘佳宇夺得了滑雪世界杯U型池场地技巧赛冠军，这也是我国单板滑雪运动队在国际赛场上的第一枚金牌。同年，孙志峰在日本举办的滑雪世界杯中获得了金牌，这是我国单板滑雪运动队在世界大赛上的第二枚金牌。

2009年1月23日，刘佳宇在韩国横城举办的单板滑雪世锦赛女子U型池场地技巧赛中再次夺得金牌。2010年，中国女子单板滑雪选手孙志峰以1545分位列世界排名第十六名。同年，在温哥华冬奥会上中国选手刘佳宇以39.3分的成绩获得U型池场地赛第四名。2014年，索契冬奥会上中国选手张义威在U型池场地技巧赛中获得第六名。随后，刘佳宇、张义威及蔡雪桐受到Burton单板滑雪品牌的邀请参加冬季X-games赛事。

自2003年引入单板滑雪运动以来，潘磊、孙志峰和张义威等杰出运动员见证了这项运动在我国的快速发展。他们的不懈努力和永不放弃的精神是中国单板滑雪竞赛成绩获得快速提升的关键。政府对单板滑雪项目的高度关注体现在提供优质的训练场地和教练团队上，也为中国单板滑雪运动员的优异表现打下了坚实基础。全国范围内单板滑雪项目的快速发展和成功发展离不开国家的高度重视和运动员的刻苦训练。

（三）中国单板滑雪运动的快速发展阶段

北京与张家口携手成功申办2022年冬季奥林匹克运动会。此次申办成功不仅是中国体育事业史无前例的成就，也是向全世界展示充满活力国家形象的重要机遇。北京冬奥会的成功举办不仅为奥林匹克运动史增光添彩，还将推动京津冀地区的协同发展，促进基础设施的建设和体育旅游产业的发展。此外，冬奥会也将是一个传播中国文化的大好时机，提升民族自尊和自豪感，并在政治层面提升国际地位和影响力，展现大国风范。相比经济效益，文化和社会效益更加重要。

2016年至2021年，中国相继制订《群众冬季运动推广普及计划（2016—2020年）》《冰雪运动发展规划（2016—2025年）》《全国冰雪场地设施建设规划（2016—2022年）》《北京2022年冬奥会和冬残奥会市场开发计划》《冰雪旅游发展行动计划（2021—2023年）》《"十四五"体育发展规划》和《关于以2022年北京冬奥会为契机大力发展冰雪运动的意见》等规划[1]。通过对这些

---

①张琳，韩瑞玲.张家口冰雪产业竞争力分析[J].现代营销：经营版，2020(12)：2.

规划的梳理总结，可以得出：（1）普及单板滑雪运动；（2）推广单板滑雪运动文化并发展单板滑雪运动产业；（3）加速单板滑雪运动场地建设；（4）积极开展单板滑雪运动赛事；（5）倡导单板滑雪运动的社会体育组织发挥作用；（6）积极筹办冬奥会；（7）提高单板滑雪运动的竞技水平，推动单板滑雪运动项目的职业化进程，完善单板滑雪运动项目的后备人才培养体系，并深度改革单板滑雪体育组织的体制机制。

中国单板滑雪运动在2022年北京冬奥会上迎来了历史性时刻，苏翊鸣获得男子大跳台金牌，这是中国单板滑雪运动项目在冬奥会上的第一枚金牌。他不仅赢得冬奥金牌，还赢得中国冬季运动爱好者的喜爱，书写了中国单板滑雪运动项目参加冬奥会的新篇章。

2022年北京冬残奥运会上，中国队以18枚金牌的绝对优势夺取金牌榜第一名，包括银牌、铜牌在内共计61枚，中国单板滑雪运动队贡献5枚奖牌，其中包括2枚金牌、1枚银牌和2枚铜牌。在单板滑雪男子障碍追逐—UL级的比赛中获得前三名的运动员全部为中国选手，分别是纪立家（金牌）、王鹏耀（银牌）、朱永钢（铜牌）；孙奇以25秒的优势险胜芬兰选手马蒂·苏尔-哈马里，赢得单板滑雪男子坡面回转—LL2级比赛的金牌；在单板滑雪男子障碍追逐—LL1级比赛中，武中伟获得铜牌；在单板滑雪男子障碍追逐—LL2级比赛中，孙奇表现突出，获得第四名的好成绩。

五、中国单板滑雪运动后奥运时代的发展

（一）单板滑雪运动项目的推广

随着社会的快速发展，新媒体日益介入，改变了人们的阅读习惯。在信息爆炸的时代，人们普遍更倾向于快速获取信息，而不再阅读长篇的纸质新闻报道。在"互联网+"的大潮中，传统媒体开始探索 新的传播方式，从纸质向电脑、手机等数字媒体转变，成为新媒体。同时，体育产业也开始唤起变化，从封闭向开放转变，扩大了单板滑雪运动文化在体育人群中的传播，促进了单板滑雪运动者之间的互动与交流。

大众通过对媒介的选择和对多样信息的追寻，对单板滑雪运动项目有了更全面的了解，从而助推了单板滑雪运动项目的大众化。赛事直播技术的不断发展和新媒体平台的用户交互提供了像现场观赛一样的体验和互动平台，进一步增添了单板滑雪运动赛事的热度。

据最新发布的《第49次中国互联网络发展状况统计报告》，截至2021年12月，我国网民人数已达10.32亿人，比2020年12月增加了4296万人，互联网使用率达到73%，表明我国互联网产业蓬勃发展，互联网用户规模不断扩大。报告还显示，我国网络基础设施建设已全面完成，网民人数稳步增长，上网总时长不断增长，上网设备使用呈现多元化的趋势，为单板滑雪运动的推广扩大了受众范围，提供了有力支撑。

2022年，北京冬奥会成为数字媒体转播的先驱，创造了空前的赛事收视纪录。根据国家体育总局发布的数据，北京冬奥会开幕式的收视率高于往届冬奥会，全球共有5亿观众通过数字媒体转播收看冬奥会开幕式。2014年索契冬奥会的收视率只有3亿人。在比赛日阶段，中国的收视率超过6亿，北京冬奥会在世界各个国家和地区也引起了广泛关注，在日本、澳大利亚、北美各个地区都取得了巨大成功。通过数字媒体转播，观众可以享受高质量的赛事直播服务，随时随地观看到需要关注的比赛内容。这次冬奥会产出的相关内容数量高达6000小时，比平昌冬奥会多400小时。这些内容不仅质量高，而且适应了观众群体对多维度深度报道的需求，让更多人了解到单板滑雪运动的魅力。同时借助新媒体，冬奥会的多种形式推广展现无处不在，通过方便快捷的直播方式，以及多渠道展示的方式，将单板滑雪运动的魅力和价值传递给全世界范围的观众，帮助单板滑雪运动保持稳定的发展态势。

总之，2022年北京冬奥会运用数字媒体转播方式打造了一个前所未有的赛事体验，不仅加强了观众和运动员的联系与交流，同时也展现出数字时代下全新的体育媒体形态，对未来的体育赛事和数字媒体技术应用具有重要的借鉴意义。

（二）单板滑雪运动产业的发展

据2020年《中国滑雪产业白皮书》显示，截至2020年底，我国拥有9191台造雪机，新增632台，增长速度相比2019年下降44.99%。从雪场规模角度来看，压雪车数量是一个反映的指标。然而，新增压雪车主要还是靠国外进口，国内新增55台、进口41台、国内生产14台，总数约为684台。由此可见，我国需要快速研制核心设备，以保持单板滑雪运动的持续发展。

随着春节假期，滑雪旅游进入高峰期，来自携程旅游的数据显示，华北、东北地区的滑雪场区域游客到访量排名第一。值得一提的是，滑雪场门票的价格已经水涨船高，相比去年增长33%。此外，滑雪场酒店的订单需求也旺盛，与去年相比增长52%。除了户外滑雪场，室内滑雪场的游客也呈急速上涨趋势。研究数据显示，每10个滑雪爱好者中就有2个人曾经到访过室内滑雪场。各类旅游网站数据也显示，滑雪场门票的复购率显著上涨，达到60%。随着冰雪运动的迅猛普及和产业的急速发展，我国新增滑雪游客中有77.4%为初学者，为我国滑雪培训市场提供了广阔的蓝海机遇。在此背景下，我国社会体育组织也将迎来快速的发展机会。

（三）单板滑雪竞技赛事的举办

2022年，我国成功举办了冬奥会，这场盛大的国际运动盛事极大推动了我国冰雪产业发展。据统计，参与冰雪运动的人数已经超过3亿，是一个非常具有历史意义的数字。同时，冰雪运动场馆建设也得到很大的推动，并且在冬奥会后留下了宝贵的遗产，其中最为重要的就是世界一流的比赛场馆。这些场馆的建设是冬奥会的一个重点，它们经过了精心设计和建造，同时也将成为未来冰雪运动的重要场所。这些场馆具有国际一流水平的装备、设施和管理，在比赛期间为运动员提供了良好的条件，同时也为观众带来极佳的观赛体验。除了冬奥会期间的使用，这些场馆也将对群众开放，并成为未来冰雪运动场所的重要组成部分。比如，位于首钢园区的大跳台将为今后举办的滑雪大跳台世界杯、X-games世界极限运动等系列顶级赛事提供服务。在这些场馆的带动下，我国的冰雪产业也将得到更加快速、健康的发展。可以预见，未来我国的冰雪运动将继续蓬勃发展。除了提供更加优质的场地设施和服务，我们还需要加强冰雪运动人才的培养和推广，让更多人爱上冰雪运动，享受冰雪带来的健康和乐趣。

（四）开拓国产单板滑雪品牌市场

随着2022年北京冬季奥运会成功申办以及"3亿人参与冰雪运动"战略的开展，越来越多的人开始参与冰雪运动，其中单板滑雪运动在我国也迅速普及。然而，国产单板滑雪品牌的销量却惨淡，原因是消费者通常只是一次性体验，而不是长期参与，对于国内的单板滑雪产业来说是一个巨大的挑战。为了让国内单板滑雪产业蓬勃发展，我们需要采取一系列措施。

首先，加强雪板的制造技术，学习海外品牌的设计理念和制造工艺，根据中国单板滑雪运动者的水平和风格制造不同性能等级和价格的雪板、雪鞋、雪服等装备，给消费者更多的选择。聚焦于人群定制化需求，针对消费者需求，提供优质、个性化服务以及良心的价格，并在国内与世界一流厂家展开技术合作和技术转移，在制造、开发和研发上不断创新。

其次，在设计单板滑雪装备时，与各个地区的KOL交流合作，根据每个地区的文化加入相对应的文化元素，给予消费者一种文化归属感，这样可以增加国产单板滑雪品牌的知名度和影响力，从而在市场上获得更多的关注度和认可。

最后，向大众推广国内单板滑雪品牌，让更多人了解和购买国内品牌，并培养更多的本土单板滑雪品牌，通过互联网营销、线下活动、品牌宣传等多种手段实现。通过这些方法让国产单板滑雪品牌更具有市场竞争力，增强中国单板滑雪产业在国际市场上的影响力。

我国国产单板滑雪品牌应向李宁国产运动品牌、安踏国产运动品牌学习，在运动时尚潮流品牌领域，国产品牌李宁推出单板滑雪系列，这是该品牌首次主打单板滑雪主题推出产品，其中包括滑雪服、滑雪裤等，迎合时下风尚，注入"国潮风"。安踏则从滑雪运动体验感方面入手，着力打造"982创动空间"，且面向公众开放。该空间占地面积为3000平方米，给顾客提供了一个全仿真的滑雪环境，并配备专业的滑雪模拟器和种类齐全、功能多样的滑雪装备，让消费者全身心地沉浸在此空间内的滑雪区，亲自体验雪上徜徉的乐趣，培养众多参与者对滑雪运动的喜爱之情。

（五）推动高级滑雪度假小镇建设

近年来，随着北京冬奥会的成功举办和"3亿人参与冰雪运动"战略目标的实现，我国滑雪运动的热度居高不下，滑雪场的建设成为单板滑雪大众化保障的重要措施。根据体育总局的体育数据库显示，截至2021年底，我国所有冰雪运动场地共计1888个，而且场地总面积达到0.67亿平方米。其中受特殊原因影响仍在正常营业的滑雪场有715个，占总冰雪运动场地数量的37.13%。

尽管如此，92.13%的滑雪场属于体验型初级雪场，与阿尔卑斯山区域相比，我国滑雪场数量及规模依然存在较大差距。阿尔卑斯山区域的滑雪场数量居多，仅总数就超过全球滑雪场数量的30%。同时，滑雪爱好者消费积极性高，有年均超过5亿人次的滑雪消费人口。北美的滑雪场数量虽不如中国，但滑雪场占地面积较大，且多数为规模设施完善的高级滑雪场。

一个体育项目的普及需要许多方面的支持，包括国家政策的支持、相关产业的发展、大型赛事的举办、项目文化的传播以及体育人口数量等因素。但最关键的是地理环境，包括自然和社会两类。在我国，自然环境包括所处的地理位置、气候条件、地形特征、海洋和陆地的格局、大江大河的分布、自然资源的位置和产量等；而社会环境则包括国家政策规划、市场经济模式、交通运输建设、城市人口数量、科学技术发展等。体育项目的产生、演变和发展都受地理环境的影响和制约，就像海洋孕育出冲浪、江河孕育出游泳、高山孕育出攀岩、平原孕育出田径。单板滑雪是对地理环境要求极高的运动项目，雪季时间和地形与气候决定了滑雪场的规模、形式和雪质，进而影响单板滑雪的运动项目运行的时间和人数。因此，体育人口数量对单板滑雪的大众化发展非常重要。

（六）发展国产冰雪设备制造产业

18世纪70年代左右，登山运动兴起，阿尔卑斯山的城镇开始建设度假小镇。由于交通运输设施简陋，只有财力充裕的富人才有能力前往度假，但登山运动的热情不减反增。此外，医学领域的研究发现，当地冬季时节的空气温度低，尘埃和微粒含量也更少，对结核病患者的痊愈十分有益。加之，1870年阿尔卑斯山公路的修建提供了便利的交通条件，令该地区成为许多滑雪爱好者心驰神往的滑雪胜地。1888年，滑雪运动热度使阿尔卑斯山中小镇开发了冬季项目。

早期的阿尔卑斯山地区，仅有夏慕尼（法国）、达沃斯和圣莫里茨（瑞士）、基茨比厄尔县（奥地利）等成熟的度假小镇设有滑雪场。该时期的滑雪场设施不够齐全且设备简陋，游客通常需要花费一个小时左右的时间登顶，再用10分钟滑下来，因此滑雪体验大打折扣，但滑雪的魅力和美景依旧吸引了大量游客的涌入。此后，工业革命的爆发对阿尔卑斯山滑雪场的建设具有关键性的辅助作用，发明的蒸汽机和电力系统为滑雪场创造了载人登山的铁路设施，增强了后续游客滑雪的体验感。

（七）推动本土滑雪赛事走向世界

目前，在国际大型滑雪赛事中大部分是外国的赛事，而中国本土的滑雪赛事并没有很高的国际地位和知名度。因此，为了推广本土滑雪赛事走向世界，需要进行以下几个方面的优化和润色。

首先，提高滑雪人群的数量基础，继续传播滑雪文化。通过推广滑雪文化体验，让更多人了解、体验滑雪的魅力，扩大滑雪人群，开拓市场，并通过开展滑雪培训、推广滑雪旅游等活动来实现。

其次，开设"最具影响力单板滑雪赛事榜单"和"中国单板滑雪运动员排名"。通过对各项单板滑雪赛事进行评选，提高赛事举办水平，建立全面、客观、公正的科学评价体系，树立优质赛事标杆，多角度、多维度去观察单板滑雪赛事的年度成长、变化及趋势。开设"中国单板滑雪运动员排名"可让运动员在竞技比赛中提升个人成绩，同时也能提升业余单板滑雪运动员的竞技水平。

第三，提高冰雪赛事的观赏性与关注度，从而提高冰雪办赛规格，通过邀请世界知名运动员前来参赛的方式完成。也可以通过增加赛事举办的场次，将一个成功的赛事复制到不同城市，在赛事举办前增加训练营或者为主赛事配以门槛较低且规模较小的相关赛事活动，从而让更多人参与到冰雪运动中来。

最后，打造单板滑雪赛事IP。制作优质的赛事内容可以通过提升雪道的设计、推广沿途的景区、加大赞助品牌的宣传等方式达到，还可以借助明星运动员来吸引观众，借助KOL宣传赛事，这些方式都可以有效地提升赛事的知名度和关注度，从而推动中国单板滑雪赛事的发展。

六、群众滑雪项目运动的推广策略

（一）加大滑雪项目宣传，助推滑雪进校园

政府应该加大对大众滑雪运动的宣传力度。为此，我们建议从以下两个方面入手。

一是在宣传方式上进行创新。针对互联网时代，应该更好地利用大众常用的 App（比如抖音、微博）和娱乐网站。滑雪场地也要建立自己的官方网站和公众号，实时更新内容，吸引大众关注。同时，政府也可以运用明星效应推广大众滑雪运动，特别是当下比较受欢迎的体育明星。这样才能更加有效地宣传大众滑雪运动。

二是延长宣传周期。针对一些有影响力的滑雪活动，政府应该及早准备，通过延长宣传周期吸引更多人了解相关内容，并制造话题，让广大群众能在家休息或者走在街头时感受到滑雪运动的氛围。政府鼓励和支持社会上的雪

地俱乐部与协会的建立，促进大众滑雪运动的发展。这些俱乐部和协会能很好地促进整个行业的监督和约束作用，从而保护消费者的权益。此外，鼓励学生参与滑雪相关活动，并在校园中参与滑雪活动、学习相关知识、借助专业人员进行教学讲座、前往雪场滑雪等，推广大众滑雪运动的发展。

（二）完善雪场管理制度，提升滑雪安全保障

针对天津市滑雪场出现的一系列问题，政府需要制订并实施科学合理的管理制度，确保滑雪场所的可持续经营和顾客安全。

政府应该强化滑雪场地设备的严格要求，包括必须拥有造雪机、压雪机等设备，并对这些设备进行定期检查，确保其正常运转。同时，政府还要规定滑雪场地的最大承载人数，避免人挤人、人撞人的现象发生，保证顾客在滑雪场地得到安全保障和良好的滑雪体验。政府必须对所有滑雪场的专业人才进行严格管理，滑雪场必须要有持证上岗的滑雪专业人才，不仅应熟悉滑雪场地的设备使用、维护，还应该具备较强的滑雪技能和救援能力。同时，政府还要建立专业的救护队伍，配备救援摩托等设备，并对工作人员进行定期的救援培训，保障顾客在滑雪过程中的安全。同时，政府要完善滑雪场的警示标志、指示标志，规范滑雪爱好者的活动区域，保持良好的卫生条件。为了确保滑雪场管理规范，政府应当建立专门的管理机构，并严格执行制度和规定。对不符合要求的滑雪场地，不应允许其继续营业，并安排人员随机到滑雪场地进行检查，督促雪场对制度规则的落实情况。

在解决滑雪人才短缺问题方面，政府可以从三个方面入手：首先，政府可以利用自身资源，扩大滑雪专业人才的培训范围，提高教练员、裁判员的技能水平，培养更多能够胜任多种角色的人才；其次，由于雪季旺季基本在寒假期间，可以利用这个时段组织学校体育老师、体育俱乐部教练等体育类人才进行滑雪社会指导员培训，吸引更多人参加到教练员的队伍中来，增加滑雪场所滑雪专业人才的数量；最后，政府还应加大滑雪专业人才培养及薪酬待遇的投入力度，提高后者地位和待遇，吸引更多的专业人才加入滑雪行业。只有政府不断地调整自身策略，逐步解决滑雪场所问题，才能有效地推动天津市的滑雪事业健康发展。

（三）开展各类大众滑雪比赛，提高大众滑雪运动水平

为了促进滑雪运动的发展，政府需要从多方面改善现状。其中举办滑雪

赛事、提高参与者的滑雪基础以及推广宣传是重中之重。

在举办滑雪赛事方面，政府应该增加赛事次数，并且鼓励举办丰富有趣的比赛。为了提高参与度，可以将赛事活动结合当地的民俗文化和传统节日。比如，赛事活动结合冬至、圣诞和元旦等节日，吸引更多人的注意，提高赛事关注度。此外，政府可以邀请一些知名选手参加高水平的比赛，并对滑雪场地进行升级改善，让选手和滑雪爱好者能够享受到更好的滑雪体验。在滑雪基础方面，政府需要做好参与者的技术指导和教育。只有掌握滑雪技能，参与者才能真正感受到滑雪的魅力，享受到滑雪的乐趣。针对不同水平的滑雪爱好者，政府应该安排不同层次的培训和训练，提高参与者的滑雪技能和安全意识。同时，还可以加强滑雪场地的管理，确保场地的安全性和完整性，让人们在滑雪场地上玩得放心、安心。在推广宣传方面，政府需要利用各种媒介和渠道宣传和推广滑雪赛事和滑雪运动，利用互联网和各大媒体公布赛事信息和赛事结果，同时也可以利用社交媒体吸引更多人的关注，让更多人了解滑雪运动，进而产生兴趣。政府可以通过提高赛事的关注度和宣传力度，提高大众对滑雪运动的认知度和了解度，进一步推广大众滑雪运动的发展。

总之，滑雪作为一项迷人的极限运动，有着很大的发展前景。各地市政府应该从滑雪赛事、滑雪基础和推广宣传等方面入手，全方位地发展滑雪运动，让更多人享受到滑雪的乐趣，只有这样才能真正实现"三亿人上冰雪"的目标。

第四节 新中国冰壶项目发展史

一、冰壶的起源与发展

现代冰壶运动起源于20世纪初的欧洲，但是苏格兰冰壶文化的影响在其中占据了重要地位。从最初的在冰上进行的野外活动到后来逐渐转变为组织有规则的竞技比赛，苏格兰人对冰壶运动的贡献不可忽视。20世纪初，苏格兰人将冰壶运动介绍到加拿大，并将其发扬光大，随后逐渐传入其他国家。现如今，冰壶运动已经成为高水平的竞技运动，同时也是一项极受欢迎的休闲运动。

冰壶运动的规则相对简单，两支队伍各4名运动员，通过在冰上设置好的目标区域内投掷冰壶，达到累计得分的目标，最终取得胜利。在比赛中，运动员可以通过擦冰的方式使冰壶滑行的路程更加稳定和准确。除了两队之间的对决外，个人赛和双人赛也是冰壶运动中的重要比赛。传统上，冰壶运动的参赛队伍都是男子或者混合性别的。不过，随着女性赛事的发展和普及，越来越多的女性运动员也开始积极参与到冰壶运动中来。在奥运会上，女子冰壶比赛于2002年首次上演，至今已成为奥运会上备受瞩目的比赛之一。

除了奥运会外，世界冰壶锦标赛和世界大学生冬季运动会等赛事也是冰壶运动中备受关注的比赛。在这些国际性的赛事中，来自世界各地的运动员都会为了代表国家争夺荣誉而奋斗。同时，冰壶运动也是一项保持友谊和交流的重要方式，不少运动员在比赛中结交好友，加深相互之间的了解和友谊。如今，冰壶运动已经成为全球范围内备受瞩目的竞技运动，同时也是一项极富趣味的休闲运动。长久以来，苏格兰的文化对冰壶运动的发展起到了不可替代的作用，而现如今正是各国运动员展示个人实力，并向世界展示团队实力的最佳时刻。

在冰壶运动中，冰壶是最重要的器材。专业选手通常会使用由苏格兰海岛上的纯天然无云母花岗岩制造的冰壶。这种天然花岗岩的质地非常坚硬，表面十分光滑，而且几乎没有空气孔隙，对冰壶的滑行和旋转都有着重要的影响。与此同时，冰场的修整也是冰壶运动的重要环节。专业冰壶场地必须由专业制冰师进行修整，并用喷水器喷洒细小水滴来形成冰面，以减少冰壶与冰面的阻力，保证冰壶的滑行效果。

在冰壶运动中，运动员可以使用两项技术：投壶和擦冰。这两项技术都要求运动员具备高超的控制力和精确的投掷技巧。在比赛中，攻守两队之间的紧张对抗常常会使整个场面变得异常精彩。由于冰壶运动要求运动员和团队之间有着非常严密的配合，因此，很多人将这项运动视为一种团队合作和战略谋划的体现。

最重要的是冰壶运动可以给所有参与者带来巨大的刺激和自豪感。不同于其他需要一些特殊身体素质才能进行的体育项目，冰壶是一项非常全面的综合性运动，需要参赛者具备高水平的技术技能和快速随机应变的能力，也可以考验参赛者的心理素质，要求他们在比赛中保持冷静、自信和耐心。最后，冰壶运动还是一项值得我们全球共同关注、热爱并支持的运动，将冰壶运动推广成为群众冰雪运动也一直是我国相关体育部门立志完成的伟大任务。

据记载，冰壶运动最早被称为"roar"，这一名称来源于制作冰壶壶体时，花岗岩与冰面摩擦产生的声音与"roar"声音相近[①]。尽管冰壶运动的来源尚不清楚，但它确实是世界上最早的团队运动之一。世界上第一家冰壶俱乐部在苏格兰成立，同时也制订了世界上第一个正式的冰壶比赛规则。1838年，Grand Caledonian俱乐部在爱丁堡成立并成为冰壶运动的主要机构。1843年，维多利亚女王将Grand Caledonian俱乐部更名为皇家苏格兰俱乐部。18世纪末，冰壶运动随着英国向北美洲的移民活动传入北美洲。在传入北美洲后，经过一段时间的发展在19世纪的加拿大快速发展，冰壶运动的规则以及竞赛方法也在这段时间被逐步完善。同时，冰壶运动也从室外运动逐步转变为在室内进行，这也是现今冰壶俱乐部的最早期的形态。

1966年，世界冰壶联合会在苏格兰成立。1991年，世界冰壶联合会被改名为世界冰壶联盟（WCF）。冰壶运动在1998年日本长野冬奥会上，被列为冬奥会正式比赛项目并持续至今。混合双人冰壶项目在2015年被纳入平昌冬奥会新增重点项目。同年，冰壶世锦赛中首次加入了混合四人冰壶项目。

北美地区对于冰壶运动的发展与成功贡献有目共睹，冰壶运动在北美也有着深厚的根基。随着越来越多欧洲殖民者的到来，冰壶运动被引入北美地区。在加拿大，冰壶运动已经有200多年的历史。在这段时间里，加拿大的冰壶运动历经多个发展时期，如今，已成了冰壶强国，也成了加拿大人民生活的一部分。在加拿大有接近一百万人参与冰壶这项充满智慧、力量、技巧的运动项目。每年冬季，加拿大参与冰壶运动的人数竟然已经达到全世界的一半，由此可见加拿大人对冰壶运动的喜爱程度。

在《加拿大冰壶运动发展及启示》一书中，汪宇峰明确指出，虽然冰壶运动起源于欧洲，但加拿大是当今世界这一项目传承和发展最好的国家。冰壶在加拿大被视作仅次于冰球的第二大受欢迎冰雪项目。在北美这片广袤的土地上，除了加拿大，美国对冰壶运动也有着强有力的发言权。由于美国与加拿大接壤，政府和民间保持着十分宽泛的交流，冰壶运动也自然而然地传播到了美国。一开始，冰壶运动只在美加边境地区的美国一些地方流行，后来在美国国内成立了冰壶俱乐部。到20世纪中叶，冰壶运动在美国北部地区

---

① 杨大为.哈尔滨市冰壶运动开展现状与发展趋势研究 [D].哈尔滨工程大学.

得到空前的发展，每个地区都相继成立了冰壶协会和多种多样的冰壶赛事，自此冰壶运动在美国的发展达到了高峰。

冰壶运动在亚洲地区的传入时间相对较晚，直到1968年经加拿大专家培训传入日本。虽然亚洲冰壶实力逐渐步入了世界第一梯队，但相较于其他地区综合实力仍有不小差距，这也与冰壶在亚洲的发展时间不长有一定关系。除欧洲、美洲和亚洲外，冰壶运动在澳大利亚和新西兰都已经得到了一定的发展。然而，在非洲地区的开展相对较少，由于非洲地区经济欠发达和气候较为炎热，冰壶运动的推广面临着诸多障碍，因此，在这一地区冰壶运动还需得到更大力度的推广和发展。亚洲冰壶最早开展的国家是日本，在1937年进行了一场冰壶表演赛，但由于历史事件等原因，冰壶在亚洲地区并未得到广泛传播。直到1980年加拿大和日本进行冰壶体育交流，这项运动才重新进入亚洲体育爱好者的视野。在日本率先得到推广和普及后，冰壶运动在其他亚洲国家也得以逐渐发展壮大。

二、冰壶项目在我国的引入和建立阶段

我国在日本和韩国之后才开始接触冰壶运动。1995年，中国正式引入冰壶项目，引入地区为冰雪强省黑龙江省。通过不断开设讲习班和国外交流团的到访，冰壶运动在东北地区得到了快速发展，并在2001年举办了中国第一届全国冰壶锦标赛。中国的优异成绩逐渐得到了越来越多世界强队的认可。在2018年平昌冬残奥会上，中国轮椅冰壶队斩获金牌，再次证明了中国冰壶运动虽然发展的时间较短，但成绩卓越。冰壶运动是新兴的运动项目。该运动项目在20世纪五六十年代后才传入亚洲，并在世界范围内逐渐被接受和认可，成为真正意义上的世界级运动项目。在中央电视台体育频道的节目《世界百种趣闻体育》中，程志明首次提到冰壶运动，当时翻译为"冰上溜石"，但是后来新华社发表相关报道，将其改名为"冰壶"并一直沿用至今。

1995年3月，第一届冰壶讲习班在哈尔滨举行，标志着冰壶运动正式进入中国。冰壶是一项源于苏格兰的冬季运动，后逐渐流行到欧洲和北美等地区。这个有趣的运动需要在冰面上利用山毛榉木制成的扫把，使球从一个角落送到中心位置，每个球员轮流进行，形成攻防。在发展和传承过程中，冰壶运动既充满刺激性和趣味性，也兼具团队合作的精神。

1995年，冰壶运动引入，最初主要在哈尔滨等北方城市推广。为了提高

普及率，国家采取多种方式，包括组建讲习班、培训教练员、拓展冰壶场地等等。这些努力很快使冰壶运动在国内得到推广和普及，也开始出现一批具备基本技能的冰壶爱好者和专业选手。

2000年1月底，黑龙江省体育委员会组建了首支中国冰壶代表团，参加在日本举行的比赛，标志着我国冰壶运动开始向国际化迈进。虽然外界对中国队的表现并没有太高的期望，但是中国队员付出了超越常人的努力，他们逐渐适应了比赛规则和风格，最终获得了骄人的成绩。此次比赛的成功，为中国冰壶的未来打下了坚实的基础，也为冰壶运动的发展注入了新的活力。

2001年，首届全国冰壶锦标赛在哈尔滨举行，共有7支队伍参加。这个锦标赛是我国冰壶运动的里程碑，为我国的冰壶发展提供了更广阔的平台，也让我国冰壶选手进一步拥有了展示自己的机会。这个比赛凝聚了海内外的热情和关注，同时也呈现了我国选手的实力。一批擅长冰壶的少年纷纷在这个舞台上展示出自己的才华，无论是技巧还是战术都使人印象深刻。

2003年，冰壶运动在全国冬季运动会中正式成为一项比赛项目，这是一个新的起点。由于历史原因，我国冬季运动没有冰壶项目，但是随着国际上对冰壶的重视，国内也开始逐步加大对冰壶运动的投入。这样的变化并不是一蹴而就的，需要大量的人力和物力投入。当冰壶成为一个国家级项目时，我国的冰壶发展迈上了一个新的台阶，也为我国冰壶队员在未来的国际比赛中打出更好的成绩奠定了基础。

随着时间的推移，我国冰壶队员在各种国际比赛中拿下优异成绩。在2014年索契冬奥会上，中国队闯入残疾人冰壶决赛，获得亚军。此外，中国男子冰壶队、女子冰壶队在世界锦标赛上多次夺冠，为我国的冰壶运动赢得了更多的荣耀。但是，中国冰壶的发展仍然有待提高和完善。比如，要加大对冰壶教练和运动员的培训，继续扩大新类型冰壶领域，尝试在亚洲和世界范围内探索更多的合作机会。但总体而言，冰壶运动在我国的发展前景广阔，不仅促进了国民体质改善，而且还可以促进不同文化之间的交流。希望未来冰壶运动在中国产生更大的影响，让更多人加入这个有趣的运动中来。冰壶运动在中国的大众化发展并不顺利。目前，冰壶项目竞技水平较高的运动员主要来自黑龙江代表队，而冰壶运动的爱好者基本来自黑龙江地区，北京和上海也有极少量的冰壶爱好者。这种运动的发展表现出了强烈的地域特征，由于冰壶运动在国内不太常见，很多人对其了解甚少，甚至不知道这项运动的存在，更不会参与其中，导致国内冰壶人才缺乏，选拔渠道也有限。

目前，我国的冰壶运动主要有三种形式：专业队、俱乐部和高校。专业队主要是从各地招募有潜力、有能力、有培养价值的年轻球员。由于冰壶项目的普及率较低，年轻运动员整体基础普遍较低，难以满足专业队教练的要求，后期的培养难度很大。同时，每个地方都缺乏优秀的教练员和裁判员。

俱乐部主要由一些忠实的冰壶爱好者组成，他们一起训练，参加全国各地的比赛。比如，"哈尔滨顺时针冰壶俱乐部"。由于冰壶运动需要租场地训练、购买装备等费用较高，他们的收入也比较可观，因此他们有能力以俱乐部的形式继续发展。其中，一些曾经的专业冰壶运动员在退役后仍然活跃在冰壶赛场上，他们不仅是出于对冰壶运动的热爱，更看到了中国冰壶运动后备人才匮乏的问题，他们以俱乐部的形式招收年轻学员，从小培养队员。由于他们曾经是专业冰壶运动员，可以给年轻队员提供专业的技术指导和训练。

部分学校在黑龙江、北京和上海等地区设立了冰壶课程，得到了大学生的热情响应，进行这项体育运动的同时，学生也体验到了独特的冰壶精神。有些高校还成立了冰壶队，参与国内和国际比赛。由于北方气候条件、优质的师资资源以及足够的经费支持，在高校中开展冰壶运动极具可行性，并总结出多种形式。高校可以招收专业冰壶运动员，以高校代表队身份参加赛事。这些专业运动员往往从小在专业队受训，注重运动技能，在高校中又可以接受良好的文化教育，获得更广阔的职业发展。同时，高校也可以培养对冰壶感兴趣的学生。高校容纳着各类学术人才，他们在技术上具有较快的学习能力。此外，由专业队员进行技术指导，再加以训练，必要时还可以聘请国内外名师进行指导。可以说，基于冰壶运动在中国的发展情况，建立高校冰壶俱乐部、组建冰壶队可以短期内起到积极的作用。

目前，国内冰壶运动员的整体技术已经与国外优秀运动员比较接近，在国际大赛上也取得了较好的成绩。然而，由于普及率偏低、后备人才匮乏，以及新老交替出现的严重问题，妨碍了我国冰壶运动的进一步发展。如果我国想要提高冰壶竞技水平，并实现冰壶项目的奥运争光战略，就必须建立一套适合中国体制的冰壶运动发展模式。目前，我国开展冰壶运动较好的区域主要包括哈尔滨、北京和上海三个城市。哈尔滨和北京拥有北方较好的硬件条件和群众基础，而上海则构建了一种利用高校冰壶来发展冰壶运动的模式。他们聘请外籍教练培养自己高校里的队员，带领他们参加全国比赛，并在近年来取得了非常好的成绩，每年的全国比赛成绩基本可以保持在全国前六名。

1995年，中国第一届冰壶讲习班在哈尔滨正式开启，此次讲习班是在加拿大北阿尔伯塔省冰壶协会以及日本北海道冰壶协会的联合帮助下举办的，讲习班共持续了5天。虽然当时中国并没有与冰壶相关的设备，但是也没有阻止这项运动的发展，讲习班吸引50余名学员自费参加，取得了圆满的成功。

1996年至1998年，又举办了三期冰壶的培训班。由于当时的冰壶不属于奥林匹克运动会的正式比赛项目，所以国家体委并没有给予任何资金支持。但是，黑龙江省体委冰雪处的同志自行筹集经费，加拿大专家详细地教授冰壶场地的制冰与维护，日本阿部周司先生无偿地为我国参加培训的学员讲授冰壶相关知识。

1998年，冰壶成为冬季奥林匹克运动会的正式比赛项目，中国也由此正式开展了冰壶运动。

2001年，中国的第一支专业冰壶队在哈尔滨组建。同年2月，"2001中国哈尔滨冰壶邀请赛"在哈尔滨市正式开赛，共邀请一支韩国队、两支日本队参赛。同年5月，在哈尔滨八区体育馆举办了"中国第一届冰壶锦标赛"，共有7支队伍参赛。

2002年，中国冰壶协会正式成立，并将冰壶定为中华人民共和国第十届冬季运动会的比赛项目。同年四月份，中国正式成为世界冰壶联合会成员。

自2002年起，中国冰壶运动进入高速发展阶段，不断地在世界各大比赛中获得好成绩。例如，2002年，中国队在男、女子组的泛太平洋地区冰壶锦标赛上均获得第五名；2005年，女子组获得亚军；2006年，女子组斩获冠军；2008年，女子组获得世界锦标赛亚军；2010年，首次参加冬季奥林匹克运动会冰壶项目，并获得女子组季军；2014年，索契冬奥会中国女子冰壶第七名、女子组第五名；中国男子冰壶在2009年、2011年、2012年、2014年获得泛太平洋地区冰壶锦标赛冠军，2008年，世界冰壶锦标赛第四名，2014年索契冬奥会第四名。

2018年，中国轮椅冰壶队在平昌冬残奥会上获得中国冰壶运动的第一块奥运会金牌。此外，中国国家冰壶队的运动员和教练员，有80%以上是在哈尔滨市进行早期培训的。哈尔滨市是中国最早接触冰壶运动的城市之一，开设了最早的冰壶培训班，组建了中国第一支专业冰壶队伍，举办了中国第一场冰壶比赛等。可以说，哈尔滨市在中国冰壶的发展过程中发挥了重要作用，并为中国冰壶提供了最早的冰壶专业人才和场地支持。

2014年，中国第一次承办世界男子冰壶锦标赛；2017年，承办了世界女子冰壶锦标赛，同年还决定每4年举办一次冰壶世界杯。最近，世界杯决赛在北京成功举办，其中两站亚洲区比赛也在中国举行。2022北京冬奥会的成功举办，可以看出中国冰壶运动发展得到了世界的广泛认可。

三、中国冰壶运动的发展策略

（一）完善冰壶运动的管理体制，实施多种形式协同发展

目前，我国冰壶运动在较少的地域开展，只有东北三省、北京、上海等城市具有一定的群众基础和后备人才。为实现快速、持久的发展，需要得到国家管理部门的支持。国家体育管理部门应充分利用2014年索契冬奥会后冰壶运动知名度提高的契机，发挥南方地区的经济水平优势，扩大冰壶运动的社会影响，逐步扩展冰壶运动的开展区域，让更多人了解和参与此项运动。从科学的角度对管理进行重新规划，逐渐地将冰壶运动发展的主导权从行政手段转移到市场手段，结合我国实际情况采取有针对性的措施，吸引更多社会资源流入此项运动，全面提升管理水平，为冰壶运动实现长期稳定发展奠定良好基础。

目前，我国冰壶运动主要以专业队、高校、俱乐部三种形式开展，这几种形式可以相互融合、协同发展，不应在行政壁垒下各自为政。专业队具备高水平的教练员和完备的训练方法，而这些正是高校运动队需要的。根据调查，高校运动队有一部分教练原本不从事冰雪运动教学，进入冰壶队执教后，常常出现专业技能和临场经验不足的问题，而且高校冰壶队还存在训练方法不够科学合理，导致技战术水平提高缓慢的问题。有专业队的加入，可以提供专业技能和临场经验方面的指导，让高校队员的技术水平显著提高。例如，上海对外经贸大学冰壶队请国家冰壶队和国际知名教练来指导，队员的技战术水平提高迅速，也取得不错的比赛成绩。

退役后，专业队的队员需要进一步发展，可以进入高校深造。由于专业队的队员没有充分地学习文化课程，缺少必要的知识储备和就业技能。然而，

体育竞技是青春事业，当运动员达到运动年限，出现老、新交替时，就需要帮助他们找到下一步发展道路。专业队与高校合作，一部分运动员退役后可以进入高校深造，高校也为这些运动员安排了基础课程，方便其跟上学习进度，可以解决队员退役后的发展问题，目前，全国有近100所大学可以免试招收优秀运动员。

（二）加强冰壶项目的社会化程度

影响冰壶运动在我国广泛性的因素很多，其中最主要的是该体育项目的社会化程度。就现状来看，这一体育项目在我国的社会化程度依旧处于较低水平。政府应采取各种措施，帮助民众建立对冰壶运动的全面了解，从根本上对其进行思想革新，充分发挥各种媒体渠道的作用，促进冰壶在国内社会化程度的提升，为这项运动的广泛推广以及稳定发展奠定了基础。目前，冰壶运动没有走进所有校园，除体育院校外，冰壶运动仅作为兴趣而开展教学。因此，政府教育主管部门必须对这一运动有足够的重视。

冰壶的技术特点、高校的场地及器材和大学生的年龄特点等多方面因素都是高校推广冰壶运动的优势。技术特点的优势表现在冰壶运动对运动员的体能没有过高要求，适合在高校普及推广。场地及器材的优势表现在需要的场地较小，场地利用率高，冰壶的器材和装备也具有使用年限长的特点。大学生的年龄特点优势表现在其年龄段通常在18～24岁左右，和其他年龄的运动爱好者相比，大学生无论是在体能还是思维方面都有十分明显的优势。更重要的是年轻人好奇心更旺盛，大学生的综合素质也处于较高水平，这些因素都是大学生从事冰壶体育运动的优势所在。

我国冰壶运动群众基础较为薄弱，应采取多种措施使更多的人了解和亲身接触冰壶运动。目前，我国大多数人对冰壶运动还是比较热爱，愿意去了解冰壶运动规则和冰壶精神内涵，愿意尝试和参加冰壶运动，这说明推广冰壶运动有一定的群众基础。政府应多推广冰壶运动，多举办冰壶比赛。另外，发挥媒体的作用，通过不断地宣传提高国民对这项运动的认识，不但能吸引更多人参与进来，而且还能加速社会资源朝着此项运动倾斜，为此项运动在国内的发展提供坚实有力的保障。调查结果说明，新闻媒体对普通群众影响很大，应发挥媒体的宣传作用，让更多的人了解冰壶运动。

(三)加大政府资金投入、拓展资金来源渠道

场馆、器材缺乏是导致我国冰壶运动普及无法实现突破的原因。就现状来看，国内冰壶运动经费基本上都来自政府，这种现状在短时间内无法改变，因此政府要提高冰壶运动专项资金限额，加快场馆、器材设施建设，完善场馆设施，改变我国冰壶场馆严重匮乏的局面，让硬件设施不再成为制约此项运动发展的因素。

同时，社会对冰壶运动的赞助将成为经费来源的又一渠道，应借鉴国外冰壶项目优势国家市场化运作的模式，加大新闻媒体的宣传力度和有关部门的投资力度，完善投资环境，拓宽经费来源渠道，用市场的力量推动冰壶运动的发展。要积极探索社会化道路，摆脱只依靠政府办体育的模式，创新性地以市场经济为切入点，为冰壶运动实现突破寻找方向和捷径。在资金投入方面不能只依靠政府，要充分利用各种企事业和个人资源，以商业联盟的方式共同发展，全力推动国内冰壶运动实现发展突破。成立冰壶协会，为实现冰壶产业化经营框架提供方向指导，利用运动本身的魅力创造经济价值，实现自我发展。如果将所有经济来源寄希望于政府和学员的学费，冰壶项目的发展资金一定会受到严格的限制，选择商业化道路就能一劳永逸地解决这一问题。比如，销售冰壶健身娱乐的特色、利用冰壶赛事进行广告、冠名权等相关产业的经营，并与冰雪旅游相结合等，从而拓宽资金的来源渠道，力争取得明显的经济效益。

价格昂贵的冰壶运动所需硬件设施是目前冰壶运动难以实现大范围普及的主要限制性因素之一。要解决这一问题，我们要发展冰壶运动器材生产产业，用更为廉价的原料和成本，打造符合这项运动要求的运动器材，打破对国外进口严重依赖的局面，让冰壶运动成为家家户户都能消费得起的运动，为国内冰壶运动的广泛推广奠定基础。

（1）建议补充具体数字，明确政府资金投入的数额和专项资金限额的提高幅度，以增强可信度。

（2）建议在引进市场化运作模式的同时，注重保护和维护冰壶运动的纯粹性和专业性。对冠名等商业发展方式，需要谨慎考虑，不能损害运动的形象和公平竞技的原则。

（3）建议加强企业和社会资源的整合，寻找具有潜力的合作伙伴，推

动冰壶产业的协同发展。同时，要引导企业进行研发创新，提升运动器材的制造水平。

（4）建议加强冰壶运动的宣传和推广，提高社会认知度和参与度。同时，要加强冰壶运动从业者的培训，提高运动水平和竞技水平，使更多人能参与到运动中来。

（5）建议从计划经济向市场经济转化过程中，政府角色逐渐适度化，并最终彻底脱离。各方应共同努力，促进冰壶运动的健康发展和长期可持续性。

（四）建立科学的训练和人才管理体系

建立科学的训练和人才管理体系对冰壶运动在国内的发展至关重要。科学的培养模式范围应该广泛，包括基础技能的训练、培训方案的制订以及人才的储备。建议采用优化成本的方式，从冰壶运动爱好者中选取符合条件的初学者进行科学的培养，不但可以获得最高的人才回报，也为这项运动在国内的发展提供充足的后备人力资源。

针对青少年的成长高峰期，应特别注重平衡和力量的训练，身体的平衡协调和力量是冰壶运动员最重要的优势之一。此外，作为专业运动员，教练也应该注重运动员的心理、认知、情感等方面的培养，这样才能培养出适应新时代发展需要的优秀运动员。建议在训练过程中尽量选择更高科学性的题材，并通过有效手段吸引更多的冰壶爱好者转化为后备人才。建立冰壶发展小组，聚集教练和科研人员提供具有针对性的培训，建立运动员培训档案，方便年年随访观察，并制订符合实际的选拔和评价体系，促使竞技冰壶后备人才的培养不断前进。

在冰壶运动后备人才方面，应通过有效手段转变国内储备人才稀缺的形势。业余体校培养的运动员文化素质存在明显短板，因此应转变对冰壶运动体育人才的培养方式，建议充分发挥俱乐部和高校的作用，打造全方位的训练管理框架，为更多的冰壶运动员提供提升自我技能和综合素质的平台。这样可以为选拔优秀运动员提供雄厚的竞技冰壶人才储备，并在有限的资源内培养更多的冰壶运动后备人才，为延续国家队在世锦赛上取得的辉煌提供保障。

（五）提高冰壶教练员的综合素质

国内冰壶教练员的自身技术水平和教学训练水平还需提高，否则会制约我国冰壶运动的发展。当前最为紧迫的问题就是教练的综合素质处于较低水平，掌握的知识比较落后。为促进冰壶教练个人综合素质的提高，必须坚持长期的培训并彻底更新他们的执教观念，这是冰壶项目实现快速发展的重要基础条件之一。教练员需要不断学习研究国外先进的技战术，掌握科学的训练和教学方法，能使用现代科技手段对运动员技战术进行统计分析。同时，他们也应该改变管理理念，提高队员的心理辅导能力。此外，建立科学、有效、全面的教练选拔体系，将年薪制和岗位负责制引入到教练岗位上，是避免优秀教练员流失的重要措施。通过良好的待遇吸引更多国际级的教练员，对引入国外先进经验有着立竿见影的效果，能促进我国冰壶教练整体水平以及这一体育项目发展速度的全面提升。

一个优秀的冰壶运动教练员除了具备全面的理论知识和长期的执教经历之外，还必须具备强烈的责任感。目前，我国冰壶运动教练员的整体水平和素质都比较低，要对他们不断地进行培训，让他们能紧跟国际冰壶运动发展状况。其次，需要在全球市场上广泛招募有能力的教练员，促进国内教练员整体素质的提高。最后，加强教练员的国际交流，充分借鉴国外的成功经验，为国内冰壶运动的发展提供助力。

1. 长期培训和更新执教观念

要想在国际舞台上获得成功，冰壶运动不仅需要优秀的运动员，还需要优秀的教练员。教练员是整个团队的核心，他们的执教观念、战术能力和训练方法等方面的水平直接决定着球队取得的成绩。因此，要想让我国冰壶事业崛起，优秀教练员的培养和引进显得尤为重要。长期培训和更新执教观念是教练员必不可少的素质之一。随着冰壶项目在国际上的迅速普及，国外先进的技战术和训练方法受到越来越多的关注，教练员需要不断地学习国外先进的技战术，掌握科学的训练和教学方法，并利用现代科技手段对运动员竞技战术进行统计分析。教练员的精益求精精神可以为球队带来更多的优势，也会帮助培养更多的优秀运动员。

2. 改变管理理念，提高心理辅导能力

越来越多的研究表明，心理素质的提高对运动员的表现有着重要的影响。教练员不仅要注重技术、战术的培养，更要关注运动员的心态，要想让运动员达到最佳状态，教练员也需要具备优秀的心理辅导能力，关注运动员生活中的喜怒哀乐，对运动员在比赛中的心态改善有着积极的影响。在管理上也有必要改变传统的管理理念，不断地提高教练员的心理辅导能力。随着比赛强度的增加，运动员遇到的心理压力和困难也会增加。通过提高教练员的心理素质和心理辅导能力，可以让教练员更好地帮助运动员解决问题、应对困难。加强心理辅导可以帮助队员自信心提高、消除心理障碍，并取得更好的成绩。

3. 建立科学、有效、全面的教练选拔体系

要想使冰壶事业不断发展，需要建立科学、有效、全面的教练选拔体系，并引入年薪制和岗位负责制。只有通过建立有效的选拔机制，才能选拔到更多优秀的教练员，避免优秀教练员的流失，同时，也可以保证球队的管理工作更有条理性和效率性，要建立一个良好的教练选拔体系，需要从教练员的培训和聘用入手，并通过建立完善的考核机制，选拔经验丰富、技术娴熟的教练员，为其提供良好的工作环境和发展机会。引入年薪制和岗位负责制，可以激励教练员更好地工作，还可以改善教练员的工作条件。

4. 引入国外先进经验，提高整体水平

在世界上一些拥有优秀冰壶发展历史的国家中，教练员的工资待遇远高于我国。我们应通过良好的待遇吸引更多国际级教练员，同时，匹配他们的技术和经验促进我国冰壶教练整体水平和这一体育项目发展速度的全面提升。引入国外先进经验也是提高整体水平的一个非常有效的方式。通过聘请国外著名冰壶教练员，可以让教练员领略到国外的先进技术和管理经验，帮助我们的教练员在教学和训练中发现更多的问题，并帮助运动员提高技术和战术素质。因此，引入国外先进经验是目前我国冰壶事业发展的必要选择之一。

5. 加强教练员的国际交流

良好的国际交流具有极为重要的意义。加强教练员的国际交流，充分借鉴国外成功经验，可以为国内冰壶运动的发展提供助力，推动冰壶教练员整体素质的提高。通过和国外教练的交流和互动，能够拓宽我们的视野，开阔我们的思路。同时，也可以让国外教练更好地了解我国冰壶运动状况和管理现状，增进彼此之间的合作和交流。通过组织海外访问、参加国际冰壶教练员研讨会、招聘海外教练等方式，促进冰壶教练员之间的交流与合作。相信

未来，越来越多的教练员会参与到国际交流中来，为冰壶运动的发展注入新的动力。

（六）提高冰壶项目的科研水平

出色的科研能力是科学选拔人才的保障。为此，应加大对冰壶运动的研究力度，培养冰壶运动的研究团体、学习其他冰壶强国的研究成果，与运动队保持紧密合作，为其提供服务，并将科研方法和成果在训练中应用，这就需要通过培训提高科研人员的综合素质，用科学方法对训练方法进行评估和改进，并制定符合我国冰壶运动实际情况的训练方案。此外，还应提高教练员的科研能力，经常向他们提供新的理论、方法和知识，以便他们能自觉地使用先进理论进行训练，进一步增强运动训练的科学化和规范化程度。同时，应成立冰壶项目选拔体系，对从事冰壶运动的爱好者的个人能力和潜力进行评估，筛选出表现比较出色的运动员，进行有针对性的培养，从而提高训练效率和节约培训资源。为了充分发挥理论成果的作用，应做好与冰壶相关的科学研究，将东北三省冬季体育项目的科研单位的作用最大限度地发挥出来，并联合南方各省市共同举办冰壶项目科学研究活动。同时，从国际交流中学习先进的理论知识和实践经验，为实现冰壶强国的愿景打下基础，并为提高冰壶项目的科研水平，进行如下优化：

1. 强调科研人员的重要性

重视培养能够有效地推动运动发展的研究人才，为其提供必要的支持和机会。科研人员在冰壶运动的发展过程中起到至关重要的作用，他们的科学研究成果对提高冰壶运动的科学化程度、促进冰壶运动的发展和推广、提高运动员的竞技水平等方面都具有重要意义。因此，需要在教育体系中加强对体育科研人员的培养，并积极提供研究方向、科研设备、人才引进等必要条件，建立健全科研体系，支撑冰壶运动的可持续发展。

2. 应该加强与运动队的紧密合作

为其提供科技支持和咨询服务，不断优化训练方案。冰壶运动是一项非常综合的运动，需要丰富的运动知识和较高的技术水平。科技支持和咨询服务为运动员的训练和比赛提供了重要保障，科技的发展也为冰壶运动的技术水平提供了更加坚实的基础。因此，在建立健全服务机制的同时，还应鼓励科技人员前往运动场地与运动员、教练员进行交流，并不断地推动科技与运动的深度融合。

3. 应该加强教练员的科研能力建设

教练员是冰壶运动队伍中的关键人物，他们负责运动员的训练和培养。因此，加强科研能力建设，为教练员提供科研培训和最新理论，使其能更好地指导运动员进行训练，从而提高运动员的竞技水平，推动冰壶运动的发展。

4. 建立有效的人才选拔机制

定期进行人才评估和选拔，鼓励人才竞争，从中筛选出优秀的运动员和教练员，有针对性地进行培训。为冰壶运动队伍的持续发展提供强有力的支撑，将新生力量融合到冰壶运动的发展中，并注入新的活力和潜力，促进运动的不断进步和提高。

5. 应该加强科学研究

加强科学研究，对训练方法进行深入研究，提高冰壶运动的科学化程度，并推动其发展。同时，加强国际交流，学习先进理论和实践经验，积极探索和应用新技术、新方法，为冰壶运动的发展注入动力。只有加强科学研究，不断引入新理念、新技术，才能更好地促进冰壶运动的发展，并在国际竞技中获得更好的成绩。

总之，科研工作是推动冰壶运动不断发展的关键因素之一，只有加强科学研究，不断创新，提高人才培养和选拔机制，加强与国际冰壶界的交流与合作，才能更好地推动冰壶运动在全国和国际范围内快速发展，取得更加优异的成绩。

四、我国冰壶运动发展的未来前景

（一）竞技运动的未来前景

近年来，我国冰壶代表队积极参加地区和国际冰壶赛事。比如，冰壶世锦赛、冬奥会、世界大学生冬运会、世界青少年冰壶世锦赛等。虽然在比赛中队伍的成绩有成功和失败，但也从中暴露了技战术水平、心理状态和发挥稳定性等方面存在一定问题。不过，队员通过参加国际大赛得到了锻炼和宝贵的经验，在未来的比赛中有更大的发展空间。调查显示，冰壶队新一代队员多年轻化趋势，随着经验的积累和技术的精进，未来仍有很大的成长潜力。令人鼓舞的是，国内对冰壶项目的研究日益广泛，专业团队对冰壶技战术的研究也越来越深入。国内队伍也在积极引进国外教练，并与国外强队交流技战术，不断寻找自身的不足之处。

在政府和管理部门的支持下，国内赛事也逐渐增多。例如，全国大学生冰壶锦标赛、宜春国际冰壶邀请赛等。参赛队伍也正在增多，不仅是专业队伍，一些大学和冰壶俱乐部也组建了代表队参赛，这样的交流和比赛对国内不同地区和队伍之间的互相学习和提高整体水平都有很大的帮助。在管理体制的改革、管理部门的重视、政府的大力支持推广以及后备人才逐渐充实的情况下，我国冰壶竞技水平必将与顶级强队一决高下，我们有信心在未来的比赛中取得更优异的成绩。

（二）群众运动的未来前景

政府的大力推广为冰壶运动提供了新的发展机遇。目前，东北地区多个城市正在推广冰雪主题的旅游线路，通过举办大型冰壶比赛和利用本地冬季冰雪为主题的旅游资源吸引人们关注冰壶、参与到冰壶运动中来。政府不断努力推广和普及冰壶运动，坚持开展业余训练，使越来越多的普通群众开始玩冰壶。

近年来，冰壶运动竞技水平的提高也积极推动了冰壶大众普及化。当运动员在一个项目上获得较好的成绩后，会提高社会的关注程度。国家女子冰壶队在世界大赛上的异军突起，特别是夺得冬奥会冠军后，在冰壶运动的调查中发现已经引起了国人的注意，使这项新兴的运动在社会上不断得到认可。随着关注的增多，北京和哈尔滨的冰壶馆和冰壶俱乐部也开始吸引越来越多的群众参与，使这项以健康时尚、注重团队配合为主的运动逐渐走向全民普及。然而，目前冰壶运动消费价格较高，使人们参与冰壶运动多是为了感受和体验，能经常进行冰壶运动的多为中高收入消费者，制约了冰壶大众化。实际上，据冰壶俱乐部教练介绍，冰壶运动原本是一项以娱乐为目的的项目，没有严格的规则限制，在运动内容和形式方面可以灵活多变[①]。随着冰壶市场的逐渐发展，消费价格逐渐平民化，冰壶运动能走入普通群众的日常娱乐生活中。我们有理由相信，随着冰壶运动的不断发展和推广，它将成为一项深受大众喜爱的健康运动项目。

---

①赵方聪，王诚民.我国冰壶运动发展现状及对策研究[J].冰雪运动，2019(1)：6.

（三）市场化发展的前景

随着中国经济的不断发展和国民收入的提高，冰壶运动的发展拥有了坚实的经济基础。经济发展水平和人们收入水平决定体育市场的发展。随着人们生活水平和精神需求的提高，健康时尚、对年龄和体能要求不高的冰壶运动一定会吸引更多人的兴趣。随着人们收入的提高，体育消费也变得不同于以往，这是体育市场存在巨大潜力的主要因素之一。在不久的将来，冰壶运动一定会成为一项大众化的运动，为丰富人们物质和精神生活做出贡献。

作为一个世界级人口大国，随着收入水平的提高，人们越来越重视自身健康，也逐渐转变体育观念，开始将体育活动视为促进健康和娱乐消遣的一种活动，而冰壶运动恰好是一项对技能和智力要求较高、对体能要求不高、适合全家参与的体育活动。相信随着普通群众支付能力的体育消费需求增长，以及冰壶运动在国内知名度的提高，会有更多人参与冰壶运动，吸引更多的社会资源流入冰壶市场，促进冰壶产业的成熟，提高冰壶器材供应量，从而促进其价格降低，吸引更多的消费者，使冰壶运动步入良性发展的轨道。由此可见，冰壶运动的市场发展潜力巨大且前景广阔。因此，冰壶运动在中国有着巨大的发展潜力。

第五节 我国冰球项目发展史

一、冰球运动与冰球文化

（一）冰球运动

冰球是一项起源于加拿大的冬季冰上运动项目，俗称"冰上曲棍球"。自1924年第一届冬奥会开始，正式成为比赛项目。比赛场地要求长宽分别为61米和30米，场地是四角半径为8.5米圆弧的长方形，四周环绕着1.15—1.22米的木质或可塑材料制成的板墙。球场两端各有一条5厘米宽、平行于端墙的红线，称为球门线，中央各有一个宽1.83米、高1.22米、后网最深处为60—100厘米的可移动球门。两球门线之间有两条平行于球门线且宽30厘米的蓝线将球场分成攻区、守区和中区，中央有一条宽30厘米的平行于球门线的红线称为中线，中点有一个直径为30厘米的蓝点为开球点，球场上共设有

9个争球点和5个争球圈。每支队伍在比赛中派出6名队员，可随时替换。队员需要穿戴冰鞋，并佩戴头盔和各种护具，手持球杆在冰场上滑行、拼抢、带球、击球、争夺，将球打入对方球门，以进球多者获胜。比赛中，进攻队员不得先于球进入攻区，违规情况下运动员将被处以小罚2分钟、大罚5分钟，严重者被驱逐出场。受罚期间，场上队员数量减少。

19世纪中叶，在加拿大诞生冰球运动和冰球文化，并完善了比赛规则和技战术。第二次世界大战后，随着经济的快速发展，冰球开始追求快速、准确、高精度的方向，并同时拥有较高的艺术性。作为传统、历史悠久的运动项目，冰球跨越文化边界，反映了社会的进步程度和精神文明程度，涵盖了人类思维、价值观、比赛形式和其他因素，拥有区域性和民族色彩，受制于社会制度和经济发展水平，成了多样化、复合型的文化财富。

（二）冰球文化

冰球文化起源于19世纪，以冰球运动为表现形式，形成了物质、制度和精神的总和。冰球文化可以分为狭义和广义两个方面。狭义的冰球文化是指冰球发展过程中产生的精神财富，包括思维理念、技术战术、制度和价值观等。广义的冰球文化包括物质、制度和精神层面的所有内容。冰球文化是通过冰球活动进行传播的，是体育文化传播的重要组成部分。在传播时，需要考虑到我国冰球受众的需求，整合多元媒介，不仅要传播已有的冰球文化内容，还要挖掘冰球文化与中华民族文化之间的联系，进行融合和创新的传播。

1.冰球文化的结构

根据"文化""体育文化""冰球文化"概念，可以梳理并界定出冰球文化的内涵。体育文化内容十分复杂且具有多样性，没有统一的分类尺度，但是它们都强调体育文化是由人产生的，是体育运动或活动过程中创造的产物，涵盖了物质和精神层面。因此，冰球文化是体育文化的一部分，不能只强调它的精神层面，应综合考虑物质和意识的辩证关系。如果采用二元论，就不利于对冰球文化进行整体构建和分类，略显片面。因此，专家学者采用三分法来划分冰球文化内涵，即分为物质文化层面、制度文化层面和精神文化层面，这样既可以保持物质和意识的辩证统一原理，又能更全面地呈现冰球文化内容。

物质文化是冰球文化最基础的部分，主要指与冰球活动有关的物质基础和载体。例如，冰球队、场地设施、主场文化、装备、赛事转播系统和吉祥物等。此外，还包括在冰球赛事和相关活动中创造其他物质成果。例如，冰球教学视频、书籍、俱乐部名称和纪念品等，这些物质是冰球文化传播的重要载体，并得到世界范围内冰球球迷的认可。

制度文化是冰球文化的支柱，主要用来规范和约束参与者的行为，保障赛事的开展和冰球项目的发展。制度文化有两个部分，即行为和制度。行为部分指冰球赛事实践过程中形成的个人、球队等技巧、训练方式、仪式等，这些能使行为主体进行自我规范，并得到制度的约束，具有地域色彩和个人特色，主要包括冰球出场仪式、训练方法和手段、技术动作和技战术配合等。北美职业冰球联盟的"单挑"现象是一个代表性例子，规定不允许打群架，但同一水平相当的球员在一对一的"单挑"中进行，需要承担一定的惩罚。这样可以在一定程度上约束球员行为，树立球员良好形象，有效地遏制不良暴力事件的发生。制度部分指规范冰球管理制度和比赛规则，以及执行这些制度的机构和组织体系等。例如，冰球比赛规则、选秀制度、培训训练制度、球员转会制度、冰球球队经营管理和球迷行为规范等。冰球制度文化是各行为主体共同遵循的准则，维持了冰球赛事的正常运转。

冰球精神文化是冰球文化的核心之一，赋予了冰球一种特殊的精神内涵。作为一项集体运动，冰球需要团队中每个人的协作和默契，这也是冰球精神文化的反映，它深刻地塑造了冰球运动员的思维模式和职业素养。冰球精神文化中包含了很多要素，比如，冰球理念、思维模式、战术思维、价值观念等。这些要素是冰球文化宝库中不可缺少的一部分，它们的发展会直接影响整个冰球文化的传承和未来。以齐齐哈尔冰球队为例，该队在长达66年的历史中，始终坚持勤奋努力、坚韧不拔的精神。这些精神带来的影响，不仅是历届队员的荣誉，更是推动了我国冰球事业的发展。我们应该以齐齐哈尔冰球队为榜样，学习、传承和发扬冰球精神文化，为我国冰球事业的发展努力奋斗。

2. 冰球文化的特点

作为一种文化现象，冰球文化拥有丰富的内涵和多元化的表现形式。与其他文化类型相比，冰球文化有其独特的特性，其共性包括不仅限于适用社会全体正常成年人的文化元素，还包括全体成年人都熟悉的文化元素，可以自由选择采纳与否，以及某些人共享但不普遍适用于全体人员的文化元素或组合。此外，冰球文化还具有社会性、群体性、民族性、人类性、差异性、普适性、结构性、价值性、传播性和可分性等特征。冰球文化作为一种文化现象，不仅是一项体育运动，更重要的是它对社会文化生活、文化理念等方面的影响和作用。

冰球文化的特征包括在冰球文化的理论研究中，对其特征进行的描述是建立在普遍意义上的冰球文化特征上。因此，不能局限于某一具体国家或社会，而是要在各具特色的具体冰球文化形态中带有共同性、普遍性意义的特征。

（1）冰球文化具有竞技性

冰球文化以冰球运动为表现形式，而冰球比赛是一种以冰球运动为基本手段，由参赛队伍决一胜负为目的的有组织、有纪律的竞技活动过程，这就决定了冰球文化的竞技性特征，即对抗的激烈性和观赏性相融合的特点。

（2）冰球文化具有多元性

多元性主要体现在冰球文化是以冰球运动为基本内容的社会文化现象，但并不受限于体育领域，还包括音乐、舞蹈、建筑艺术、影像等文化形式，内涵从物质到精神、个体到社会、抽象到具体等各方面，充分反映出冰球文化的多元化。

（3）冰球文化具有娱乐性

冰球产业的产品是以满足观众的精神需求为主，缓解观众的各种压力，释放观众的激情。冰球联赛也以此为生存前提，赛前热场互动、赛间有游戏、啦啦队表演等活动的开展，时刻展现着冰球文化的娱乐性内涵。冰球自身的娱乐因素与其他娱乐活动的有机结合，使娱乐性成为冰球文化的显著特征。

（4）冰球文化具有艺术性

冰球运动员的技术运用可以说达到了出神入化的地步，动作的连贯性与流畅性给人以美的享受；战术安排与运用的合理性和教练员指挥的智谋化体现出冰球运动的魅力；科技手段和视频创作结合等都体现冰球文化的艺术性。冰球文化的艺术性进一步提升冰球的观赏性、趣味性、娱乐性。

（5）冰球文化具有特色

由于社会民族文化环境的影响，各国、各地区的冰球体现了本民族的文化特性，并在冰球管理理念与行为模式等各个方面表现出来。冰球文化同社会文化相融，形成植根于社会民族文化基础上的冰球文化。冰球文化在价值观、组织运营、技巧动作、训练方法、人文理念等方面都能体现出鲜明的个人风格和民族特色。

（6）冰球文化具有融合性

要发展或形成具有民族特色的先进冰球文化，除要结合本民族的文化、习性、特征外，还需要注重融合、吸收世界上各种优秀的冰球文化。在国内外冰球联赛中体现出明显的文化融合性。

（7）冰球文化具有变动性

不同国家在冰球运动的发展中拥有独特的文化。冰球文化会随着环境变化、发展阶段、参与成员的变化等发生变化。同时，冰球运动与社会、经济、政治密切相关，其发展也随之变革，将经历一系列的阶段，从不成熟到成熟，从内部到外部，从管理体制到运行机制等，也导致了冰球文化的变动性。

（8）冰球文化具有产业性

因职业冰球是市场化的产物，将职业冰球文化作为文化商品进行开发与运营，体现出冰球文化的产业性；将职业冰球文化的文化商品价值在冰球产业的巨大体系中得以体现。

（9）冰球文化具有有效性

在冰球赛事的长期发展中，为增加比赛的观赏性而进行的赛制调整、规则修改等取得了显著的成效。公益活动也为扩大冰球赛事的社会影响力、塑造冰球形象等方面做出了有益的贡献，有效地增强冰球文化的影响力，提高了冰球作为文化的无形价值，进一步凸显冰球文化建设和传播的重要性。

二、冰球运动在我国的快速发展阶段

冰球起源于19世纪中叶的加拿大，是一项高强度、对抗性的集体冰上运动项目，融合了多样的滑冰技术及曲棍球技术，而中国的冰球运动可以追溯到1927年《滑冰体育》的发行，至今已有将近一个世纪的历史。自1953年举办中国第一届全国冰上运动会以来，冰球项目在我国逐渐发展壮大。随着冰球在中国的兴起和发展，冰球文化也随之不断演化、发展和传播。

1949—1966年间，冰球项目在我国快速发展，并掀起群众冰球运动热潮。各地冰球爱好者自制冰球运动用品，组建业余冰球队，其中代表性的业余球队有哈尔滨工业大学冰球队、长春白熊队、天津队等。为我国冰球项目的发展起到了积极的推动作用，并带动冰球文化在我国的发展，加速了我国冰球文化构建。

自1953年第一届全国冰上运动会开始，我国冰球项目得到逐渐推广和普及。连续举办三届冰上运动会，其中参赛冰球队数量从起初的5支逐渐增长到13支，大大推广了我国冰球项目并营造了冰球文化氛围，促进我国冰球事业的发展。随着冰球赛事的发展和冰球队的增加，我国开始积极与当时的冰球强国进行交流，学习国际冰球先进的训练方法和技术，作为重要一环的冰球制度文化层面也随之开始构建。

1956年，中国大学生冰球队参加了波兰第十一届世界大学生冬季运动会，成为我国首次参加国际赛事的冰球队。尽管取得的结果并不出色，但是这次比赛使中国冰球队学习了国外先进的冰球技术，并获得前所未有的经验。赛后，中国代表团还访问了波兰、捷克和前民主德国，使中国冰球队受到更广泛的关注，也为中国冰球职业化进程夯实了基础。中国冰球队在近几十年中，一直在向世界冰球强国看齐，学习并吸收他们先进的技术理念和管理经验。

为加快推动我国冰球的职业化与高水平发展，中国先后引进捷克国家冰球队主教练约瑟夫·库的教练团队，开办了全国冰球教练员训练班，培养了第一批新中国冰球运动的专业人才。同时，我国还加强体育事业的管理和部署，提高对冰球运动员的支持力度，加强各级冰球比赛的组织和管理。

当前，中国冰球正全面聚焦发展，全方位提升我国冰球运动发展水平。作为2030年冬奥会的主办国，中国将加大冰球运动事业的支持力度，投巨资用于冰球场馆等设施建设，并在冰球运动员集训、比赛、教练员培训和联赛制度等方面进行系统规划和布局。相信在不久的将来，中国冰球文化将会进一步得到提升和拓展，国际冰球赛事中的中国队也必将有耀眼的表现。

1956—1966年间，全国性的冰球赛事非常多，球队也随之增加，并于1957年起开始分组比赛（甲级、乙级、少年）。在冰球运动的鼎盛时期，甲级球队数量达到11支、乙级球队多达24支，这种发展趋势为中国冰球运动储备了大量优秀的运动员和后备人才，同时，冰球赛事也成了冰球文化在我国传播的重要途径，扩大了冰球项目的群众基础，提升了冰球文化在我国的影响力。

随着冰球活动的增多，出访、迎访等外交活动成为主流趋势，促进了中国冰球的发展并提升其重要性。自1956年我国代表团出访以来，德国、波兰、捷克、日本、朝鲜等国家已前来与中国开展冰球外交，与哈尔滨队比赛。这些国际比赛既推动了我国冰球项目的发展，又增强我国冰球自信心，同时积累了办赛经验和冰球文化内容，也促进了冰球文化的传播。

我国早期的冰球文化注重构建文化内容，通过在文化基础上添加我国民族特色和社会地域文化等元素，并通过赛事和国际交流不断传播，为冰球项目在国内的发展和日后的文化传播奠定了良好的基础。

三、冰球运动在我国的曲折发展阶段

在曲折前行时期，中国冰球运动经历了起起伏伏，而冰球文化也在我国开始传播。在1967年中，冰球项目因为球队解散、场地和装备等被破坏等原因受到严重打击，阻碍了冰球文化的发展和传播。20世纪70年代，中国冰球队开始逐渐复苏和发展，三次参加世界冰球C组锦标赛，为球队提高竞技水平和锻炼技巧、增加经验提供机会。并且，中国邀请加拿大著名冰球教练盖乌斯·亨特来指导运动员和教练，提高他们的冰球技艺。80年代，中国高度注重冰球项目发展，并增加相应的投入，先后成立了国家冰球队、全国冰球运动协会等机构，为推动中国冰球项目的发展发挥了重要作用。这一时期，中国在国内外的比赛中取得了优异成绩，不仅国内赛事火热，而且在国际比赛中也不断取得胜利。

1981年，北京举办了世界冰球C组锦标赛，我国代表队获得第二名，并晋级至B组，这是自1972年世界冰球锦标赛以来，中国队在国际比赛中获得的最佳成绩。此时，冰球运动在中国掀起热潮，冰球球迷数量增加，给予了冰球文化一个良好的环境，进一步扩大其在中国的影响力，并促进其传播。

20世纪八九十年代，我国拥有超过百万的冰上运动员，其中冰球人口达到了近10万人，这是我国冰球运动的黄金时期。但是随着市场经济的冲击，冰球场地逐渐减少，球队的经费难以维持运营，许多球队最终解散。运动员的待遇也很低，导致人才流失和赛事成绩下滑，尽管中国女子冰球队在1998年长野冬奥会上表现出色，获得第四名的好成绩，但是此后，中国冰球长期处于沉寂的态势。

除了物质和制度的发展，冰球文化开始从精神和文化方面得到支持。政策和资金投入为报纸、电视、广播等传媒提供了更多宣传和传播渠道，通过冰球外交以及优异成绩等方式扩大中国冰球文化的影响力。尽管当时冰球运

动面临着巨大的困难，但从某种程度上也为新时代中国冰球崛起奠定了基础。

四、冰球运动在我国的快速发展阶段

在新时代崛起时期，我国冰球项目得到快速发展并逐渐崛起。国家的投入、经济实力和科技水平的提高、人民消费水平的提升以及冰球项目快速发展等原因，使冰球文化开始复兴和被提倡。同时，随着新媒体传播的流行，冰球文化的传播也得到了极大的加速。

北京冰球运动协会于2012年4月26日正式成立，标志着中国民间冰球开始振兴。成立之初，注册会员不到500人，但通过两年的努力，冰球运动协会正式注册会员已经达到2000多人，并且仍在快速增长。北京市是冰球推广的重点城市之一，也在全国冰球项目中处于榜样代表的地位。北京少年冰球队于2015年在美国总统杯少年冰球联赛中获得冠军，这是中国冰球在全球范围内展示自己的第一次机会，也是中国冰球取得的新成就。此外，北京市还于2016年举办"CC米杯国际青少年冰球邀请赛"，旨在促进青少年冰球运动的发展和提高他们参加相关赛事的心理素质和技术水平。"冰球进校园"是一项重要的活动，能提升青少年的身体素质，促进冰球文化对青少年个性的培养，各地青少年参与冰球运动的人数迅速增加，并且相关赛事的规模也日渐扩大，为青少年营造了良好的冰球氛围。

2015年6月27日，中国球员宋安东在北美职业冰球联盟选秀大会中以第六轮第172顺位成为历史上第一位被该联盟选中的中国球员。此举不仅加速了冰球项目的发展，同时为北京申办2022年冬奥会带来了积极影响。2015年7月31日，北京赢得2022年第二十四届冬奥会的主办权，这是我国历史上首次举办冬季奥运会，标志着我国冰雪项目进入一个新的发展阶段。此后，我国政策、经济、社会、文化等多方面不断推动冰球项目的发展，赛事规模也不断扩大，国际知名的冰球赛事陆续在我国举办，而宋安东、英如镝、陈梓蒙等球员的名字出现在北美职业冰球联盟的冰球青训名单里更是有力地推动了我国冰球项目的发展。

2019年，中国冰球联赛正式成立，成为我国第一个职业性质的冰球联赛，同时全国各地举办的冰球训练营和其他活动也为青少年提供了学习和了解冰球文化的机会。由黑龙江为源头、北京为榜样，上海、南京等城市为依托的全国冰球项目，正在朝着更高的目标不断迈进，全国各地的爱好者共同努力

推动我国冰球运动的全面发展。

五、冰球运动在我国发展存在的问题

通过上文对冰球文化结构、特征以及在我国发展历程的梳理，发现冰球文化在中国通过教育引导、赛事组织以及群众娱乐途径进行传播。深究传播中遇到的困境，可以提高冰球文化在我国的影响力，促进冰球项目乃至冰雪项目的发展。

（一）冰球文化在中国的传播途径问题

冰球文化传播主要指冰球文化信息通过一定的传播媒介在我国国内进行传递，并被大众接受的过程。冰球文化在我国的传播途径主要包括教育引导、竞赛组织和文化娱乐传播三个方面。

冰球是一项兼具欣赏和参与性的团体竞技运动项目，能够加强青少年身体素质，培养精神品质、竞争和团队意识。冰球运动过程高速、强对抗，通过长期有效的训练、熏陶和培养，不仅能提升青少年的体能，还能培养他们自立自强、英勇果敢、自信心和创新力等能力。同时，因为冰球是一项集体运动项目，需要队员之间良好的合作与协调，既要充分发挥自身擅长之处，又要从整体利益出发，与队友保持默契，相互信任与爱护。因此，学校体育教育在冰球项目的萌芽、发展、职业化等各个阶段都扮演着重要的角色。冰球文化通过教育引导，使青少年在体育运动启蒙期就受冰球文化的耳濡目染，促进青少年身心全面发展。

学校冰球教育活动在我国冰球项目的发展历程中具有起点性作用。这种作用角度是指起始作用。例如，我国最早的冰球队是南开大学、燕京大学、清华大学等高校的冰球队。目前，我国许多学校都组建校园冰球队，并且已经取得了一定的成效。例如，北京市第十一学校冰球队是在2017年9月成立的，通过一年多的训练，他们凭借滴水不漏的团队防守和配合流畅的整体进攻，于2019年成功赢得中国中学生冰球锦标赛冠军。哈尔滨体育学院曾经培养出几代冰球国手，在2019年世界高校冰球联赛中他们代表中国出战，成功战胜贝茨学院的队伍，成为我国冰球历史上第一支打败北美队伍的冰球队。同年，哈尔滨体育学院派出本校非冰球专业的球员参加2019中国大学生冰球锦标赛，仍然表现出高超的水准，以全胜战绩夺得冠军。

在中国崛起的新时代中，我国高度重视青少年冰球运动发展。通过"冰球进校园"等活动，普及冰球运动，并营造冰球文化氛围。自北京冬奥会申办以来，北京冰球运动协会积极与中小学合作，推广冰球运动并引入北美职业冰球联盟的经验。国家冰球队、中国冰雪猎手队等冰球队还前往中小学开展冰球体验课，让学生不仅能学习理论知识，更能从实践中感受冰球的魅力和文化，提升体育素质。通过学校冰球教育活动，在青少年中传播冰球文化，为高层次冰球运动与冰球文化的发展打下基础。

在"2022中国冰球计划"中，中国国家青年队和昆仑鸿星冰球俱乐部签订合作协议，昆仑鸿星冰球俱乐部为国家冰球青年队提供各种支持。随后，昆仑鸿星冰球俱乐部与中国加拿大国际学校共同创建昆仑鸿星冰球学校，组建12—16岁梯队，为中国青少年冰球梯队和培养冰球后备人才提供保障。通过国际训练营和职业化改革，昆仑鸿星冰球俱乐部力图构建一套涵盖所有层面的冰球垂直体系。然而，如果忽视后备人才培养和文化传播，冰球的发展将会面临困境。因此，通过学校冰球教育活动，在青少年中传播冰球文化，提升其体质和意志，将有助于推广冰球项目和文化，并促进冰球的正常发展。

体育是人类文明历程中不可或缺的组成部分，同时也是娱乐和文化的重要手段之一。随着现代化进程的加速，我国物质需求得到不断满足，人们开始向更深远、广阔的精神世界迈进，对各种形式的精神文化产品的需求日益提升。在满足人民精神需求的途径中，群众体育作为一种大众文化表现形式，不追求获得优异的运动成绩，以强身健体、娱乐、休闲和社交为目的，使广大群众自愿参与。群众冰球娱乐体育的发展对冰球文化在我国的传播具有积极的促进作用。

我国传统体育文化最显著的特点是娱乐性，所以娱乐体育也是符合我国群众体育发展要求的一种形式。当前，国家政策已经开始支持冰球项目发展，同时从赛事报道、影视综艺和嘉年华活动等娱乐途径入手，积极推广冰球项目、传播冰球文化。各种渠道的努力，包括各大新媒体平台，都致力于让更多的民众了解、热爱并投身于冰球文化的传播中。

赛事报道不仅能让受众了解赛况，还可以了解冰球项目的背景知识和文化内涵。同时，优秀的赛事报道也能增加冰球赛事本身的曝光度和受众的关注度，进而推动冰球文化传播。因此，传媒在冰球文化的推广中必不可少，冰球赛事报道也是传播冰球文化的重要手段之一。此外，在北美职业冰球联赛中国赛期间，首位被北美职业冰球联盟选中的中国运动员宋安东受邀参加推广宣传活动，还邀请曾将篮球比赛带到中国的姚明到现场观战，歌手吉克隽逸在两地登台献唱开场国歌，演员张铭恩担任赛事推广大使，深圳赛场由中式灯笼装饰，中国球迷与球队吉祥物亲密互动合影，在专业教练指导下通过冰球模拟实战游戏等活动体验冰球运动的魅力和乐趣……这些中国元素与娱乐巧妙结合，让我国观众对冰球及其文化有了更多好感和关注，有力地加速冰球文化在我国的传播。冰球文化在中国传播离不开庞大的中国受众群体，两者有效的结合必能事半功倍。

影视综艺方面，2015年为推广2022北京冬奥会，以"带动3亿人参与冰雪运动"的号召为契机，浙江卫视与国家体育总局冬季运动管理中心联手打造国内首档少儿冰雪成长节目《大冰小将》播出，讲述14位冰球小将的成长故事，因其将综艺与冰球项目巧妙结合，降低了以往单纯的冰球知识介绍的乏味感，增加趣味性，吸引大量观众，同时将冰球精神文化传播给他们。

2018年，"滑破天空"系列短片推出，对比中国冰球文化最浓郁的哈尔滨和纽约，展现中西方冰球的差异，将冰球文化精华传播给中国冰球受众。2020年，上映的电视剧《冰糖炖雪梨》巧妙使用"明星效应"，将流量偶像与冰球运动结合，美观性与专业并存，使观众深刻感受令人血脉偾张的冰球运动，传达最热血的冰球竞技精神。

嘉年华活动方面，各地区、单位在每年定期举办各类与冰球相关的嘉年华活动。例如，2017年吉林市开展冰球嘉年华活动，通过冰舞快闪、啦啦队选拔赛、共享冰球故事、冰球影展、冰球队小记者招募等丰富多样的活动，追溯吉林冰球回忆，唤起市民对冰球的热爱，传递冰球精神文化。2018年，由人民网人民体育主办的首届国际冰球嘉年华暨贫困儿童冰球体验教学公益活动，邀请国内外青少年冰球队和农民工子弟代表一起交流学习冰球运动，使青少年在实践体验中深入感受冰球文化。此外，在2017年北美冰球联赛中国赛期间，冰球嘉年华设置了多项冰球主题活动，通过模拟冰球实战，感受冰球文化，这些活动让无冰球基础的爱好者也可以快速入门。

2018年，昆仑鸿星全球形象大使韦恩·格雷茨基中国行，分别在北京、深圳、上海开展赛事活动、球迷见面会，实地演示和推广冰球文化等冰球训练嘉年华活动，迅速在冰球圈掀起热潮。

（二）中国冰球文化的传播困境

尽管中国成功申办冬奥会，为冰球文化传播带来机遇，但实际传播过程中仍存在许多困境。本书以冰球文化在中国的传播途径为基础，探究冰球文化传播过程中面临的困境，从而找出影响冰球文化传播的关键因素，并提出实现冰球文化在中国传播的建议。

1. 校园冰球的限制

中国固有传播体育文化的主要途径是通过学校体育教育引导。自2015年中国获得冬奥会主办权以来，在一定程度上促进了冰球运动在学校中的普及。如今，各地已逐渐将冰球运动引入学校体育教育中，不断丰富学校体育教育课程内容，促进冰球文化在学校中的传播。但由于冰球运动本身的特性，需要场地设施和器材装备有较高的要求，使其在中国学校中的开展仍面临一定难度，限制了冰球文化的传播效力。目前，中国学校传播冰球文化主要存在的问题是冰球设施场地受限的实际问题。由于冰球运动必须在寒冷的环境中进行，具有地域和季节限制，同时对场地设施要求较高，需要学校拥有完备的冰场和冰球器材设施。因此，目前场地设施限制是阻碍中国学校开展冰球运动的主要因素，大部分学校在开展冰球运动时，普遍采用因地制宜、就近而为的原则，尽可能地减少场地设施因素的影响。

在北方，学校通常会在温度足够低的时候，在操场上浇冰或利用湖面等作为冰场展开教学，但冰场的质量和满意度普遍较低。此外，目前在我国只有少数学校建设了冰球运动场地，主要以校外营利性的专业冰场开展冰球教学为主。由于冰球运动需要较大的场地面积，而学校建设面积有限，难以保障冰球教学顺利展开以及满足学生的冰球训练需求。同时，对外开放也存在一定难度。目前，限制中国学校开展冰球运动的困境之一是场地设施不足，难以满足学生的冰球训练需求，降低了学生参与冰球运动的积极性，同时也降低了学生对冰球文化的兴趣，限制了冰球文化在中国学校中的传播。

2. 专业师资严重匮乏

尽管我国学生数量较多，但是真正参与冰球运动的人数仍然很有限。目前，我国学校冰球运动的参与主体主要包括体育教师、冰雪运动社团以及体育爱好者等。学校的体育教师普遍是通过高校系统专业学习后进入学校任教，掌握大众的体育技能程度较高。然而，由于我国冰球运动纳入学校体育教育较晚，目前学校体育教师对冰球技能的掌握程度较低，对冰球运动的特点、规律以及训练方法等认识不足，缺乏有效的指引。在具体的训练过程中，存在较大的盲目性，因而存在较大的安全隐患，容易导致运动损伤。因此，对学生进行冰球教学存在一定的困难。尽管学校对冰球运动有一定了解，并具有一定的冰球运动基础群体，但是他们没有对冰球运动的优势资源进行深度的有效整合和利用，没有形成合力对学生进行有效指导，因此也难以促进学校冰球运动的广泛开展，更难以对冰球文化进行有效传播，学生难以对冰球文化有深入了解和感受。

一些高水平的冰球运动人才，特别是来自省队或国家队退役的专业冰球运动员，由于长期的专业训练，普遍存在文化课程学习不足、学历水平不高等问题。此外，学校招聘教师对学历要求很严，对于特殊人才引进缺乏重视，导致大量高水平冰球运动员退役后多选择在商业冰球俱乐部从事专业教练工作，进入学校任教的情况相对较少。因此，在学校冰球教育中，由于专业性教师的匮乏，且教师不能有效地结合学生需求，仅传授基础性冰球技能，将不利于激发学生对冰球运动的兴趣，并使学生的冰球技能难以得到有效提升，影响学校开设冰球相关课程的效果，因此难以达到传播冰球文化的目的。

另外，校园冰球文化氛围缺失。冰球等冬季冰雪体育教育通常强调以技术和技能为重点，忽略了学生内心的无形潜在教学价值，而校园体育文化对于增进学生身心健康、培养人、教育人有着至关重要的作用。通过与相关专家学者的探讨，分析当前制约学生体育运动的因素，发现校园体育文化氛围缺失是制约学生体育运动的最主要因素之一。校园进行冰球文化宣传有利于培养学生的冰球概念、价值观等，提升其对冰球的兴趣度，推动校园冰球文化氛围的营造。然而，目前我国部分学校未能给予充分重视，对于冰球文化宣传力度不足，仅停留在宣传和动员等形式上，不利于学生进一步了解和掌握冰球文化，进而降低了学生对冰球运动的积极性。因为冰球运动本身具有一些技术动作的高难度和高危险性，当学生缺乏基础的冰球相关知识时，容易在运动时受伤，进而使学生对冰球产生畏惧和抵触心理，难以心甘情愿地参与其中。此外，冰球文化与我国注重修身养性、和谐稳定的传统体育文化有显著差异，冰球是一项强对抗性运动，对中国传统家庭中内敛含蓄的学生和家长而言，极具挑战性。家长对激烈碰撞和未知的受伤风险的接受度低以及"学训矛盾"仍未得到解决，导致其对冰球文化了解片面，认可度降低。同时，过往大众认为冰球等冰雪运动是高消费型享受类活动，这种认识上的偏差也影响了学生和家长对冰球运动的参与程度。文化差异在一定程度上降低了我国大众对冰球文化的接受程度，影响了冰球文化在我国学校的传播效力。如何营造校园冰球文化氛围，提升学生及家长对冰球文化的接受程度，是提高冰球文化在我国学校传播效果不可回避的问题。

（三）人才储备不足的问题

虽然中国正在积极推动冰球项目的发展，但仍存在许多问题需要解决。例如，冰球运动员保障机制和退役就业等事项仍未明确解决，人才培养体系不完善，影响了青少年对职业化冰球运动的选择，导致高水平冰球运动员短缺。这些问题严重影响了中国冰球竞技水平，阻碍了冰球文化在中国的传播，降低了大众对其的接受和认可程度。同时，冰球专业教练员多为退役运动员，而非专业院校毕业，缺乏一定的理论教学基础。虽然这些教练员的专业技能过硬，但缺少先进的教育理念和丰富的知识储备，会在一定程度上影响教学成果。专业冰球教练员的匮乏和缺少系统的培训也会影响教学效果和后备人才培养，阻碍冰球竞技化发展，进一步影响冰球文化的传播。此外，中国缺乏相应的专业运营人才来打造高水平冰球赛事，将影响中国冰球竞赛的发展，同时，也能使大众对冰球和冰球文化产生偏见和误解，从而难以高效地传播冰球文化。所以，必须在冰球运动员保障、人才培养和赛事运营等方面加大投入和努力。

（四）赛事价值开发不足的提升问题

冰球赛事价值开发不足主要表现在创新的产业化、品牌化意识不足。大众对冰球赛事及相关产品的消费程度低，导致国内冰球市场需求尚未得到良好开发，缺乏内在驱动力。对于市场推广和吸引消费者而言，品牌在消费者心中的价值尤为重要，缺乏品牌意识在一定程度上会影响冰球文化的商业价值和消费者对冰球文化的认可度，阻碍冰球文化传播。当前，文化活动需要商业支持，因此在深入挖掘冰球文化内涵的同时，还需要加强冰球文化品牌建设，促进品牌形象塑造，这将有利于产业与文化有机结合和良性互动。另外，体育赛事通常以电视转播、门票和广告等作为收入来源，赛事缺乏受众基础也就意味着难以获得资本支持。北美职业冰球联盟无论在赛制赛程还是俱乐部权益开发以及转播权的交易方面都比较规范。

2017年，北美职业冰球联盟第一次在我国举办，门票销售火爆，说明我国冰球市场的潜力巨大。同时，此次中国赛通过各类媒介整合传播、设计推出适应我国冰球文化浓厚的周边产品，深受大众欢迎，不仅为北美职业冰球联盟、赞助商、传媒集团等带来经济效益，也无形地促进冰球文化传播。相比之下，我国职业联赛尚未成熟，赛事转播、门票和广告等市场难以良好运作，导致目前国内冰球消费产品局限于冰球的各相关产品，不仅局限了我国冰球产业发展，更不利于冰球文化的传播和推广。

（五）群众冰球文化氛围不浓厚

当冰球成为国民热爱的一项运动时，将会促进冰球文化的传播，但是我国冰球文化在传播过程中缺乏浓厚的冰球文化氛围，导致群众参与冰球运动的积极性有待提升。

首先，与世界冰球强国相比，我国冰球群众基础较为薄弱，缺乏文化传播者，使冰球文化传播存在一定困难。以2016—2017赛季的大陆冰球联赛为例，北京昆仑鸿星冰球俱乐部首次代表中国征战，据当时官方统计，该队主场场均观众人数仅有0.75万人，而北京常住人口数为2170.7万人，芬兰小丑队在赫尔辛基的主场场均观众人数为1.1万人，该城市的总人口约为64万人。在浓厚冰球文化氛围的熏陶下，芬兰的"全民皆冰"是一种正常现象，就连仅有64万人的赫尔辛基，场均1.1万人观看冰球赛事更是常态。芬兰的体育教育和大众体育模式值得借鉴。目前，北京昆仑鸿星冰球俱乐部选择自上而下的冰球推广方式，先在北京和上海普及，利用大市场的带动和职业化推动，寻找运动领袖，扩大受众群体，在潜移默化中使冰球文化成为主流文化。

其次，多元媒介运用不充分。大众媒体对议程的设置会影响社会对不同话题的关注度和话题度，而我国媒体对冰球文化的关注度比较低，以电视、互联网等新型媒介为主，利用书籍、报纸等传统媒介较少，使我国大众对冰球了解较少，参与冰球相关活动的人数偏少，限制了冰球文化在我国的传播效力。虽然冰球在我国东北等地区接受度较高，但在全国范围内，冰球还不能称为一项主流运动。另外，随着我国冰球的推广和普及，每年都会定期举办大型冰球嘉年华活动。尽管相关报道在数量上有所增加，但与乒乓球、篮球、排球等项目相比，其曝光度仍然相对较低。从传播学的角度来看，频繁的报道可以促成议论性和关注度，反之亦然。但是，冰球相关影视剧和电视节目在国内数量相对较少，难以吸引大众接触和了解冰球文化与项目。因此，如何将各种传播媒介有效整合起来，形成一个系统的传播体系，促进冰球文化在我国生根发芽是需要解决的问题。

文化差异会影响人们对该文化认同的程度，中西方体育因不同的文化环境而具有完全不同的特点。由于历史发展和地理环境的影响，西方文化强调"物竞天择、适者生存"，注重个体利益，这种理性至上的文化理念使西方体育文化崇尚"力、美、刚、静"，具有强势和竞争性，推崇对抗、突破个人极限和追求自我价值。冰球文化正好蕴含这些特点，具有浓郁的西方文化色彩。

在我国由于历史长远和多民族共存，中华文化博大精深、源远流长，"中庸之道""和谐为贵"等都是中华文化的精髓，是广泛被民众接受的文化价值观，已深入人心。我国传统体育项目更重视身体经验、养生保健。而本土传统体育文化更注重和谐稳定，强调兼容并蓄、健身、适应和融合的特点。正因如此，冰球文化和传统文化之间的差异显著，影响了我国大众对冰球文化的接受和认可程度，降低了人们参与冰球项目的积极性，并且阻碍了冰球文化的传播。

第六节 民俗传统项目发展史

一、雪合战民俗项目

雪合战（Yukigassen）是一项源自我国民间的雪上团体运动，将休闲娱乐和比赛竞技完美结合，并且有着原生态的特质，这项运动起源于我们都非常熟悉的"打雪仗"游戏，经过30年的演化和完善，已经成为具有完整竞赛规则和裁判方法的现代化雪上竞技运动。雪合战运动场地和规则简单，趣味性强，技术门槛低，易于传播和普及，并且适合各个年龄段的人们开展，同时也拥有庞大的潜在运动群体。竞赛规则如下：在长36米、宽10米的比赛场地中，每个队由7名队员组成，包括4名后卫和3名前锋，使用标准尺寸的90枚雪球进行比赛，采用三局两胜制，以拔取对方战旗或击中更多的对手为胜利条件。作为一项国际流行的冰雪体育竞技项目，雪合战以其独特的运动方式和极具趣味性的游戏规则，快速地在世界范围内拓展了大量爱好者，这种易于传播且不需要过高技术门槛的体育运动，更加符合当前时代发展背景下民众的体育娱乐需求。因此，雪合战已在日本、澳大利亚、加拿大、美国等国家成功举办了31届世界锦标赛，每年都有来自多个国家和地区的100多支队伍参赛，足以看出其国际影响力[①]。

随着我国成功申办冬奥会，雪合战运动迎来了在中国快速普及的机会。此外，随着人们生活水平的提高，休闲需求日益旺盛，体育娱乐属性和功能也日益被挖掘。因此，雪合战运动作为一项具有娱乐属性的体育运动，具有较强的群众属性。政府也出台了一系列支持和促进冰雪运动发展的政策。比如，《国务院关于加快发展体育产业促进体育消费的若干意见》《冰雪运动发展规划（2016—2025年）》《全国冰雪场地设施建设规划（2016—2022年）》和《关于以2022年冬奥会为契机大力发展冰雪运动的意见》等，为雪合战发展提供了政策上的保障和支持。当前，雪合战运动的发展势头迅猛，已具备进入冬奥会的条件和机会。在此背景下，我们需要关注雪合战运动在我国的发展，并审视其中存在的问题，为推广提出切实有效的措施，对加强人民体质，提高国民文明素质和国际影响具有重要现实意义。

（一）雪合战的起源与发展

雪合战是世界各国都有的打雪仗的传统发展而来的一项冰雪运动。然而，直到1987年，雪合战才迎来真正的发展机遇。日本北海道昭和新山地区的居民为了改变冬季人烟稀少的状况，决定创造一种吸引人气的活动来促进旅游业和增加收入。在多次未能实施计划后，当地居民通过观察东南亚人嬉戏玩耍的本能，于是创立了雪合战运动。

1988年，日本制订了首部《雪合战竞技规则》，并在1989年2月，在昭和新山举行了第一届国际雪合战大赛，共有来自世界各地的70支队伍参与比赛，使雪合战作为一项全新的竞技运动开始被世界各地的运动界关注。

1992年，澳大利亚作为第一个非创始国家举办了国际雪合战大赛，进一步提高该项目的全球影响力。之后，各国纷纷成立自己的雪合战联赛，包括芬兰、挪威、俄罗斯、美国、荷兰、瑞典、加拿大、比利时、泰国、中国和

---

①王文龙，米靖，于国超.我国雪合战运动发展研究 [J].冰雪运动，2019(6)：7.

斯洛文尼亚等。

2010年2月，雪合战以表演项目的形式出现在第六十五届日本冬季运动会上。

2013年6月，国际雪合战联盟正式成立。

（二）雪合战在中国的发展

雪合战已在我国发展30年，但真正引入中国的时间只有7年。2016年1月19日，北京某体育咨询公司积极向国际雪合战联盟申请，并被授予在中国推广运营雪合战的唯一机构。

2016年，中国雪合战联赛成立，成为国际雪合战联盟的第十二个成员国，并在北京鸟巢国家体育中心成功举办我国第一场比赛。此后，首个中国雪合战城市赛启动，参赛城市不断增多，遍及全国各地，覆盖大江南北。目前，中国雪合战联盟已与中青旅体育集团、宋庆龄基金会幼儿园、北京市中小学体育运动协会和河北省教育厅等方面建立合作关系。

2017年，雪合战大篷车在中国首次实验成功，实现了低成本的反季节雪合战。尽管时间较短，但雪合战在中国已经取得了一系列重大突破和进展，赛事数量和参赛人数也逐年增加，赛事类型趋于多元化，雪合战在中国的影响力日益提升。

（三）雪合战推广的意义

雪合战有助于培养青少年的合作意识、团队精神和服务精神，这些都是青少年成长中不可或缺的素质和能力之一。作为一种团体竞技项目，雪合战要求参与者商量战术、配合默契，既考验队员的个人能力，又考验他们是否有能力在团队中协作，集体行动，达成目标。参与者还需要克制自己盲目进攻的欲望，避免各自为战，极大地提高了他们的协作能力。雪合战还可以帮助青少年培养果敢坚强的意志品质，参与者需要在战争中冲锋陷阵、勇往直前，每一颗扔出去的雪球就是一颗"子弹"，如果被击中则必须承受惩罚。因此，参与雪合战需要勇气和果敢，有助于让青少年更加勇敢和坚强，增强他们的血性教育。雪合战作为一项团体运动，除了能带来身体上的锻炼，还能培养青少年的协作意识、意志品质和团队精神，有助于青少年的全面发展。

雪合战可以满足人民群众的娱乐化运动需求。随着我国步入大休闲时代，如何让居民更好地度过充盈的闲暇时间，提高生活质量成为全社会普遍关心的话题。雪合战作为一种来源于大众娱乐的游戏，不仅保留了打雪仗的趣味，更是以雪球作为武器去占领场地，让参赛者投入其中斗智斗勇，成为大众欢度闲暇的有趣方式。除了游戏本身的快乐和趣味性外，雪合战对身体素质的要求也很高。比赛节奏快、一局时间短，需要参赛者高度集中注意力，而参与雪合战不仅需要投掷、奔跑、冲刺，还需要灵敏地躲避，对于投掷精确度、力量、速度、反应和灵敏性都有很好的锻炼效果，有力地促进了参与者的身体健康。在雪合战比赛中参赛者洋溢的笑容也印证了它是快乐代名词之一的说法。另外，雪合战可以传播生态体育理念，促进和谐发展。生态体育是人、体育和生态环境之间相互协调、互相关怀、共生共融、共同开展所构建的活动。这种理念已成为当今社会的共识，将人文内涵、科技支撑和生态取向有机地结合起来。

雪合战作为一种原生态的雪上团体运动，其比赛场地、装备和核心要素——雪，均与自然紧密相连。雪球等装备可以被重复利用，体现资源节约和环境友好的生态体育理念，被誉为"EcoSport"运动。参与者在雪地中奔跑、互相投掷雪球，在运动比赛中感受冰雪带来的刺激与快乐。比赛之前制作雪球的过程更是彰显了和谐发展的价值追求，在这个过程中，雪在人的手中得到了塑造和升华，成了运动体验的重要组成部分，这种运动方式不仅是体育，更是人、体育和自然三者真正实现共生共融的一种方式。

最后，雪合战有利于推动冰雪运动事业向前发展，普及冰雪文化、推动三亿人参与冰雪运动是推进冰雪运动发展的内生动力，但是我们面临着季节性和地域性方面的限制。在这种情况下，雪合战运动的普及和推广能促进这两项任务的进展。

雪合战运动的前身是打雪仗，具有悠久的历史，是冰雪文化传承的优秀载体。冰雪文化有着清新美妙的表现形式，而雪合战则将这种美妙展现在游戏中，从道具到场地无一不是雪的自然展现。雪合战的比赛大大提高了冰雪运动在市民中的曝光率，营造了浓郁的冰雪氛围，有助于推动冰雪文化的普及。雪合战规则简单，可以反季节打雪仗的大篷车突破了地域和季节的限制，不管是自然条件受限的南方还是没有冰雪的夏季，都能体验到冰雪带来的快乐。雪合战目前已覆盖哈尔滨至厦门和广州的南北以及从江苏的连云港到新疆的乌鲁木齐，真正响应了"北冰南展西扩东进"的战略建设，让冰雪运动走出山海关。雪合战对群众有极大的吸引力，带动数以万计的大众参与冰雪运动。2016－2017首届"冰雪之王"赛事共有3000多名选手参加比赛，第二届该赛事参与人数达到8000－10000人，而400万人通过卫星、网络直播观看了比赛。其中，厦门首届冰雪之王赛事在线观看人数更是达到63万，切实推动了"三亿人参与冰雪运动"的目标。在中国，雪合战已成为冰雪运动中的一项重要赛事，具有成本低、门槛低、趣味性强等特点，为实现"三亿人参与冰雪运动"的目标做出了重要贡献。

（四）雪合战运动在我国发展遇到的问题和推广策略

1.雪合战运动在我国发展遇到的问题

首先，需要更清晰地定位雪合战项目的发展方向，并提升其推广格局。作为新兴运动，雪合战目前存在发展无序、定位不清和推广格局不完善等问题，这些问题限制了其在我国的推广。需要重点梳理关于普及和提高、体育事业和体育产业、南方和北方以及冬季和夏季等不同方向的发展顺序和重点，以及不同人群的推广策略。此外，需要确立雪合战的项目门槛设置，明确其定位是以群众性体育赛事为主，还是以高水平精英赛事为主，有利于赛事组织者更好地开展雪合战活动。需要加强雪合战运动的校园化推广，比如，虽然与北京市中小学体育运动协会签订了战略协议，但是由于儿童安全等问题，推广工作取得的成效并不如人意，要设法解决这些问题，同时，提高校园运动组织者的意识和水平，进一步完善推广格局和发展布局。

其次，需要适度控制雪合战市场化行为，更加注重普及工作，达到持续发展的目的。同时，还需要加强对赛事的后续发展规划，确保雪合战项目的持续发展和推广。融合发展不足，主要表现为雪合战在推广过程中缺乏长期稳定的战略合作伙伴，导致其融合性明显不足。在我国，雪合战运动的发展存在许多问题。比如，起步较晚、文化和群众基础薄弱、赛事影响力低等。如果依靠自身力量去推广，难以形成规模效应，长期来看不利于项目的可持续发展。相比之下，其他新兴运动，比如，旱地冰球在推广时积极寻求知名企业的合作和赞助，解决资金问题，增加项目的影响力。因此，在走得更远、更稳定的推广过程中，雪合战需要借鉴其他发展较好的平台，寻找有效的合作伙伴，提高项目的影响力和可持续发展能力。

另外，一项运动的发展必须有高水平的运动员引领，他们扮演着不可替代的推动和带动作用。然而，我国雪合战运动引进时间短，目前面临着运动员数量不足和水平较低的问题，限制其整体竞技水平。此外，我国也缺乏雪合战赛事的裁判员和教练员等级认证，需要依赖外籍教练员，裁判员执裁水平相对较差，也制约了项目的推广和普及，需要加强管理和培训。

多元的赛事收入是任何一项运动长期、稳定、顺利开展的基础条件之一。然而，雪合战的赛事收入主要依赖政府采购服务，其他营收方式较少，缺乏常见的营收方式。比如，报名费、门票费、培训费和传播费等，需要拓展赛事营收方式。此外，雪合战知识产权的保护也是其商业价值的核心，目前存在较多盗版侵权事件，我国体育产业知识产权保护体系不完善，也需要加强认识和保护。雪合战的侵权行为不仅会对产权归属公司造成损失，更重要的是损害了运动的推广和发展。针对这些问题，要加强管理和监管，鼓励参与和投资，增强知识产权保护意识，建立健全保护机制，为雪合战的长期稳定发展提供有力保障。

最后，当前我国在雪合战中的核心装备——雪球机和专业头盔等器材设施方面过于依赖进口，自主创新能力不足。高质量、国产化是推动项目普及必不可少的因素。目前，我国虽已成功制造了适用于反季节比赛的雪合战大篷车，但由于我国自主研发的雪球机制造出的雪球硬度不够，容易碎裂，质量较差，影响参与者的体验流畅度，使当前雪合战项目依然主要依赖日本的进口产品。但是，进口产品价格昂贵，增加了项目的投入门槛，不利于在普通大众中推广和普及。同时，在头盔的自主研发方面，我国的防护面罩与国外产品存在较大差距，而进口的头盔难以满足大众的实际需求和承受力。因此，我国的自主创新能力仍需进一步提高并克服这些瓶颈。

2. 雪合战运动在我国的推广和发展策略

为了实现雪合战运动的协调有序发展，政府应参与进来，打造政府主导、市场跟进、社会参与的良好发展局面。在推广方面，青少年是重点群体，具有高接受度和体育爱好，可成为未来体育消费的主力。因此，应以青少年为主体，辐射带动成年人和老年人的参与。校园是雪合战推广的优良阵地，不受场地限制，只需大篷车和学校足球场地便可顺利地开展比赛。应将校园作为着力点，辐射带动社区和单位参与。北方地区、重点省会城市以及冬季仍是雪合战的主战场，必须在此地立足扎根，夯实基础，慢慢带动和渗透。同时，政府与市场的关系也应得以平衡。在保证资金来源的同时，应加大事业行为，多做一些项目推广，鼓励省市冬运会和学校的引入，并给予免费的指导和器材使用等。在项目基础和影响力大了以后，市场行为再逐渐跟进。总之，要构建多层次的推广格局，突出推广重点和顺序。

积极创建"雪合战+"模式，实现跨界融合发展。任何一个体育项目靠单打独斗很难获得长足发展，借助多方面渠道进行合作才能行稳致远。新兴项目的发展更是如此，我们要积极创建"雪合战+"模式，实现创新性和融合性的发展。通过"雪合战+"模式打造命运共同体，既可抱团取暖，增加抵抗风险的能力，又可互相促进，实现互利共赢。

首先，雪合战+电子竞技。因为雪合战与电子竞技中的英雄联盟形式相似，比如，同场对抗、占塔拔旗、击中退出，可以推广成为电子竞技的一种户外替代运动。电子竞技虽然进入亚运会，但因其身体性运动缺失而备受诟病。因此，可以构建与电子竞技联合的发展模式，线上线下互动，实现创新。

其次，雪合战+冰雪特色小镇模式。冰雪特色小镇在我国发展如火如荼，雪合战要充分利用这股东风。例如，我国河北张家口的官厅冰雪小镇于2019年1月推出雪合战项目，举办了亲子雪合战挑战赛以及成年组和儿童组赛事，效果非常好，反响热烈，这种模式值得借鉴和推广。

第三，雪合战+旅游。2016年，国家体育总局和旅游局联合发布《关于推进体育旅游融合发展的合作协议》，2017年，总局又下发《关于推动运动休闲特色小镇建设工作的通知》，这些政策推动了体育+旅游的发展模式成为当下热潮。雪合战凭借其亲民性和娱乐性，可通过景区购买大篷车，实现景区的雪合战赛事落地，更好地宣传和推动其发展。吉林省体育局主办的吉林省大众雪合战挑战赛在国家级全民健身基地南湖公园的成功举办就是"雪合战+旅游"的经典案例。

完善雪合战"三员"人才培养体系的关键在于加强项目的普及，提高参与群体数量。对此，需要积极推动运动员、裁判员和教练员的培训和评定标准。为了提高运动员水平，可以从其他相关项目，比如，棒球、垒球中选材，积极推行《雪合战运动员技术等级标准及考核办法》，进一步规范等级考核标准，确保其实施效果，同时，加强对本土裁判员和教练员的培训和认证制度，将其纳入中小学冰雪项目师资建设和社会体育指导员培训中，应该注重全面推进人才培养制度的完善，从而提高我国雪合战的竞技水平。另外，相较于其他体育运动，冰雪运动具有更长的产业链和更高的赞助价值，为了更好地发展冰雪运动，应该构建多元化的收入来源，包括政府购买、版权销售、器材生产、大篷车销售、项目培训、赛事赞助、赛事门票和报名费以及媒体转播费等多种方式。同时，应该固化雪合战赛事的IP，通过专利和商标注册等法律方式加强赛事IP的保护和掌控，并加强宣传和推广，将雪合战的品牌意识深入人心。此外，运营方应该重视微信公众号和官方网站的运营，及时发布相关消息，掌握自己的品牌形象。需要注意的是"雪合战""打雪仗"和"冰雪之王"这三个概念的区分和联系，应通过积极宣传加强品牌的印象和认知。国家应尽快出台相关法律法规来保护体育产业的发展。

加强创新和科技支持是促进雪合战项目发展的不竭动力和关键所在。为此，需要在硬件和软件两方面加强创新。在硬件方面，可以加强科研投入，加快自动化雪球机和头盔的研发，实现高质量雪球机和头盔的国产化。雪球机国产化之后的价格相比进口售价可降低58.3%，实现成本控制并降低推广障碍。在软件方面，可以注重创新赛事形式，比如，组织亲子雪合战、沙滩雪合战、草地雪合战等特色赛事形式。赛场上可以采用DJ互动、攻防音效转换等方式营造氛围。借助新型网络直播平台，比如，北京丰台万达广场举办的夏季雪合战赛事，吸引超过261万人通过直播观看比赛。同时，将体育大数据应用到雪合战赛事中，实现比赛数据的可视化、参赛选手数据的统计、运动员竞技水平的提升和参赛者黏性的增加，还要重视雪合战参赛者的参赛体验，积极学习日本等雪合战成功运营的国家，加强运动场景的营造，提高赛事服务质量，提供更好的参赛体验。

总之，雪合战运动是一项拥有悠久历史和文化底蕴的冬季运动。作为一项具有广泛群众基础的运动，其在中国冰雪赛事中有望成为领军品牌。此外，现在国际雪合战联盟已开始申请进入奥运会，雪合战有可能成为未来的奥运项目之一。因此，我们应该明确雪合战的价值，并积极推广和普及该项目。在推广的过程中，我们需要看到现实障碍，对自身问题也应有清醒认识，并积极改进，既抓住本土特色，又放眼国际市场，吸取各个国家的成功经验。在明确项目发展定位的前提下，多元化的宣传和持续创新是关键，提高赛事服务质量和文化内涵是保障。在政策机遇的推动下，雪合战运动的未来发展前景可期。

二、查干湖冬捕项目的发展

随着国民经济的不断发展和改革开放的不断深入，农业和渔业在国民经济中的比重也逐年上升，成为支撑中国经济发展的重要产业之一。而查干湖的冬捕活动，作为中国亿万民众心目中的传统文化活动，自然也成了当地渔业发展的重要方向。查干湖冬捕活动起源于清朝，是当时农民在冬季通过捕捞查干湖中的鲤鱼等渔产品维持家庭生计的一种传统。随着时代变迁和社会发展，这一活动也在不断发展壮大。新中国成立之初，政府高度重视农渔业的发展，将查干湖纳入重点发展的渔业区域。同时，政府还通过资金投入、技术培训等方式不断推动查干湖冬捕活动的发展。

在这样的背景下，查干湖冬捕的规模不断扩大，技术水平不断提高，其经济价值和人文价值也逐渐凸显出来。据统计，每年查干湖冬捕最多可获得八九千吨鱼类，其中包括国家重要的六种食用淡水鱼。同时，冬捕活动也吸引了大量游客前来观赏和体验，成为查干湖地区的重要旅游资源之一。为了加强查干湖的冬捕管理和保护，政府采取了一系列措施。（1）政府建立了对查干湖冬捕的严格监管机制，并制订了相应的法律法规保障捕捞的合法性和规范性；（2）政府加大查干湖的生态环境保护力度，通过卫星遥感、水体监测等手段，全面了解水质、水量等情况，预防和消除渔业污染等问题。此外，政府还向查干湖地区的农民和渔民提供一系列扶持政策，帮助他们增加收入、提高生活水平。查干湖冬捕的发展体现了新中国农渔业发展的硕果，同时，也彰显了中国传统文化的魅力和活力。政府的大力扶持和管理，为查干湖冬捕的可持续发展提供了基础和条件，相信在全社会的共同努力下，查干湖冬捕活动将会持续发展，为中国经济社会发展做出更大的贡献。

三、雪雕冰雕项目的发展

随着新中国成立，雪雕项目逐渐在我国发展起来。1954年，第一届全国运动会在沈阳举行，其中就包括了雪雕展览活动，这也是国内首次公开展示雪雕的场合，引起了广泛的关注和高度评价。经过多年发展，我国雪雕项目逐渐繁荣起来，国内各城市陆续举办各种形式的雪雕展览活动，这些展览每年都会吸引成千上万的游客前来观看。同时，一些著名的景区，比如，长白山、雾灵山等，也开始注重发展雪雕旅游。

随着人们对雪雕项目的关注程度逐渐提高，雪雕艺术家面临的挑战也越来越大。他们需要不断地推陈出新、不断创新，才能在众多艺术家中脱颖而出。为此，国内各地的雪雕艺术家开始借鉴国外先进的技术和经验，将其与中国文化相结合，创作出一系列令人惊叹的雪雕作品，这为我国的雪雕事业打下了坚实基础。除了国内的发展，我国的雪雕项目还有很大的国际市场。近年来，越来越多的国际雪雕比赛选择在我国举办，不仅为我国的雪雕事业提高了国际影响力，也为雪雕艺术家提供了广阔的发展空间。同时，我国的雪雕技术和雪雕材料也被越来越多的国家认可和使用。

总之，在新中国成立以来的几十年里，我国的雪雕事业经历了从无到有、从小到大、从弱到强的发展历程。国内的雪雕艺术家在不断创新和借鉴的过程中，使这门艺术形式的水平和影响力达到世界先进水平。相信在不久的将来，雪雕艺术家在不断拓展国际市场、创新技术的道路上，会有更加精彩的表现。

冰雕项目发展和雪雕项目有诸多相似之处。新的历史时期为各个行业的发展带来了全新的机遇和挑战。在此背景下，冰雕这一独特的艺术形式在中国得到了长足的发展。

1950年，中国首个冰雕队伍——哈尔滨市冰雕小分队应邀前往莫斯科参加国际文化节，上演了一场精彩绝伦的冰雕表演，这是中国第一次向世界展示自己的冰雕技艺，也是奠定中国冰雕发展的基石。

随着中国经济的不断发展，冰雕行业也得到了蓬勃发展，新的技术和材料的推广使冰雕的制作越来越精细，同时也大大提高了冰雕的观赏价值。特别是在哈尔滨，冰雕的发展可谓是最为迅猛。哈尔滨是中国的北方大城市，冬季寒冷，但也因此成为中国最集中、最著名的冰雕艺术之都。每年1月5日左右，哈尔滨举办盛大的国际冰雕节，吸引来自世界各地的游客和冰雕爱好者慕名而来，观赏这些精美绝伦的作品。除了哈尔滨，其他地方的冰雕行业也有了长足的发展。中国南方的苏州和无锡虽然气候温和，但也建立起自己的冰雕园和冰雕学院，同时也向外输出自己的冰雕文化。随着时间的推移，中国的冰雕行业不仅得到广泛的认可和赞誉，也成为中国文化传承中的重要组成部分，很多中国传统文化元素被融入冰雕作品中。例如，京剧脸谱、民族服饰等，使冰雕作品更有民族特色和艺术价值。随着时间的推移，中国的冰雕技艺不断提高，冰雕行业也愈加蓬勃，尤其是在融合了大量传统文化元素之后，中国冰雕项目更是成为世界冰雕艺术中不可或缺的瑰宝。

四、冰上龙舟项目的发展

冰上龙舟项目起源于中国，早在宋朝时期就已经在民间盛行。宋代诗人黄庭坚曾有"冰盘细溜冰犹滑"的诗句。当时的人们就已经把冰上龙舟当作一项体育活动进行比赛，冰上龙舟是一项以速度为基础，在冰面上进行的群众体育健身活动。速度和力量是其主要特点，融体育、竞技、娱乐于一体，是一项新兴的、时尚的群众性体育运动项目，具有健身、娱乐、竞技的特点，符合当代社会体育发展趋势和我国群众体育发展要求。冰上龙舟运动不仅可以锻炼身体，还可以提高人的意志品质、培养竞争意识和团队精神。

冰上龙舟运动起源于中国，由于我国地域辽阔、气候条件复杂多变，各地产冰的质量差异很大。在我国北方地区冰上龙舟运动主要是在冬季开展。由于东北地区冬季漫长而寒冷，因此冰上龙舟运动在东北地区的发展较快。我国冰上龙舟项目从2009年开始在哈尔滨和北京开展，哈尔滨是冰上龙舟项目推广较早的城市。黑龙江省是我国唯一以"龙"命名的省份，黑龙江龙舞历史悠久，冰上龙舟运动的开展也相对较早。黑龙江省体育局自2002年开始，每年冬季举办哈尔滨龙舞冰上龙舟赛，每年的参赛队伍都达到20余支。吉林省在2008年开始，经过几年的发展，吉林省冰上龙舟运动已经初具规模。吉林省体育局先后举办6届吉林市冰上龙舟锦标赛、1届长春市冬季运动会冰上龙舟比赛和1届长春市全民健身运动会冰上龙舟比赛等。内蒙古自治区在2015年开始，每年都会举办一次"内蒙古自治区龙舞冰上龙舟赛"，是在哈尔滨、齐齐哈尔、呼和浩特、鄂尔多斯等城市举办的，其规模越来越大，影响力也越来越强。

第七节 满族民俗传统项目

一、抽冰尜

抽冰尜游戏是能够孕育和体现出满族文化精髓的一款古老的传统游戏。它最早的记录可以追溯到明代，此后便流传了几百年的时间。

在满族的历史和文化中，抽冰尜游戏扮演着非常重要的角色，它从长辈们手中传承下来，通过家庭、学校等方式，普及到群众中。当地政府组织的比赛也往往引起居民踊跃参与，现如今"冰夯夯"已经成为民间体育娱乐的一部分，而且还能看到来自中国其他地区和国外的参与者。这项游戏起源于满族居民在冬季生活中的娱乐需求。冬季是南满洲地区最寒冷的季节，冰雪严重阻碍了人们的出行和生产生活。然而，对于一个爱玩、爱娱乐的民族来说，并不意味着生活的结束。相反，这个时候却是农闲时期，人们会利用这段时间用各种方式来丰富自己的生活，抽冰夯夯游戏就是这样一种产物。

这项游戏用到的材料也是十分丰富多样的。"冰夯夯"通常是由坚硬的木材制成，在这个基础上还要搭配不同的贴花等装饰作品，以增加其美感和观赏性。其次是鞭子，其结实程度可以根据个人喜好和需求进行定做。最后还少不了一个与"冰夯夯"战斗的冰面，它是抽冰夯夯游戏中最具挑战性的地方。有些场地底下的冰面非常平整，有的则波浪起伏，谁掌握了这个技巧，谁就能使自己有更大的优势。

参与者在抽冰夯夯游戏中可以充分地发挥自己的想象力和动手能力，让它成为一项非常具有亲和力和包容性的活动。然而，挑战和协作同样也不容忽视。在一次抽冰夯夯游戏中，有时玩家在准备动作时会相互对战，测量彼此的经验和技巧；有时要靠大家的集体行动来克服场地上凸起的阻碍物和波浪。抽冰夯夯游戏通过它独特的音响和视觉体验，传达出满族人民对自然和生命的热爱，以及他们勇于克服困难和逆境的坚韧与执着。无论在个人还是集体层面上，都是我们今天可以从抽冰夯夯游戏中学到的。在现代社会，我们的生活已经充满了科技和便利，但这种传统游戏的存在，也让我们重新认识到了它的精神价值，给我们的生活提供了一种全新的启示。

二、冰爬犁

冰爬犁是一项源远流长的传统体育项目，也是满族先人智慧的结晶。在满族先人的生产和生活中，冰爬犁曾经发挥了不可替代的重要作用。据传，冰爬犁在满语中为"fara"，类似于"法喇"或"冰床"。满族先人利用河湖泊港作为天然冰场，制造出爬犁等冬季交通和运输工具。爬犁类像车，低矮结实没有轮子，只能在冰雪上行动。像在寒冷的冬季，冰爬犁往往是满族先人唯一的出行工具，也是运输物资的主要手段。

随着时代的变迁，冰爬犁逐渐演变成为一项冰上体育游戏，分为打冰爬犁和支冰爬犁两种玩法。打冰爬犁时，冰道陡坡时不需要助跑，只需坐在爬犁上或者趴在爬犁上即可；冰道比较平坦时需要先用双手助跑，再将爬犁贴在胸部位置并趴在爬犁上滑行①。支冰爬犁可以坐在爬犁上，用短棍有节奏地支冰道，也可以双腿分成八字形站立在爬犁上，双手用长棍去支撑地面，类似水上行船时点篙的动作，爬犁随着支向地面便会快速滑行。虽然现代运输工具的发展已经不再需要冰爬犁这种传统工具，但是冰爬犁却在满族文化中得到了传承与发展。每年的冬季，满族家庭和学校会举办各种各样的爬犁活动，传承着这一体育项目的精髓，也让更多人了解和感受到这一传统文化的魅力。

冰爬犁不仅是一项传统的满族体育项目，更是一项具有文化意义的体育运动。冰爬犁的出现与满族先人的生活环境密切相关，在传承与发展中凝聚着满族人民对生活和文化的热爱与执着。作为一种集合了满族智慧和勇气的体育项目，冰爬犁不仅是一种体育游戏，更是塑造了满族民族精神和民族文化的载体。清朝文人阮葵生和诗人方拱乾都曾专门写过关于爬犁的诗，他们将冰爬犁比喻成勇往直前的力量和精神象征，为冰爬犁注入了文化内涵。冰爬犁不仅是一项娱乐运动，更是一种身心锻炼和文化传承的方式，体现了满族民族的特色和美学魅力。

第八节 群众冰雪竞赛与节庆活动发展史

一、群众冰雪竞赛与节庆活动的起源

我国冰雪资源丰富，冰雪运动日益普及。尤其是自2015年，国务院发布《全民健身计划纲要（2016—2020）》以来，冰雪运动成为全民健身的重要组成部分。如今，中国有超过三亿人参与冰雪活动，而冰雪竞赛与节庆活动的起源也是源远流长。冰雪竞赛与节庆活动起源于中国北方地区，特别是东北地区。最早的冰雪活动可以追溯到明朝时期。当时，吉林、黑龙江等地区的当地居民在冬季玩打雪仗游戏，打雪仗成为最流行的活动。清朝时期，滑雪也开始在这些地区普及开来，在滑雪的基础上，当地的青年开始用木板制作滑板，这样就有了"板鞋"。

---

① 张婷婷，隋东旭.赫哲族传统冰雪体育文化发展研究[J].边疆经济与文化，2020(5)：4.

随着社会进步和技术改进，冰雪运动越来越多地被运动员和普通群众所热爱。第十三届全国冬季运动会于2016年1月20日至1月30日在新疆维吾尔自治区开幕，成为新疆地区首次举办的冬季大型综合性体育赛事。与会期间，举办了大型冰雪活动和民俗文化展览，吸引众多游客和社会各界人士的关注。随着新时代冰雪文化的推广，各种冰雪节庆活动也相继出现。例如，哈尔滨冰雪节是中国规模最大、最著名的冰雪节庆活动之一，每年吸引大量游客前往观赏。其他如"亚洲小雪乡冰雪节""中国冬季旅游·冰雪明信片"等，都成了各自地区的知名活动。此外，还有各种冰雪嘉年华和博览会，例如，中国第一届国际冰雪嘉年华、国际滑雪博览会等，吸引了世界各地的参展商和观众，成了中国冰雪运动的重要展示平台。

二、冰雪嘉年华活动的开展情况

在中国，随着越来越多的人参与冰雪运动，冰雪嘉年华活动的发展也越来越繁荣。现如今，每年都有成千上万的人参与各种冰雪节庆活动。近年来，由于兴起了许多高山滑雪、冰雪马拉松等冰雪活动，为了鼓励更多人参与冰雪运动，政府和企业纷纷推出冰雪嘉年华活动。这些活动不仅让人们感受到冰雪运动的魅力，也带动了旅游和相关产业发展。在这样的背景下，冰雪嘉年华活动的形式也在不断创新。传统的冰上运动比赛和冬季嘉年华表演已经不再单调，而是结合了音乐、美食、摄影等各种元素，丰富了人们的参与感。比如，每年的哈尔滨国际冰雪节，不仅有令人惊叹的冰雕园艺展示，还有丰富多彩的文化活动，吸引人们从全球各地前来观赏。除了在大城市举办的较为成熟的冰雪嘉年华活动，越来越多的小城镇和乡村也开始关注冰雪旅游和相关产业的发展。在一些偏远地区，政府和企业为了拓展冬季旅游市场，打造了一些冰雪特色小镇。比如，吉林省农安县的"冰韵小镇"、辽宁省义县的"冰雪小镇"等。

截至2019年初，全国冰雪产业转型升级工程"三亿人上冰雪"活动已经在全国范围内实施超过3年，取得了一定的成效。"三亿人上冰雪"活动积极推进冰雪运动全民化，通过冰雪体验活动为人们提供了更多冰雪运动的机会，以各种方式向民众普及冰雪运动知识，例如，宣传海报，征集冰雪运动照片，组织冬季运动主题的微电影制作，以及在城市和乡村的各个角落安排冰雪体验和试训活动等。目前，"三亿人上冰雪"活动涉及越来越多的领域和层面。例如，室内滑雪、户外冰雪嘉年华、冰雪竞技赛事等。其中最显著的是冰雪嘉年华活动，作为一个新兴的体育文化节庆活动，其吸引力越来越大，越来越多的人士参与其中。而且，随着社会需求的改变，冰雪嘉年华活动也在不断拓展其领域和内涵，将主题推向了冰雪运动文化、创新科技、环境保护、青少年公益等一系列方向。

随着冰雪运动的全民化，中国的冰雪文化和体育产业也越来越发达。未来，"三亿人上冰雪"活动将会继续推动冰雪运动的普及，促进冰雪产业的发展，为人们提供更多更好的冰雪运动娱乐活动。冰雪嘉年华活动不断地创新和发展，吸引更多的人加入，让更多人共同享受到自然与体育运动的美好，为全民健身事业做出更大的贡献。

（一）吉林省冰雪嘉年华活动的开展

近年来，随着中国体育产业的不断发展和冰雪运动的广泛普及，吉林省冰雪嘉年华活动逐渐成了冬季旅游的重要组成部分。同时，也成了吉林省推广冰雪运动、促进旅游发展和提升地方形象的重要平台。需要明确的是，吉林省拥有得天独厚的冰雪资源，是中国最重要的冰雪运动中心之一。这里的冰雪赛事和冰雪嘉年华一直以来都备受瞩目，其规模和影响力逐年提升。2022年，吉林省冬季旅游接待游客数量达到了1.1亿人次，其中三分之一以上的游客参与了与冰雪相关的活动。在这样的背景下，吉林省的冰雪嘉年华活动不断推陈出新，不断满足人们对冰雪欢乐、冬季旅游体验的需求。首先，吉林省冬季运动会是活动的重头戏之一。吉林省冬季运动会自1985年开始举办，至今已经历经十四届。这项赛事的规模越来越大，吸引着世界各地的冰雪运动员和爱好者前来参赛、观赛。同时，吉林省冬季运动会还为当地的旅游产业注入了强劲的动力，带动了众多相关行业的发展。

吉林省冰雪嘉年华活动还包括冬季运动嘉年华、国际雪雕艺术节、冬季长春国际冰雪节等，这些活动每年都吸引着数万名游客前来观赛、参与各种冰雪娱乐项目。此外，吉林省还组织红色滑雪文化节、长春国际马拉松等活动，为游客提供多样化的旅游体验，增加人们对该地的认知和好感度。吉林省冰雪嘉年华活动除了给游客带来欢乐，还起到了非常重要的宣传作用。随着中国的国际影响力不断提升，吉林省的冰雪嘉年华活动也被越来越多的海内外游客和媒体关注和报道。这种融合了体育、文化、旅游等元素的活动，可以有效提升吉林省的地位和形象，也可以为优化全国旅游结构、推动全民健身事业发展做出积极贡献。总之，吉林省冰雪嘉年华活动的发展是吉林省推广冰雪运动、促进旅游发展和提升地方形象的一个缩影。

（二）黑龙江省冰雪嘉年华活动的开展

寒冷的冬季是中国东北地区最美丽的季节。在这个季节里，白雪皑皑，四周一片寂静。冰封的江河上，人们纷纷创造了各种各样的玩具，比如，冰梯、滑冰、滑雪等等，并且这些活动已经成为中国东北地区最重要的活动之一。其中，黑龙江省作为中国冰雪旅游的重要发展省份，已经成为中国冰雪嘉年华的示范地。黑龙江冰雪嘉年华活动已经成为黑龙江省每年的大型文化体育活动，也成了中国最大的冰雪嘉年华活动之一。

黑龙江省举办冰雪嘉年华活动的历史可以追溯到20世纪初。相当长的历史发展使黑龙江省成为全国最大的冰雪运动基地之一。此外，黑龙江省还拥有许多冰雪运动的名人，他们不仅拥有丰富的运动经历，还为黑龙江冰雪嘉年华的发展提供了重要的支持。随着社会的发展，黑龙江省的冰雪嘉年华活动也在不断发展壮大。目前，黑龙江省冰雪嘉年华已经从单纯的民间活动发展成为一个综合性的文化体育活动，为观众奉献了大量的高质量文化节目。此外，冰雪嘉年华还迅速融入了互联网的大众文化和市场营销，通过各种渠道宣传打造冰雪嘉年华品牌。冰雪嘉年华的发展也为黑龙江省的经济发展做出了重要贡献。通过举办该活动，黑龙江省吸引了大量的投资，加速了冰雪旅游产业的发展。同时，冰雪嘉年华活动也为冰雪旅游的推广提供了重要的舞台，吸引了来自全国各地以及国外游客，推动了黑龙江省的经济发展。

总之，黑龙江省冰雪嘉年华活动的发展离不开黑龙江省政府的大力支持和广大冰雪运动爱好者的努力。更重要的是，它将传统的文化体育和现代市场营销完美地结合在一起，成为中国冰雪旅游业的重要品牌，也成为全国性的大型文化体育盛事。

（三）辽宁省冰雪嘉年华活动的开展

辽宁省作为我国著名的冰雪运动强省，近年来在这方面的开发与推广经历了不少的变化，其中辽宁省冰雪嘉年华活动成为一大亮点，让三亿人尽情滑雪，在冰天雪地中感受运动的魅力。辽宁省冰雪嘉年华活动始于2010年，作为东北地区最有影响力的冰上运动赛事活动之一，每年囊括了各类冰上运动项目和娱乐性质的活动内容。随着时间的推移和活动的不断调整，现在已经成为辽宁省冬季旅游和体育文化交流的重要品牌之一。

辽宁省冰雪嘉年华活动的发展得益于旅游的兴起。辽宁省地处东北，拥有众多的冬季旅游资源，其中以沈阳、大连、丹东等城市最为知名，这些城市拥有优美的自然风景和了不起的历史文化遗产，例如，沈阳故宫、大连老虎滩海洋公园、丹东锦绣园等。同时，冬季期间这些市区的气温也相对较低，为冰雪运动提供了天然的优势。因此，辽宁省冰雪嘉年华活动的举办，既能满足旅游需求，也能推进冰雪体育的发展，实现文化、经济和社会效益的协同增长。

辽宁省冰雪嘉年华活动的发展得益于社会力量的加持。在过去，政府通常承担着举办冰雪运动赛事活动的所有责任，资金、场地、设备等全部由政府投资购建，但是随着社会力量的崛起，辽宁省开始尝试吸引企业、协会和民间团体等社会机构积极参与冰雪嘉年华活动的支持与合作。这些机构一方面为活动提供了各项资源的共享，另一方面，也表现出对本地冰雪运动的关注和培养意愿。社会力量的加持让辽宁省冰雪嘉年华活动变得更加丰富和多样化。

辽宁省冰雪嘉年华活动的发展得益于技术水平的提升。面对不断提高的观赏体验和参与度的要求，辽宁省不断推出新的技术手段和场地设备进行更新升级。以冰上滑行类运动为例，如今辽宁省冰雪嘉年华活动中的冰场都采用国际先进的制冰技术进行制冰，确保冰场平整度和温度的稳定性。同时，辽宁省也开始引进各项先进的电子设备以及数据管理系统，这些设备的引入和使用，为参赛选手、观众和志愿者等各类参与人员提供更为便捷精准的服务和保障。辽宁省冰雪嘉年华活动的发展趋势愈加明显，无论是对大众文化的传播还是对于冰雪运动的发展都有着积极的推动作用。未来，希望辽宁省的冰雪嘉年华活动能够继续稳步发展，为全国的冰雪文化交流和中国冰雪运动崛起注入新的动力。

三、冰雪文化节活动的开展

（一）长春瓦萨冰雪节的发展

冰雪节活动起源于瑞典，是一项国际性的冰雪运动盛会。长春在2003年开始举办这项活动，经过多年的发展，如今已经成为全球最大的瓦萨冰雪季活动之一。每年的冬季，数百万人涌向长春，参与这个令人振奋的体育盛会。长春作为中国乃至全球著名的冰雪之城，一直大力发展冰雪旅游。在"三亿人上冰雪"计划的推动下，长春市制订了《长春市冰雪旅游发展战略规划（2017—2022）》，并创建了全国首个城市冰雪运动产业创新创业基地，积极推进以瓦萨冰雪季为核心的冰雪旅游发展，加速冰雪产业转型升级。

长春瓦萨冰雪季活动的成功，得益于长春丰富的冰雪资源和特殊的气候条件。每年从1月中到2月中旬，长春都处于零下十多摄氏度的严寒状态，这种特殊的气候条件为冰雪活动提供了得天独厚的自然条件。长春冰雪资源丰富，拥有国内最大的室内滑雪场、冰壶训练馆，以及国内最大的人造雪场。瓦萨冰雪季除了冰雪运动比赛外，还有冰雪嘉年华、灯光秀等多种娱乐活动，让前来参加活动的游客感受到冰雪运动的魅力。长春冰雪节是中国最著名的冰雪文体节庆活动之一，已经历23个年头。每年的长春冰雪节都吸引数以万计的游客来到这座老牌冰雪旅游城市，感受冰雪运动带来的魅力与乐趣。

瓦萨冰雪季活动的发展也为长春的经济做出巨大贡献。据数据显示，瓦萨冰雪季活动已经连续多年创下每年数十亿的产值，为长春的旅游业和零售业发展提供强大的支撑。而且，瓦萨冰雪季活动的不断壮大和发展，也为长春品牌形象的建设打下坚实基础。总之，长春瓦萨冰雪季活动的成功，既得益于自然条件的独特优势，也离不开政府、企业和社会各界的共同努力。

吉林人热爱冰雪由来已久，冰雪赋予了吉林人淳朴、豪爽的性情。因此，在筹办瓦萨赛事过程中，以传统民族文化为根基，时刻注意保留文化的原生态，注重创新东北特有文化，充分利用冰雪资源举行冰上婚礼、雪雕大赛、雪地汽车拉力赛，同时开展冰雪有关的各种文学书画创作活动，邀请市民参与体验越野滑雪的乐趣，让人与自然互动，在玩冰、赏雪的同时感受东北韵味、长春风情。净月潭瓦萨国际滑雪节在秉承传统瓦萨文化的基础上，扩大延伸了瓦萨滑雪节的内涵，举办"瓦萨之夜""冰雪天使评选""瓦萨国际交流大会"等一系列精品活动，办出了中国瓦萨特有的韵味。

（二）哈尔滨国际冰雪节

随着冰雪运动在中国的普及，哈尔滨国际冰雪节也逐渐成为各地冰雪爱好者欢聚的盛会。这一活动的成立，不仅标志着国内冬季旅游业的崛起，也使哈尔滨成为全国知名的冰雪运动基地。作为中国第一个冰雪旅游节庆品牌，哈尔滨国际冰雪节的历史可以追溯到1985年。那一年，哈尔滨市政府为推动本地冰雪产业发展，邀请俄罗斯著名雕冰师来到哈尔滨，以其独特的技艺在广场上进行创作。这次活动得到热烈反响，使哈尔滨市决定将其作为一个官方品牌活动进行推广。自从1985年成功举办第一届国际冰雪节以来，哈尔滨国际冰雪节便成为冬季旅游业和冰雪产业的重要推动力。随着城市发展，冰雪节的规模也逐渐扩大，从最初的只有雕冰展示，到逐渐加入滑雪、滑冰、雪地足球等多样化的活动，再到如今的国际性赛事吸引来自世界各地的顶尖选手和爱好者观赏和参与。

在过去的30年，哈尔滨国际冰雪节的影响力不断扩大。这一活动不仅重视本地文化的传承和宣传，与国际上的冰雪运动产业也进行合作，推进冰雪运动的发展。每年举办的各项活动和比赛，吸引了三亿以上的游客，并且促进了当地和整个东北地区的旅游业发展，带动了周边酒店、餐饮、交通等多个领域的经济发展。哈尔滨国际冰雪节引领着当地冰雪文化的发展。作为哈尔滨标志性活动之一，冰雪节展现了北国冰雪的美丽和神奇，使越来越多的人开始对冰雪文化了解并进行研究。冰雪嘉年华、雪地品牌展、冰雪明星汇演等系列活动，更为当地民众和游客提供了一个展示自己和展示城市的平台，推动了哈尔滨文化和旅游事业的蓬勃发展。节日的开始时间是每年1月5日，根据天气状况和活动安排持续一个月左右。冰雪节正式创立于1985年，是在哈尔滨市每年冬季传统冰灯游园会的基础上创办的，最初名称为"哈尔滨冰雪节"，于2001年冰雪节与黑龙江国际滑雪节合并，正式更名为"中国哈尔滨国际冰雪节"。

四、冰雪博览会活动的发展

（一）张家口冰雪产业博览会的发展

张家口坐落在中国北方，是一个拥有丰富冰雪资源的城市。近年来，随着中国"冰雪进万家"政策的推行以及2022年北京冬奥会的临近，冰雪运动成为中国国民体育健身的新热潮。在这个背景下，张家口冰雪产业博览会应运而生。

首届张家口冰雪产业博览会于2020年举办，成为中国唯一以冰雪产业为主题的大型国际展览会，不仅吸引了来自国内各大知名企业的参展商，更吸引了来自全球的冰雪产业龙头企业和专业人士。在展览会上，参展商展示了最新的冰雪装备、技术和产品，让现场观众充分领略到冰雪产业的无限魅力。张家口冰雪产业博览会的举办，对推动当地冰雪产业的发展起到了积极的促进作用。在展览会吸引的人群中，既有潜在的消费者，也有专业的行业人士，他们将带来实实在在的生意机会和商业合作。冰雪运动的普及和推广，也为当地冰雪产业的长远发展奠定了基础。随着冰雪产业博览会的不断发展壮大，张家口还建立了全新的"冰雪之城"，成为国内外冰雪爱好者的聚集地和交流平台，包括多个冰雪运动场馆和活动中心，为广大冰雪爱好者提供了一个新的玩耍场地。

（二）哈尔滨冰雪产业博览会的发展

在北方城市哈尔滨，冰雪文化成为这座冰城不可或缺的一部分。每年的冰雪节吸引了大批游客前来观赏，哈尔滨冰雪产业博览会的举办更是让这座城市的冰雪产业得到进一步发展。截至2022年，哈尔滨市区冰雪场馆的数量已经超过500个，冰雪季期间冰雪运动爱好者和游客总数达到3000多万人次。哈尔滨冰雪产业博览已成为冰雪产业和冰雪文化的盛会。2023哈尔滨冰雪博览会在哈尔滨国际会展体育中心开幕，以"新格局中谋发展 冰雪经济促振兴"为主题，设置冰雪运动器材装备、冰雕工具、寒地食品、数字冰雪体验等展区，来自19个国家和地区的500余家企业线下线上共同参展，持续至3月19日，以展示冰雪产业成果、推介冰雪旅游产品和各类冰雪活动为主，吸引来自各方的企业和观众，成为推动哈尔滨市发展冰雪旅游产业的重要平台。

在博览会的展台上，人们可以看到来自不同国家和地区的冰雪装备、雪松、冰雪小镇等景点的展品，也可以品尝到哈尔滨特色冰雪美食和特色饮品。此外，博览会还特别设置了各类冰雪活动。比如，冰雪游戏、冰雕比赛、冰雪体验等，吸引大批游客前来参加。除了为哈尔滨市的冰雪产业带来发展机遇，也促进了国内外冰雪旅游业的交流合作，来自不同国家和地区的企业和专业人士在这里进行交流学习，从而推动了全球冰雪旅游业的发展。近年来，哈尔滨市政府也推出一系列扶持冰雪产业的政策，支持企业开发并建设冰雪商品、冰雪旅游产品和景区。哈尔滨市还加强了冰雪场馆的建设和运营管理，使其更具规模和品质保障。哈尔滨的冰雪产业在"三亿人上冰雪"的背景下，得到了强大的推动和发展，而哈尔滨冰雪产业博览会可以作为这座城市冰雪产业的重要窗口，带动城市冰雪文化的发展和推广，使哈尔滨成为全球冰雪产业的一张闪亮名片。

（三）吉林国际冰雪产业博览会的发展

吉林国际冰雪产业博览会创办于2015年，是吉林省为加快推进冰雪产业发展而发起的大型展览，旨在通过搭建产业交流合作平台，促进国内外冰雪装备及设施的展示、贸易与推广，带动冰雪运动市场和文化的繁荣发展。展会开办以来，吉林国际冰雪产业博览会吸引了全球几十个国家和地区的企业和机构参展，展品涉及冰上和雪上运动的各个领域。首届展会吸引了来自全球40余个国家和地区的1000多家冰雪产业公司参展，展出面积达到10万平方米以上，吸引80多家媒体进行全程报道。2019年，第五届吉林国际冰雪产业博览会规模更是达到了新的高度。

吉林国际冰雪产业博览会的举办，不仅对中国冰雪产业的发展具有举足轻重的意义，也彰显吉林省在冰雪产业方面的优势。据吉林省统计局发布的数据，吉林省冰雪产业已经形成了滑雪场、动力雪车、冰雪运动项目和冰雪文化的多元支撑格局，形成了覆盖全国甚至全球的冰雪旅游产品链，吸引了大量游客前往吉林省进行度假旅游。随着吉林省冰雪产业的不断发展，吉林国际冰雪产业博览会也发挥更大的作用，不仅提供了一个交流、合作、共享的平台，也为中国冰雪产业的升级提供新的思路和方向，让我们期待吉林国际冰雪产业博览会未来会更加辉煌。

五、冰雪马拉松运动的发展

在中国冰雪资源丰富的北方，冰雪运动已经成为冬季体育的主要项目之一。近年来，冬季运动在中国的普及度越发提高，人们实现冬季运动梦想的同时，也催生了许多新的冰雪运动，其中最受欢迎的是冰雪马拉松运动。中国冰雪马拉松运动起源于2016年，是由中国马拉松运动管理中心与黑龙江省体育局共同主办，旨在推广冰雪运动，振兴冰雪产业，让更多人体验到冰雪运动的魅力。"2016年中国·雪乡首届冰雪极寒越野马拉松赛"，由黑龙江省大海林林业局主办，大连林海雪原体育赛事策划有限公司承办，于2016年1月1日在哈尔滨市开赛，吸引了来自不同地区3000名跑步爱好者参与其中。冰雪马拉松运动其实是城市冰雪文化的一种新形式，不同于传统的马拉松比赛，它首次把终点线移至冰上，跑者需要在厚厚的冰面上切磋着、滑行着到达终点；赛道设置在冰上，需要对冰雪路面进行特殊处理，严格控制运动员的速度，尽可能地降低赛事风险。

冰雪马拉松运动的最大特点是让更多非专业人士参与其中，通过设置不同的比赛级别和比赛距离，让不同水平的跑步爱好者都能参与其中。并且在比赛过程中鼓励互动，增加赛事的趣味性和观赛性。从第一届冰雪马拉松运动开始，其受到了全国性的关注，越来越多的城市也开始推出了类似的赛事活动，比如，北京、哈尔滨、长春、乌鲁木齐等城市纷纷设立冰雪马拉松赛事。

2018年，冰雪马拉松运动的大力发展让广大群众更加深刻地理解了冰雪文化作用，象征着一个健康富强的国家新形象、新形式的发展，也让更多的人来到"雪都"哈尔滨，感受世界级的冰雪景观和文化风情。冰雪马拉松运动的发展是落实国家"全民健身计划"的重要体现。中国冬季运动的发展步伐更加快速和稳健，传达给人们的信念是运动的可持续性，是国家越来越富强的体现。人们通过冰雪马拉松运动，认识并热爱冰雪运动，从身体运动践行健康理念，从而享受运动本身带来的快乐和收获。

冰雪马拉松运动不仅是一项运动，更是一种精神风貌，让人们在冰天雪地中释放自我，感受健康、欢乐和团队的力量。随着这项赛事的深入发展，越来越多的国家和地区开始关注和加入这项运动中来。相信未来，冰雪马拉松运动一定会在世界范围内的冰雪运动中占据重要的一席之地。

第三章
我国群众冰雪运动区域情况

第一节 传统冰雪运动各省份发展情况

一、政策导向情况

（一）早期政策导向

具有传统冰雪运动项目的省份在文化和旅游资源等方面表现出明显的价值，有较多的学者在实际工作中积极开展对冰雪运动项目发展价值的研究，实现冰雪运动项目和传统文化之间的有效结合，对促进冰雪旅游经济发展来说意义重大。冰雪运动在地理环境方面表现出较为明显的依赖性，传统冰雪运动开展更多集中在黑、吉、辽、新疆、内蒙古这5个省份。早在1978年，吉林省委和体委共同开展了"百万青少年上冰雪"活动，主要目的是鼓励中小学积极开展冰雪运动项目，提高青少年的体质。号召发出后，吉林省、黑龙江省的小学便积极响应，使传统冰雪运动在20世纪80年代的东北地区得到广泛开展。"十三五"规划中对冰雪运动进行了说明，政府部门也针对此方面相继出台了一系列文件，为我国传统冰雪运动的发展奠定了坚实基础。

因为我国传统冰雪运动开展区域主要集中于黑吉辽、新疆、内蒙古这5个省份，导致传统冰雪运动的选材面积相对较小，群众对传统冰雪运动的兴趣并不高。国家体育总局提出通过对南方一些发达地区经济实力的利用，不断地提高冰雪运动的社会化以及市场化程度，促使群众参与传统冰雪运动的广度得到进一步提高，使中国各地区的冰雪运动发展情况更加具有均衡性，为"北冰南展"奠定相应基础。2004年，吉林体育学院提出了传统冰雪运动"南方北极展"理论，使传统冰雪运动的发展策略获得大力推广，并且南方的沿海地区以及一些发达地区积极建设室内滑冰馆，扩大了传统冰雪运动在中国的覆盖面积。

（二）基于北京奥运会背景的冰雪运动发展政策导向

2008年，北京奥运会的成功举办，大大提高了人民群众健身运动的热情。然而，冬季运动发展更多集中于黑吉辽、新疆、内蒙古这5个省份，特别是黑龙江省的冬季运动发展态势更为良好，而围绕传统冰雪运动开展的研究工作主要是针对群众冰雪运动省份发展以及冰雪旅游产业的研究，伴随着社会经济高速发展和人们对冰雪运动热情的提高。

2010年后，中国一些省市的冰雪运动得到了高速发展，也逐渐向产业化以及规模化的方向迈进。与此同时，各省市的冰雪运动资源的分配也更具有合理性，为冰雪体育的繁荣创造了良好条件。学者围绕"北冰南展"的延伸提出了相应对策，例如，人才北上以及体教结合等，并对之前的奥运会比赛结果展开了深入分析，将现有传统冰雪运动省市发展的成就作为基础，不断进行基础夯实以及空间延伸，还积极通过社会化以及产业化途径为冬季运动的持续稳定发展提出相应建议。传统冰雪运动发展过程中，我国围绕其相继出台了多个全国性政策文件，既包含了独立性文件，也包含了相关性文件。

传统冰雪运动发展覆盖的每个领域，都对其提出了专门的发展目标，各省份也积极响应。其中北京市、河北省和东北三省的表现最为突出。北京市为了积极响应国家围绕传统冰雪运动发展出台政策，将"全市参与冰雪运动人口达到500万"作为传统冰雪运动的发展目标，并全力以赴筹办冬奥会，把促进冰雪运动的突破性发展作为关键性任务。河北省将打造冰雪运动会大省作为冰雪运动发展的重要方向，全省参与冰雪运动项目的人数甚至超过3000万人次，而东北三省在此过程中为冰雪运动项目提供持久性支持，在冰雪运动场地的规划、项目的普及推广以及项目竞技优化等方面都提出了专门要求。在开展场地规划工作中，吉林省在公共体育设施的规划以及建设方面给予了高度重视，并对滑冰场、冰球场以及滑雪场的建设给予相应的资金扶持，为全面带来更好的冰雪建设体验，黑龙江省进行了冰雪运动项目重点建设和改造工程；辽宁省积极调动社会群众参与冰雪运动场地的兴趣，并且不断加大力度开展冰雪产业基地建设，从而充分满足了当地群众在冰雪运动场地方面的需求。

冬季冰雪运动项目的推广方面，黑龙江省将自身的地缘优势充分发挥出来，并且加强了当地地理环境以及自然资源的合理利用，主要目的是更好地调动群众参与冰雪活动的积极性，围绕冰雪运动构建具有群众性的冰雪系列活动品牌，打造的群众冰雪品牌更具特色性，使其知名度得到更大程度的扩展。吉林省在实践工作中推出了"玩冰踏雪、健康吉林"系列性的冰雪体育活动，针对冰雪运动的推广专门制订相应计划，还构建了较为完善的冰雪健身专家智库，促使各级社会体育指导员自身作用得到充分发挥，使群众冰雪运动项目的普及率得到整体上的提升，并围绕群众冰雪项目打造精品赛事。经济项目的优化布局方面，不断发挥冰雪体育在强省方面的作用，积极实现项目结构优化，保持竞技体育发展的均衡性。并且，很多专家针对冰雪运动发展政策开展深入研究。徐向前等人基于政策工具、发展主体以及实施领域几个角度，针对冰雪运动相关政策专门构建了相应的三维分析框架，并且加强了内容分析法的应用，对传统冰雪运动相关政策文本展开更为深入的分析和探究[①]。评估冰雪运动发展规划基于政策工具、实施领域中存在的缺失以及冲突情况，并将此作为基础提出了相应的政策建议，为冰雪运动政策的进一步优化奠定了坚实基础。唐杨洋等人通过对文献资料法以及数据地图分析法等的应用，针对传统冰雪运动的政策发布主体以及发展趋势等进行了深入分析，根据最终分析结果判断出冰雪运动政策的发展在从中央向地方逐渐扩散，东西部之间的发展存在较为显著的差异，产业化进程的推进速度也在不断加快。

二、社会团体情况

（一）传统冰雪运动项目的社会团体现实情况

1. 社会团体开展状况

黑、吉、辽、新疆、内蒙古5省的传统冰雪运动项目是社会团体体育运动状况的真实写照和象征，其中也涵盖着丰富的民族文化。针对5省社会团体的传统冰雪运动项目情况进行深入分析，有利于传统冰雪运动获得更深层次的发展，对促进冰雪经济发展同样具有积极意义。我国的传统冰雪运动项目多种多样，不同的传统冰雪运动项目自身也具有相应的民族特色，在发展过程中呈现出如下特点：首先，从社会团体传统冰雪运动项目的开展情况来看，当前，5省开展比较广泛的传统冰雪运动项目主要有雪爬犁、跑冰鞋、冰陀螺以及滑冰车等；其次，传统冰雪运动的发展和传承是现阶段冰雪运动

①徐向前，秦海波，李雪梅，等.基于三维政策工具框架的中国冰雪运动发展规划研究[J].沈阳体育学院学报，2019，38（2）：8.

项目开展的一个重要基础，从推动方来看，主要是传统的少数民族团体，高校也是促进传统冰雪运动项目发展以及继承的重要动力；第三，从传统冰雪运动项目开展的时间情况来看，有较多的传统冰雪运动项目拥有比较悠久的发展历史。例如，跑冰鞋、冰爬犁等传统冰雪运动项目可以追溯到清朝年间。在冰雪经济快速发展背景下，传统冰雪运动项目在现阶段得到了广泛关注，有非常多的冰雪爱好者和社会团体积极参与到传统冰雪运动的推广和发扬工作中，极大地促进了传统冰雪运动的发展和进步。

2.传统冰雪运动项目社会团体比赛情况

传统冰雪运动项目社会团体赛事活动的举办除了有利于促进传统冰雪文化的宣传，还能充分地满足当前时代背景下社会团体多元化需求。通过研究和分析相关文献，加之对相关电子资料的查阅，能够了解到传统冰雪运动项目社会团体举办的种类呈现出多样化的发展态势。传统冰雪运动赛事表现出了比较明显的多样化特点，从最初的赛事项目单一化不断地转化成当前的赛事内容多样化。并且，传统冰雪运动项目赛事在近年来的开展更为广泛，针对此种现状存在的原因进行深入分析，这和冬奥会发展政策、社会环境等背景的推动之间存在着非常密切的联系。传统冰雪运动社会团体的赛事举办，为传统冰雪运动发展赛事平台的优化和完善提供了重要支撑，极大地调动了社会团体参与传统冰雪运动的兴趣，从而形成了相应的传统冰雪运动规模效应，这对提高社会团体的传统冰雪运动水平是非常有利的。

3.传统冰雪运动项目场所情况

由于外在环境条件的限制，传统冰雪运动项目场所通常会依靠自然环境来不断挖掘。比如，吉林省在冬季期间传统冰雪运动项目的开展，主要依靠自然环境，比如，在南湖公园、伊通河以及友谊公园等自然冰面划区域设定运动场所，开展雪爬犁、抽冰尜等冰雪项目，场地的环境相对简陋，室内的相关基础设施也比较简陋。所以，现阶段传统冰雪运动项目发展存在问题不仅和自然环境的限制存在密切联系，也包含了传统冰雪运动场地发展的不足，数量和水平也相对较低。例如，吉林省围绕长春市方圆100公里仅有20余个传统冰雪运动场所，足以表明我国传统冰雪运动场地比较少的情况。运动场所数量并不能够充分满足社会团体需求，对传统冰雪运动的发展造成一定限制。传统冰雪运动项目场地为社会团体的供给规模和供给质量水平相对较低，和现代冰雪运动场地存在较为明显的差异，对传统冰雪运动的推广以及发展造成相应阻碍。

（二）传统冰雪运动项目社会团体开展的问题

1. 传统冰雪运动项目社会团体开展问题

传统冰雪运动在黑、吉、辽、新疆、内蒙古5省冰雪运动中占据非常重要的地位，对于我国冰雪项目来说，在奥运会上的成绩排名并没有处在前列，但却拥有较长的历史溯源。冰雪运动作为社会团体的一种传统娱乐活动，在各地区表现出的形式也不一样，因此，传统冰雪运动的社会团体情况具有较为明显的地域性。针对传统冰雪运动当前开展状况进行深入分析，结合相关研究能够了解到，社会团体开展的传统冰雪运动项目在传承性和地域性等方面的特点较为明显，在发展历程中一直沿用传统的项目规划，导致社会团体开展的传统冰雪运动项目失去相应保障，对传统冰雪运动开展规则进行细化对促进传统冰雪运动项目的发展来说具有积极意义。

目前，社会团体对传统冰雪运动项目的开展缺乏足够的认知，一些地方社会团体开展的冰雪项目缺少地方性的协会以及政府部门的统筹安排。例如，从黑龙江省传统冰雪运动项目开展的实际情况来看，所开展的传统冰雪运动项目与当前的体育赛事相比，在项目设置方面并没有做出较大调整，导致相关比赛的开展主要以赛事组织为主，在组织过程中往往会存在诸多问题。例如，一些体育赛事中，组织者往往会通过一种较为统一的方式进行比赛项目设置，导致传统冰雪运动项目在开展过程中缺乏相应的规则依据，影响传统冰雪运动项目在开展过程中表现出的传承性和地域性特点。因此，在对传统冰雪运动项目的开展进行规则细化时，相关部门应该给予重视。

最后，传统冰雪运动缺少推广性，社会团体开展的冰雪项目通常会将娱乐作为最终目的，促使社会团体的文娱生活进一步丰富化，然而一些地方政府部门在传统冰雪运动项目的开展价值方面并没有一个充分的认知，在实际开展传统冰雪运动项目过程中未对项目进行统筹规划，也没有针对其制定专门的规范制度，导致传统冰雪运动项目缺乏足够的推广性。

2. 传统冰雪运动项目社会团体比赛问题

开展传统冰雪运动项目最终目的是实现人们文娱生活的丰富化，促使群众幸福指数得到提高，通过采用比赛形式进行传统冰雪运动项目的推广和传承。然而当前社会团体传统冰雪运动项目专门成立项目协会的情况并不常见，在项目开展过程中没有相应的统筹安排或者财政支持。所以，传统冰雪运动项目比赛也没有足够的群众和财政作为支持。首先，传统冰雪运动开展在季节性方面的特征表现比较明显，雪季相对较短，地方社会团体组织的传统冰雪运动项目不具有周期性的比赛制度安排，也缺少年度的传统冰雪运动项目举办；其次，社会团体开展的传统冰雪运动赛事一定不能缺少足够的资金赞助以及政策支撑，地方政府部门应将传统冰雪运动项目赛事的举办合理规划到年度财政预算中；最后，社会团体传统冰雪运动项目并没有专业人员对其进行指导，项目为保证顺利开展，需要专业人员作为重要的推动力，以及专业的赛事规划和推广。传统冰雪运动拥有足够的群众基础，是社会团体开展传统冰雪运动赛事活动的一个重要前提。

3. 传统冰雪运动项目社会团体开展场所问题

在传统冰雪运动的场地设施方面，传统冰雪运动同样存在不足。首先，自然条件限制。社会团体对传统冰雪运动项目的开展在自然条件、地理气候等方面都有专门的要求，项目开展的冰雪场地也有专门标准，通常会将室外自然环境作为依托，实现天然冰雪场地条件的有效利用来开展冰雪运动。近年来，科学技术快速发展背景下，人们生活水平得到大幅度提升，室内冰场、雪场也相继建成，但其门票的价格相对较高，雪具和冰具的租赁也需要高昂成本，导致许多人望而却步。其次，社会团体的消费意愿限制。参与社会团体自身的消费水平普遍较低，并不具有较强的消费观念，导致传统冰雪运动项目的开展场地主要为室外自然环境以及自然冰场，对社会团体参与冰雪运动的热情造成较为严重的限制，也对室内传统冰雪运动项目场所的建设造成阻碍，成为影响社会团体参与传统冰雪运动项目的一个关键性因素。

三、冰雪文化发展

东北三省是我国最早开展冰雪运动的省份，也是我国冰雪产业发展最为成熟的地区，在冰雪文化方面有着深厚的历史文化底蕴。吉林省作为东北地区的主要省份，历史底蕴更为丰富，早在汉代就已经出现了吉林乌拉古城，随着清朝时期人口不断增加，吉林地区的冰雪运动也有了进一步发展。辽宁省也是东北地区的重要省份，冰雪文化发展历史更为悠久，在我国冰雪产业中占据着重要地位。在东北的冬季，人们可以选择滑雪、滑冰等冬季运动项目进行活动。内蒙古是我国最大的草原牧区，冰雪文化发展也比较成熟。早在1972年，内蒙古就举办了第一届全国冬季运动会；2004年，内蒙古成功举办第一届全国少数民族传统体育运动会。这些大型活动极大促进了内蒙古自治区的冰雪产业发展。新疆是我国最大的陆地面积省级行政区，少数民族区域自治区，以及最大的国家级能源基地和国家重要交通枢纽，在冰雪运动上也有着深厚的历史底蕴。早在20世纪初就开展了滑雪运动，并于2015年成立了中国首个高山滑雪中心——"喀纳斯"高山滑雪场；2018年，举办了全国高山滑雪锦标赛；2020年，成功举办了新疆维吾尔自治区第十七届冬季运动会。

冰雪文化与地理环境之间存在着非常密切的联系，地理环境是文化创造的重要基础，使文化的发生、发展能够拥有更多的可能性和可塑性。黑龙江省是我国位置最北、气候最冷的省份，每年的冰冻期和降雪期长达4个月，正是这样的环境使该地区形成了具有特殊性的寒地奇妙景观，给地区人们带来相应障碍的同时也为地区创造了以冰雪为内容和载体的物质文化及精神文化，逐渐形成了传统冰雪文化，为人们创造更多的乐趣，实现人们和冰雪文化之间的交融。

（一）冰雪文化的生成以及发展

冰雪文化经过较长时间的发展，对发展历程进行划分，主要分成朴素冰雪文化、传统冰雪文化以及现代冰雪文化。在漫长的冬季，人们为满足生产和生存需求，每年需要花费较多时间和冰雪打交道，在经过多年的发展后，逐渐形成了较多的冰雪生活习俗和体现出冰雪特点的生活方式。朴素冰雪文化的发展历程其实比较漫长，也是比较简单的冰雪文化启蒙。

将朴素冰雪文化作为基础，传统冰雪文化也得到了演变和发展。传统冰雪文化不仅是对个人生存需求的自然天成，也是生活的重要需求，使其拥有更为深刻的意义，也进一步提高了冰雪文化内涵的广度。滑雪、滑冰以及冰灯等娱乐项目在朴素冰雪文化中占据了较高地位。比如，黑龙江省是一个民族文化风情较为浓郁的省份，也是多民族聚集的地区，各民族的生产、生活以及娱乐等都和冰雪文化之间存在着非常密切的联系。满族的冰雪文化具有较强的代表性，冰雪娱乐以及冰雪运动是冰雪文化中最具关键性的内容。满族冰雪娱乐和运动的习俗形式多种多样，包括冰滑子、冰车、跑冰鞋、花样滑冰等。并且，黑龙江省也是多元文化综合体，原著文化、移民文化等多种类型文化的有机融合，对其冰雪文化发展产生的影响非常深远。

朴素冰雪文化依靠个体生存会形成相应的生活习俗，而传统冰雪文化逐渐成为人们平时生活中强身健体以及娱乐嬉戏的一种生活方式，早已不能满足当前时代背景下人们日益增长的对美好生活的需要，实现艺术、体育、娱乐等多种元素有机融合的现代冰雪文化逐渐呈现在人们眼前。现代冰雪文化不仅需要拥有基于冰雪环境生长的人们生活习惯和风俗，还需要将冰雪风情以及民俗作为基础，逐渐挖掘更加适宜人们审美体验的一种艺术形式，也需要人们对冰雪文化的存在拥有相应的自觉意识，能够对冰雪文化表示足够的认同。基于冰雪文化形态的角度来说，现代冰雪文化不仅包含冰雪精神、冰雪物质以及冰雪制度等多种不同的元素，也需要突出展现人们勤俭质朴以及积极向上的乐观的精神状态，正是因为其有着粗犷豪放、沉雄博大的气魄，才逐渐拥有了当前更具吸纳性以及包容性的精神文化。

（二）冰雪文化的特色

无论哪一种文化形态，通常都拥有独特性的生存土壤与适宜成长、发展、成熟的条件。传统冰雪文化是基于特定区域和特定时间等形成的特定文化，具有比较独特的个性特征。一是地域性。拥有寒冷的气候以及丰富的水资源是形成冰雪文化的一个重要前提。时间层面上，冰雪能够划分为长年性冻结冰、季节性结冰两个种类。比如，黑龙江省的冰雪属于季节性，有着自然化属性，使这里形成了冰雪生态环境，为生命体供应了更特殊性的生存场所，使人和自然在互动过程中逐渐形成了独特性的文化形态，并与其他地域相比存在较为明显的不同。二是开拓性。由于处在高寒地带，气候寒冷，生存环境恶劣，给人们的生存和发展带来相应挑战，需要人们能拥有足够旺盛的生命力以及顽强的生命力，以及改造恶劣环境才能生存和发展，冰雪文化便拥有了相应的精神品质以及价值取向。三是创新性。冰雪文化经过长期以来的发展，在各个阶段都能够充分体现出人类征服自然以及改造自然的过程，促进冰雪文化不断上升和创新，使这种文化形态充分体现出人们的开拓精神以及创新意识。

四、冰雪产业发展

黑、吉、辽、新疆、内蒙古由于经济发展比较缓慢，冰雪运动产业的起步时间相对较晚，当前仍处在市场的启动阶段。在相关政策的引导和支持下，冰雪运动产业获得更为良好的发展机遇，参与冰雪运动项目的人口数量在不断增多，冰雪产业规模也得到了很大程度的扩张，逐渐成为较大的滑雪初级市场。就当前5省冰雪产业发展总体情况来看，已经拥有了相对完善的冰雪运动产业体系，包含了冰雪场地设施、冰雪旅游以及冰雪装备制造等。

（一）冰雪场馆发展现状

冰雪场馆业主要是以冰雪资源作为依托，为社会提供相应的冰雪运动、娱乐休闲等多样化服务，可以将其看作冰雪场馆机构与活动之间的集合。现阶段，我国冰雪场馆数量在不断增多，分布呈现出北多南少的态势，室内冰雪场馆逐渐成了当前投资界中的热点。从滑雪场的发展情况来看，2011年之后一直到北京申办冬奥会阶段，我国滑雪场数量平均每年比上一年增长了15%，各地区都积极开展了滑雪场的建设，并且伴随着冰雪场馆数量的不断增多，参与滑雪和滑冰的人次也在逐渐增长。

冰雪场馆的分布呈现出北多南少的特点。我国各区域都有一定数量的滑雪场馆分布，"三北"地区在其中占据主导地位，占比大于滑雪场总量的78%。将北方滑雪场与南方滑雪场进行对比，能够发现北方滑雪场在难度高、专业性强等方面的特点表现较为明显，并且面积和南方相比相对较大，雪季时间也相对较长。从冰雪场馆的总体发展情况来看，基于冰雪运动南展、西扩以及东进政策的促进作用，我国冰雪场馆业并不发达，地域的场馆建设步伐也越来越快，一些南方地区冰雪场馆建设速度的提高非常明显，场馆供给得到很大程度的提升。因为在天然条件方面存在一定的局限性，南方省市的室外冰雪场馆数量供给还不能充分满足冰雪运动项目大范围开展的需求，对冰雪运动的高效发展造成一定限制。所以，近年来，室内冰雪场馆的建设数量不断增多，成为冰雪运动项目发展过程中的重要态势，也是冰雪场馆业在未来发展的重要方向。截至目前，我国室内滑雪场馆数量高居世界首位，中国现有的室内雪场占据全世界的四分之一。并且，当前我国处于建设中的室内滑雪场也拥有14家。哈尔滨万达乐园是目前全球规模最大的室内滑雪馆，建筑面积达到80000平方米。从室内冰场的总体发展情况来看，由于"滑冰热""冰球热"和城市商业地产等因素的深远影响，我国室内滑冰场的增速在不断加快，逐渐发展成冰上运动场馆建设的重要趋势。

（二）冰雪设备制造发展状况

冰雪设备主要划分成上行设施和场地设施，上行设施主要包含索道、拖牵以及魔毯，场地设施涉及造雪机、压雪机、制冰机等。我国冰雪设备制造业发展起步时间相对较晚，现有品牌和国外品牌相比存在较大差距，但我国现阶段冰雪场馆的数量在不断增多，冰雪产业链上游设备制造业市场需求以及市场规模也在逐渐扩大。现阶段，黑、吉、辽、新疆、内蒙古冰雪设备制造业的市场需求不断提高，冰雪场馆的相关设备、设施的数量也在逐渐增多，国内的造雪机和压雪机的数量也在不断增多。

1. 东北三省地区

东北地区冰雪设备制造业发展起步较晚，如今吉林已经成为我国东北地区冰雪设备制造业发展的中心，包括长春的北方冰上运动中心、长春亚泰冰雪小镇等。由于吉林距离南方较远，而且纬度相对较高，气候相对干燥、寒冷，使当地冰雪运动的开展受到一定影响，但吉林地区冰雪运动的发展还是比较快速的。其中，长白山滑雪场是吉林地区冰雪运动开展的重要场所，此外，还有长白山国际滑雪场、松花湖国际滑雪场等。

吉林地区已经形成了以吉林、黑龙江两省为中心的冰雪装备制造业发展体系。目前，在吉林地区建立的冰雪装备制造业企业主要包括长春北方冰上运动中心、长春亚泰冰雪小镇、长春世博园冰雪运动基地等。长春北方冰上运动中心是我国第一家建成运营的专业滑雪场馆，占地面积3000余亩，建筑面积约为13万平方米。长春市亚布力体育产业园区内建设雪上项目基地、雪地摩托、冰上拓展、轮滑等项目。另外，吉林市丰满区还建立了国内首家户外冰场——国家雪车雪橇中心冰场。

2. 新疆地区

新疆地区冬季气候寒冷且干燥，但具有独特的自然风光和旅游资源优势。由于在冬季平均气温在零下16摄氏度左右，新疆地区雪场较多，各地区也针对不同场地规划了不同的滑雪场。例如，阿勒泰地区的雪场主要分布在北部，包括白哈巴、可可托海、富蕴、阿勒泰等滑雪场；北疆地区主要分布在东部和南部，喀纳斯南疆地区以喀什为中心，包括库车、和田等滑雪场。新疆天山天池国际滑雪场是亚洲最大的室内滑雪场之一，也是目前中国滑雪协会认证的甲级滑雪场。阿勒泰地区富蕴县亚丁旅游开发有限公司是一家集滑雪、雪上运动、森林探险、冰川探险、滑雪运动休闲等为一体的综合性旅游开发企业。

3.内蒙古地区

内蒙古地处我国北方，冬季寒冷干燥，冰雪资源丰富，发展冰雪产业有着得天独厚的优势。其冰雪装备制造业开始较晚，目前还处于起步阶段。内蒙古冰上运动器材制造业主要以生产单双杠、滑冰车、滑翔机、雪地摩托等小型雪上运动器材为主，虽然起步较晚，但发展迅速，规模不断壮大。从2002年开始，内蒙古冰上运动器材制造业在全国范围内逐渐发展起来，成为国内重要的雪上运动器材制造基地之一，在国家有关部门和自治区的大力支持下，已初具规模，拥有一批有实力的企业，具备了较强的生产规模和生产能力。

内蒙古自治区是全国最大的羊绒制品生产基地之一。随着国民经济发展和人民生活水平的提高，近年来冰雪运动也得到了快速发展，为加快冰雪产业发展，增强冰雪装备制造业核心竞争力，自治区高度重视冰雪产业发展并工作，出台一系列政策措施，为大力推进冰雪产业发展提供了有力保障。近年来，自治区体育局联合自治区旅游局出台了《关于加快我区冰雪产业发展的意见》《关于支持冰雪项目运动场地建设和体育赛事活动的通知》等文件，从政策上大力支持冰雪产业发展。

第二节 西北、华北其余省份冰雪运动发展情况

一、政策导向情况

（一）西北、华北其余省份冰雪运动政策基本情况

1.政策数量

2015年，我国申办冬奥成功，与冰雪运动相关的政策也步入奥运周期。为实现冰雪运动的进一步普及，为冰雪运动项目的开展奠定坚实的群众基础，

更好地满足当前人们在体育方面的多样化需求，国家围绕冰雪运动专门出台了一系列发展政策。河北省作为2022年北京冬奥会雪上项目的主要承办地，在备战方面肩负着非常重要的责任，进行冰雪运动的普及是非常有必要的。因此，河北省为响应国家号召积极出台了一系列冰雪运动政策。

对西北、华北其余省份的冰雪运动政策展开相应的划分，主要将其分成全国性、省级以及地级市几种类型的冰雪运动政策。河北省围绕冰雪运动出台的政策有39个，其中省级政策47个，全国性冰雪运动政策有8个。河北省对冰雪产业发展给予了高度重视，围绕冰雪产业发展出台的冰雪运动政策13个，政策数量在集中性方面的特点表现比较突出。此外，河北省冰雪运动比较发达的城市出台政策数量一定程度上高于冰雪运动相对落后的城市，数量方面有着比较明显的阶梯性特点。比如，张家口市的冰雪运动发展起步时间较早，在冰雪运动发展方面的重视度较高，市政府早在2016年便积极响应河北省号召，相继出台一系列冰雪运动政策，并选择适宜的时间进行冰雪运动政策的发布。

2.政策种类

以河北省为例，对我国西北、华北省份的冰雪运动政策展开相应统计和梳理，根据国家的相关规定和要求，我国公文种类主要涵盖了命令、决定、决议、公告、公报、通告、通知、通报、议案、报告、请示、批复、意见、函、纪要共15种。其中，包含2个措施类政策。河北省的"意见"类政策数量与其他类政策数量相比相对较多，在场景范围比较宽泛的情况下应用更具适宜性，在行政工作中的应用比较广泛，并且应用频率比较高，拥有比较明显的高度专项性特点，可以在指导和规范等方面发挥显著作用；"办法""方案""要点"等类型的冰雪运动政策的贯彻和落实要更加容易一些，对工作开展约束性较强的政策数量比较少，河北省冰雪运动政策中包含的"方案"类文种只有8个。所以，从发文种类维度上来说，河北省冰雪运动政策整体的规范指导作用更为突出，但实操性还存在一定的不足，需要在后续进行逐步优化。

3.政策类型

根据河北省冰雪运动相关政策内容总体情况，将政策涵盖内容作为依据对其进行相应划分和研究，能够将其划分成群众性冰雪运动的普及、冰雪运动场馆建设以及冰雪产业发展等多个方面。河北省自申奥成功以来，出台的冰雪运动相关政策是为了实现群众性冰雪运动的普及，普及群众性冰雪运动政策数量占总数的四分之三，可以看出河北省对群众性冰雪运动的重视度。因此，在实践工作中该省的冰雪运动政策出台和政策导向坚持"以人为本"的原则，将全面建设作为政策出台的重要理念，充分体现出人民的主体地位。

青少年是群众性冰雪运动普及的主要目标之一，目前河北省各个学校积极贯彻"冰雪进校园"政策，对促进群众性冰雪运动的普及和发展具有重要意义。其次，冰雪运动场馆建设方面的政策数量比重仅次于群众性冰雪运动普及政策数量。目前，河北省冰雪场地存在的供需矛盾越来越明显，为了实现冰雪场地设施数量的进一步扩张，为冰雪运动的基础性条件提供保障，河北省在冰雪场馆建设方面同样给予了较高重视。我国体育产业在国民经济中发挥的作用不容小觑，而冰雪产业在体育产业中占据非常重要的地位，积极推动冰雪产业发展，对促进河北省产业结构的优化以及推动该省社会经济的发展具有重要意义。伴随着国家经济体制的改革，冰雪运动相关政策也逐渐回归人民。所以，西北、华北省份的冰雪运动政策在"多手抓"方面的特点表现也较为突出。

（二）西北、华北其余省份冰雪运动政策主体分析

政策主体是直接性或间接性地参与政策制定、政策执行和政策评估工作的个体、团体或者组织。根据实践研究以及对河北省冰雪运动政策进行全面搜集和整理后，能发现在申奥成功后，参与河北省冰雪运动政策制定的主体呈现出多样化特点，对政策的制定和出台主要是由多部门联合发文。冰雪运动的普及工程具有较强的复杂性和系统性，采用多部门联合发文方式能体现冰雪运动在多个领域交叉发展方面的重要性，也可以看出当前冰雪运动发展已经获得了中央以及地方等多个部门的重视。从河北省冰雪运动政策主体情况来看，其主要是由政府体育部门作为主导，在此方面存在较为明显的公众缺失情况。政府部门一般采用座谈会的形式来吸纳公众提出的建议和意见，公众直接参与政府政策的渠道相对较窄，其代表的广泛程度也不够，在实际工作中往往会出现走形式的现象。所以，现有的政策通常不能够充分体现一般大众的看法。公众在冰雪运动政策方面拥有的专业知识储备不够，认知存在一定不足，使公众无法在政策中获得主体地位。

（三）西北、华北其余省份冰雪运动政策环境分析

政策环境主要是对政策的制定或者实施产生影响的自然条件和社会条件。针对西北、华北省份政策导向开展研究工作，做好政策环境分析也是非常有必要的。

在自然环境方面，自然条件对冰雪运动的开展产生的影响较大。冰雪运动资源和冰雪运动项目开展质量比较容易受到自然环境的干预和限制，包括地理位置、地貌地形因素等。一直以来，河北省冰雪运动都是弱项，在自然条件方面并不具有较大优势。以河北省为代表的华北地区，属于季风气候，冬季天气比较寒冷和干燥，风力较大，会对冰雪运动产生很大影响。河北省每年的雨雪比较稀少，与其他北方地区进行对比，冬季降雪量方面存在严重不足，通常会依靠人工降雪方式，对河北省冰雪运动的发展造成相应阻碍。但从地貌角度来说，河北省的地貌具有较强的多样性和复杂性，在太行山与燕山中间间隔，内含多种多样的地貌，包括高原、山地、丘陵等，为该省冰雪运动的发展提供比较充裕的冰雪自然资源，奠定了坚实的自然资源基础。

场地资源是冰雪运动发展的重要前提。东北地区作为我国的冰雪运动基地，老牌冰雪运动强省集聚，有着较高的维度，拥有传统冰雪场的数量相对较大，在气候方面具有天然的优势。例如，莲花山、长白山等山脉为地区冰雪运动的发展供应比较充足的冰雪场地。河北省等华北地区的纬度低，只有部分地区的冬季时间能达到5—6个月。例如，张家口市处在山区，森林资源比较丰富，是比较典型的资源型山区，拥有较为特殊的山形地貌，当地的冰雪运动发展也拥有了比较适宜的小气候，与其周边地区相比，每年的平均降雪量相对较高，每年降雪期甚至超过150天，降雪质量较高，并且地区的风速较为适宜，不会对冰雪运动产生过多影响。总体上看，该地区在冰雪运动发展方面拥有着较为坚实的自然条件基础，已经成为华北地区最具理想性和适宜性的天然滑雪区域。河北省结冰期相对较短，在冰上项目发展过程中容易受到相应阻碍，伴随着全球变暖，冬季气温逐年上升，给河北省等华北地区省份户外滑冰项目的发展增加了较大难度。承德市冰上运动项目呈现出良好的发展态势。早期，承德市属于河北省冰上旅游活动开发最好的城市，冬季的气温比较寒冷，并且承德市水面比较大，拥有丰富的天然冰上资源。无论处于哪个季节，避暑山庄的人流量都很大，特别体现为夏季避暑和冬季湖

面结冰。武烈河流经承德市，每年冬季都会形成厚度较大的冰面，便有专门人员开发冰场，为来往市民提供娱乐服务，还会定期对冰面进行维护工作，包括浇干冰和填冰灯，给来往游客提供更为良好的滑冰体验，并且场边还有相应的冰车、冰鞋租赁服务。

2015年申办冬奥成功后，华北地区逐渐成为我国冰场的重要聚集地，人们通过采用合理化手段弥补自然资源方面的不足。比如，每逢冬季，学校会使用校园内部空地开展盖浇运动场地建设工作，还有一些人员会通过应用现代先进科学技术来建设人造滑冰馆、气模滑冰馆，甚至打造移动冰场、仿真冰场。

在社会经济环境方面，基于申办冬奥成功背景，国家在冰雪运动方面的政策倾斜也变得更加明显，为河北省等西北、华北地区的冰雪运动发展创造了更为良好的机遇。河北省的地理位置优越性越来越高，环抱我国的首都北京，东部和天津毗连，处在渤海湾的中心部位。"京津冀协同发展战略""雄安新区"建设等政策的贯彻和落实，对推动河北省发展具有非常积极的意义，冬奥效应对河北省产生的辐射作用较大，很大程度上加快了河北省社会经济发展速度。近年来，河北省经济实力与上一年相比都得到了明显提升，从整体上提高了河北省人民的生活质量。此外，河北省体育产业同样呈现出良好的发展态势。国务院印发46号文为河北省体育产业的发展创造了良好机遇，河北省在发展过程中紧紧抓住机遇，并于2017年围绕体育产业成立了相应协会，基于冬奥效应的辐射作用，使冰雪体育服务业以迅猛速度发展，冰雪旅游吸引大批游客，各种类型的冰雪活动赛事相继举办。目前，河北省生产总值仍在不断上升，人均的可支配收入也在不断增加，说明了人民生活质量得到提升，而冰雪运动作为当前时代背景下的一种新兴户外休闲活动，更进一步满足了人们对生活的多样化需求。

二、社会团体情况

（一）社会冰雪运动参与人数提升

以河北省作为出发点，对西北、华北省份的冰雪运动社会团体情况进行研究表明，基于冰雪运动政策的引导，该省冰雪活动赛事以及参与人次在逐年增多。2014年，河北省参与冰雪运动的人员数量只有150万左右，虽然和上一年相比有所增长，但冰雪运动的参与度明显低于夏季运动的参与度。近年来，冰雪运动相关政策的支持很大程度地调动了社会团体参与冰雪运动的积极性，冰雪运动参与人数逐渐上升。西北、华北省份将省级冰雪运动会作为引擎，为积极响应政策号召，各地政府部门、企业以及高校相继组织冰雪运动会，实现冰雪运动项目的多点开花。冰雪进校园活动同样对各省冰雪运动的广泛开展提供强有力的支撑，也正在规范和有序地推进。其中，河北省奥林匹克示范学校的大力建设，对激发社会团体普及冰雪运动具有积极意义，还有效地调动了社会团体的积极和主动态度，以更加饱满的热情加入冰雪运动项目开展过程中。另外，各地区的社会团体相继开发了一系列冰雪特色活动，给全省营造了良好的冰雪运动氛围。河北省组织的相关标志性品牌活动的开展规模、项目种类以及覆盖范围等都在不断升级和优化，和冰雪运动各方面之间都存在着非常密切的联系，具有非常强大的影响力。体育竞赛是推动冰雪运动发展过程中非常关键性的因素，在推动河北省冰雪运动发展方面发挥的作用不容小觑，河北省社会团体冰雪运动发展的重要体现就是社会团体积极组织冰雪项目赛事，其中也包含了一定数量的国家级赛事，包括2016年的自由式滑雪雪上技巧全国锦标赛、全国单板滑雪项目平行锦标赛，2018年的全国单板滑雪U型场地锦标赛暨U18青少年锦标赛以及河北省青少年单板滑雪平行项目和高山滑雪锦标赛等。

目前，河北省在冰雪运动方面专门成立了相应的省级协会，即河北省冰雪运动协会，其基础是河北省滑雪协会，从而为冬季各类项目的发展奠定坚实基础。冰雪运动协会是有组织的群众性体育社团，该组织和人民群众之间的联系非常密切，可以将冰雪运动协会看作是人民群众和政府之间联系的桥梁，能够与政府部门展开协调配合，提高冰雪运动发展的规范性。省内各级协会呈现出全覆盖的发展态势，对提高冰雪运动项目人才培养效果以及促进冰雪运动赛事的推广来说具有重要意义，能实现多方冰雪运动资料的有效整合，帮助在更短的时间内构建成熟完善的人才梯队以及选材体系，通过合力形成完善的人才培养体系，为冰雪项目运动员的培养提供重要支撑；其同样可以为社会团体提供培训、交流以及对外联络等多样化服务，更有利于提高大众对冰雪运动的兴趣，促使冰雪运动基础得到进一步增强，为群众开展冰雪运动相关知识的普及工作，营造更加适宜的冰雪环境以及社会氛围，提高全省冰雪运动的影响力，推动西北、华北省份冰雪运动的长久性发展。

（二）冰雪运动社会体育指导员数量多

从河北省社会团体的冰雪运动总体情况来看，基于相关政策的引导和支撑，该省冰雪运动社会体育指导员的数量在不断增多，并且增长幅度相对较大。冰雪运动社会体育指导员可以通过培训上岗，从多个角度出发为省内冰雪运动的贯彻和普及提供支撑，可以进一步增强河北省冰雪人才储备，实现冰雪运动相关专业知识的普及，促使冰雪运动人口得到进一步扩大。冰雪运动社会体育指导是促进河北省冰雪运动发展的重要支撑力。

2016年开始，河北省体育局在冰雪运动社会体育指导员的培训方面给予了高度重视，围绕此方面工作专门制订了合理可行的培训计划。培训人员需要明确自身的职责和义务，在平时生活中积极开展学习，不断提高自身的冰雪项目技能以及专业知识储备，还需要拥有足够的指导他人的能力。培训所使用的课程，主要划分成技术课以及理论课，同理论课相比，技术课的培训时间相对较长，以培训人员自身的基础情况作为依据有针对性地开展教学，即实施分类教学，教授冰雪运动的相关基础性动作。在理论课上，更多的是教师为培训人员进行冰雪运动专业技术动作、装备以及评分等相关专业知识的讲解。经过不断地发展，河北省的冰雪运动项目培训对象无论是数量、构成还是课程设置，都得到了相应的扩张以及优化，培训人员构成越来越丰富化，包含了较多的大学师生、中学师生、企业员工、社区居民等，并对分类教学的重视度较高，滑冰和滑雪等技能掌握要求"专"和"精"。总之，冰雪运动社会体育指导员在大幅度提高冰雪运动省内普及度方面发挥着不容小觑的作用。

三、冰雪文化发展

2022年，河北省冰雪产业发展大会在石家庄举办，充分彰显了冰雪魅力，并且提倡冰雪旅游推广。在北京冬奥会的支撑下，河北省打造了更具特色的冰雪发展道路，冰雪文化也获得很大程度的发展，不仅向冰雪产业大省以及冰雪运动强省大步迈进，也逐渐成为冰雪装备以及文化旅游大省。在后冬奥遗产以及擦亮冰雪品牌过程中，河北省逐渐释放冬奥溢出效应，冰雪旅游产品和服务、冰雪品牌的知名度以及美誉度也得到进一步提升。河北省文化旅游厅表示，在北京冬奥会以及冬残奥会成功举办的推动作用下，河北省的冰雪文化得到了进一步发展，变得更加多元化和多彩化。河北省的张家口和承德等地区山峦起伏并且森林茂密，每年冬季的降雪量相对较大，冰雪存雪期比较长，经过长期发展已经拥有较为悠久的冰雪历史文化。因此，河北省不仅是我国拥有明显优势的滑雪地域，同时也是河北省冰雪旅游发展的关键性地区。

根据相关调查研究表明，河北省的张家口市不仅积极打造冬奥文化体验之旅和冰雪运动之旅，还在天路冬游线路的策划方面给予了较高重视，以库伦淖尔旅游度假区和张北塞那都冰天雪地为结合点，开展了一系列的冰天雪地旅游活动。游客可以在"天路"民俗村里，感受到雪中扭歌、舞狮、划船的乐趣，还可以与当地居民一起蒸年糕、搓麻花，体验当地美食。承德别墅区是皇家林园，从远古时代起就一直保持着玩冰球的习惯。

太行山是河北境内旅游的主要目的地，也是河北冬季旅游的主要目的地。在爬山的过程中，可以看到漂亮的景色。比如，冰瀑。在群山环绕和皑皑白雪中享受冰天雪地的快乐，是许多旅游者的首选。石家庄的沕沕水景区创造了一个水晶般透明的瀑布世界，夜间还有一项"冰灯之夜"活动，使冬季旅游越来越成了河北的亮点。如何借助冬奥会的东风，把"后奥运会"的经济发展壮大起来，成为冬奥会举办城市面临的重大问题。从这一年开始，崇明区主动参与京张运动文化旅游线的构建，与各有关单位进行沟通，开始策划每年的品牌活动。此外，河北省与国际雪联和中国滑雪协会联系，举办国际、国内顶级冰雪比赛，为国内和国际冰雪项目提供专门的培训服务，形成国际顶级冰雪比赛的集聚地。张家口市文广和旅游局的有关人士透露，在崇礼区不仅要解决广大群众的滑雪问题，还将开展一项新的运动项目，以比赛后的观光化发展为核心、比赛为牵引，锁定客源，提升消费水平。今年的新雪季，崇礼文体旅游活动近100个，包括河北省冰雪联赛的主办，即精英滑雪联赛、全国高山滑雪邀请赛等等。

四、冰雪产业发展

（一）冰雪场馆数量增多，设施逐渐完善

基于多项政策的激励和引导，河北省建设完成的滑雪场馆有100余家，滑冰场200余座，冰雪场馆的总量已经领先于国内其他省份。为了给冬奥会海量人流的迎接工作奠定坚实基础，河北省现有的滑雪场相关设施也在逐步升级和优化。2015年，河北省成功申办冬奥会，使冰雪运动在关内迈出了一大步，在冰雪运动的普及方面也肩负着非常重大的责任。拥有足够的冰雪运动场地和设施是顺利开展冰雪运动项目的重要前提。河北省在进行冰雪运动推广工作中，面临的关键性问题就是"去哪儿滑"。塞北滑雪场是华北地区首家民营滑雪场，早在1995年建设完成，主要采用"背雪建滑道"方式。经过20多年的发展后，河北省和以往相比出现了明显变化，省内滑雪场的数量在不断增多，已经处于全国领先地位。为缓解滑冰馆不足方面的问题，河北省围绕此方面专门出台相应政策，河北省体育局在滑冰场的建设方面给予高度重视，围绕滑冰场馆的建设专门组织相应会议，重点讨论冰雪场馆建设项目，并采用层层筛选方式。同时，还和石家庄、张家口、邢台等多个市及县区进行签约，在签约项目中包含多种类型的冰雪场馆。气膜冰场普及是其中非常重要的一项内容，对促进河北省冰雪场馆建设的高效开展具有重要意义。

河北省冰雪运动场馆相关基础性设施也在跟随时代发展步伐逐渐升级和优化，特别体现在滑雪场的建设方面。当前，河北省已经有较多的滑雪场开始加强相关基础性设施的规划以及建设，流入架空索道、压雪机、造雪机以及滑雪装备等。据调查统计，河北的四大滑雪场在全国滑雪场中处于前三梯队，其中以万龙滑雪场为代表的基础设施和服务要领先于国内的大部分滑雪场。2019年，河北省又有22家滑雪场架空索道投入实际应用中，建设完成冰雪投入实际使用中的架空索道数量是261条，其中包括脱挂式架空索道60条。脱挂式架空索道主要应用于滑雪运动中，更容易体现出雪场规模。云顶滑雪公园是冬奥会六大雪上项目承办地，将作为现有的场馆实施升级和完善，实现对赛场优势的充分利用，对滑雪场相关基础性设施以及配套设施进行整体升级和完善的基础上，还会根据云顶滑雪场实际需求对其开展微改造工作。另外，云顶现有滑雪道在国内也处于领先地位，有8条雪道已经完成国际雪联认证。

（二）冰雪产业集聚效应初现，获得阶段性成果

为充分把握冬奥契机，为冰雪产业发展提供充足动力，河北省围绕冰雪运动相继出台了一系列冰雪运动政策，可以看出河北省在冰雪产业发展方面的重视度。河北省围绕冰雪产业"2344"总体布局也在逐步推进，呈现出较为明显的集聚效应，获得了阶段性成果，特别是冰雪装备制造业的发展表现更

加显著。

河北省的冰雪运动经过几年的发展后，发展氛围变得更加浓厚，对冰雪产业市场的培育是非常有利的。将此作为基础，河北省的冰雪产业同样获得了相应的进步。例如，2017年，崇礼区的冰雪旅游影响力得到很大程度的提升，逐渐打造出了更为响亮的冰雪旅游名片。并且，许多大型活动赛事都选择在河北省开展，其中还包含了较多的国家级赛事，大大提高了冰雪竞赛和表演市场的活跃度。从实际情况来看，我国的冰雪装备器材和国外相比存在一定的差距，出于对此方面情况的考虑，以及国内冰雪装备逐渐旺盛的趋势，河北省对冰雪装备产业发展的重视度也越来越高。张家口市在实际工作中加大力度引进相对较多的冰雪装备制造企业，积极促进集研发、制造、交易以及服务一体化的冰雪装备产业园的构建。河北省廊坊市加大力度吸引国内外知名度较高的冰雪装备企业落户，也主要依靠廊坊市在区位方面具备的优势。

2018年，河北省冰雪装备产业的规模开始更加具体，生产冰雪装备的企业数量在10家左右。在发展过程中，河北省也逐渐形成了"一核、两区、三带"冰雪服务发展框架，基本形成比较完善的冰雪运动全产业链，包含冰雪运动培训、科研、装备制造以及设计等多种类型的项目。张家口市伴随着河北省冰雪产业的发展，在近年来已经有很多知名度较高的冰雪装备企业落户，包括美国卡沃斯公司、道沃等，并且张家口市也相继收到多方意向投资，签约的冰雪产业项目数量也在不断增多，其中包括冰雪装备制造项目、冰雪现代服务项目、冰雪运动培训项目、冰雪科学研究项目、冰雪文化旅游项目。

第三节 南方省份冰雪运动发展情况

一、政策导向情况

近年来，国家出台一系列有关发展冰雪项目的政策，使其在国内得到了广泛应用，这一变化，让我们看到了从"冷资源"到"热经济"的转换。在一些省份和地区，冰雪项目更是出现了"井喷式"增长。各省市要发展冰雪运动，就必须有国家的政策扶持和指导，制定符合当地地方性政策来促进当地的冰雪运动发展。各地制订的有关冰雪活动的相关政策，不仅是实施国家冰雪活动的基本保证，也是加速地区冰雪活动发展进程中不可缺少的推动因子。国家对冰雪运动的大力扶持，对冰雪运动的推广、普及和快速发展也是有利的。甘肃省发布的《甘肃体育发展"十四五"规划》提出，要大力发展冰雪运动，以国家为主引导和支持冰雪运动场馆的兴建，支持冰雪运动培训机构的开办，并积极开展与冰雪运动有关的比赛活动[①]，鼓励有条件的地方，充分发挥其天然优势，进行综合雪场建设。到2025年，要在省内建立超过40个大型滑雪胜地。在一些资源丰富的地方，比如，兰州和河西，大力发展一些有自己特点的运动，比如，冰雪、徒步和骑行等。在甘肃省2020年度计划中，提出要举办青少年越野滑雪等活动，并在全省范围内举办10次以上的大型赛事；对社会指导员和裁判员进行了训练，并与省教育厅共同开展"冰上体育"活动。在国家和地区的大力扶持下，甘肃省每年有30多个大型群众冰上项目，参赛人数达到150多万，还大力开展群众冰雪体育活动，成立了一支冬季两项竞赛队伍，共有50人参加。

自冬季奥运会成功举行后，我国政府相继发布了一系列有关冰雪运动和"北冰南展"的方针和措施，为冬季奥运会的成功举行奠定了基础。《"带动三亿人参与冰雪运动"实施纲要（2018—2022年）》和《关于以2022年北京冬奥会为契机大力发展冰雪运动的意见》均指出，在2020—2021年间，我国"南展西扩东进"的国家重大决策部署下，区域间的沟通合作成效显著，各地的冰雪运动已经在全国范围内广泛开展，参赛人员也有了显著增长。将国家冰雪运动的"北冰南展，西扩东进"的战略计划付诸实施，并积极推动全国冰雪体育活动的四季化发展，力争达到让全国三亿人参与到冰雪体育活动中来。

《2022年北京冬奥会参赛实施纲要》明确指出，要大力发展"南展西扩东进"的冬季冰雪项目，扩大冰雪项目的竞赛规模。南方地区发展得比较迟，所以福建省缺乏优秀的冰雪体育人员，大多数是以娱乐为主，但是从2015年以来，福建省已经进入到发展阶段，有数千名学员参加了冰雪项目的培训。在发展冰雪运动的过程中，要想让更多的人能更好地参加到这项运动中来，就必须创造出一种冰雪运动的气氛，并对其进行宣传和普及。

---

①韩勖勉.冰雪运动在甘肃高校中的发展现状研究［J］.冰雪体育创新研究，2022(6)：3.

《群众冬季运动推广普及计划（2016—2020年）》《冰雪运动发展规划（2016—2025年）》《冰雪旅游发展行动计划（2021—2023年）》中多次提到，要建设一批国家级、省级的冰雪休闲型旅游胜地，紧紧围绕"北冰南展西扩东进"的国家冰雪与体育产业总体布局，以京津冀地区为中心，东北、华北和西北三个区域的协同协作，南部多个区域的协同发展，推动建设京津——张辽地区冰雪休闲型文化生态旅游，突出冰雪资源的环境优势和民族冰雪文化特色，将其作为一个整体，充分发挥其对旅游消费的拉动作用。引导区县加大对冬季冰雪体育旅游相关基础设施的投资，提升旅游产品与服务水平，推动其建成具有健身休闲娱乐、竞技体育表演、体育竞技训练、文化旅游体验为一体的冬季体育旅游胜地。同时，加强对我国冰雪专项运动传统文化的宣传，并对重要赛事及活动的消息进行广泛传播，通过积极的宣传、指导促进省市更广泛、更深入地引导广大人民群众的参与，在实际工作中逐步养成一种通过群体冰雪项目或休闲冰雪竞技锻炼而来的良好的健身消费习惯、方法和科学、健康的消费理念。要利用好申办冬奥会、全国城市冬运会开幕式以及其他各种重大冰雪竞技项目带来的良好机遇，宣传、展示各种丰富多彩的大型冰雪户外体育活动，大力鼓励和扶持举办趣味横生的、以冰雪为题材和主要内容的、以传播为目的的文化艺术活动。

二、社会团体情况

（一）甘肃省社会团体冰雪运动参与度分析

甘肃省冰雪运动场地数量较少，冰上项目也比较少，共有7个室内外冰场、5个户外冰场、2个室内冰馆。甘肃省还有5个户外滑雪场地，其中3个为公共滑雪场地，可由旅游者自行挑选。松鸣岩滑雪胜地、乌鞘岭滑雪胜地和金昌南坝滑雪胜地的年客流相当大；张掖沼泽公园、嘉峪关东湖溜冰场都是免费的，参加溜冰的人员数量并没有准确可靠的统计；兰州体工二队的冰场主要比赛内容为花式溜冰、冰球，可供100名观众。通过对轮滑项目的调研发现，参加轮滑项目的人很少。因此，在滑冰项目中，以年轻人为主。甘肃省的滑冰俱乐部和冰球馆处于兰州新区，还没有向公众开放。甘肃省特定的滑雪胜地，旅游客流量与其所处的地理位置、旅游基础设施、冰雪文化氛围和旅游市场的发展状况密切相关，是一些滑雪胜地的代表。

2018年和2019年，兴隆山滑雪胜地接待游客分析是54000人次和56000人次；2018年，大青山滑雪胜地接待游客和2019年接待游客分别为50000和53000人次；松鸣岩滑雪胜地2018年和2019年分别接待60000和62000名游客……2018年和2019年，金昌南坝滑雪胜地接待游客12000人次和25000人次；2018年和2019年，乌鞘岭滑雪胜地接待28000名游客和32000名游客；2018年和2019年，黄河石林滑雪胜地接待27000名游客和35000名游客。金昌南坝滑雪场在2018年开放，所以目前旅游者比较多。兴隆山、大青山、松鸣岩、凤凰岭等滑雪场是最受欢迎的滑雪胜地。其原因是：（1）区位优越，具有高的消费层次。这3个城市均地处兰州市周边，具有大量的人员流动和众多的高等院校，具有很高的消费群体和消费层次；（2）营业时间早，配套较好。例如，兴隆山和大青山的滑雪胜地已经经营多年，松鸣岩和凤凰岭的也经营了5—6年；滑雪胜地的配套建设也相对完备。从2018年、2019年几个滑雪胜地的游客人数来看，甘肃省参加大众冰雪活动的人数呈现出逐年增长的态势。

（二）闽南地区冰雪运动社会团体情况

1.冰雪运动指导员情况

经对厦门冠军滑冰场的实地采访，发现目前共有7名滑雪教练，其中5名是北部地区的，仅2名是南部地区的。从北方过来的冰雪运动指导员都是之前参加过冰雪运动的运动员，而从南方过来的冰雪运动指导员则是在北方上大学后，对冰雪运动有所了解并产生了浓厚的兴趣，取得了相应的资格证。泉州冰世界共有4位冰球教练，3位来自北方，都持有相关的冰球教练资格证书。1人为南部地区的，未取得相关的冰雪运动指导员资格证，但由于自己对冰雪运动的喜爱，并经过了场地方面的训练，也具备了相关冰雪运动的基本知识，能够传授一些基本的滑冰技能。厦门雪明星滑雪场有3位冰上教练，都来自北部，而且取得过相应的资格证。总体上看，闽南地区的冰雪体育场馆内，冰雪体育指导人员整体素质比较高，全部取得了相应的专业资质，对闽南地区的冰雪体育发展具有很大的促进作用。前来学习娱乐冰雪运动的工作人员可以更好地了解这些基本技术，从开始就减少弯路，准确地学会这些技术，可以提高他们的自信心，让参加娱乐冰雪运动的工作人员再次参加到冰雪运动中。

2.闽南地区参与冰雪运动社会团体整体情况

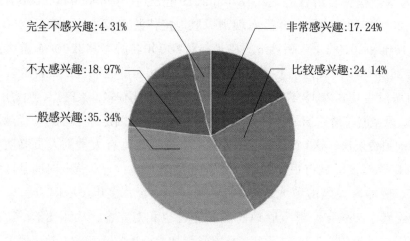

完全不感兴趣:4.31%　　　　　　　非常感兴趣:17.24%

不太感兴趣:18.97%　　　　　　　　比较感兴趣:24.14%

一般感兴趣:35.34%

图3.1 闽南地区社会群体对冰雪运动的兴趣

从图3.1中可以看出，闽南地区的居民对参加这项娱乐活动的热情仍然很高，24.14%的人对这项活动的兴趣相对较高；35.34%的人对这项活动一般感兴趣；17.24%的人对这项活动有很大的兴趣；有18.97%的人对此不是很有兴趣；仅有4.31%的人对此毫无兴趣。据调查显示，尽管人们对此项运动有很高的兴趣，但参与到此项运动的人数却很少，参加的学生共128名，占27.59%；336人，也就是72.41%没有参加。这就意味着闽南地区的居民很大程度上受到了场地设施、政策宣传、价格等因素的影响。

在闽南地区，对参加冰雪消遣活动影响最大的是缺乏场地设备，占39.66%；其次是在时间方面的不足，未接受过专门辅导的学生比例为31.9%，与前两者相差不大，两者均为闽南社会团体参加冰上活动的主要因素；兴趣和经济条件方面的不足的，也有25.86%。闽南地区因为气候原因常年都没有降雪，但是随着我国发展，居民也越来越喜欢滑雪，但闽南地区的滑雪场所和设施显然远远达不到要求，所以福建省体育总局必须要对此方面问题给予足够重视，并且大力推动和发展。

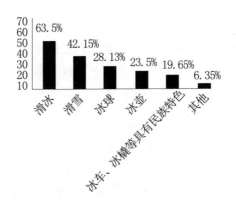

图 3.2 闽南地区社会团体参与冰雪项目

从图3.2可以看到，在参加过业余冰雪活动的人群中，滑冰是最受欢迎的活动，占到63.5%，其中半数以上的人参加过，滑冰是最基本的业余冰雪活动，厦门和泉州各有一座比赛场地，再加上冬季奥运会的举办，参加溜冰的人增加了许多。其次，滑雪占42.15%，闽南仅有一处滑雪场，很多人都是前往其他地方体验滑雪；冰球占28.13%，厦门的"冠军溜冰场"、泉州的"冰世界"等都有自己独特的冰球比赛，主要面向年轻人和孩子，很少有人会去努力练习，导致参加比赛的人不多；冰壶项目中，有一部分人是从陆地冰壶运动开始认识这个项目的，由于对比赛场地和器材的要求比较高，所以参加的人数比较少；冰车、冰橇等民族特色活动占比为19.65%，泉州的冰世界和厦门冠军溜冰场还提供了租赁冰车等活动，为那些不会或不愿学滑冰的社会团体提供了一种更好的娱乐方式，吸引了更多人加入娱乐性的冰上活动中来；还有一些活动，比如，堆雪人、打雪仗等等。目前，闽南地区处于"冰强雪弱"的态势，依赖已有的滑雪场，对其发展产生了很大的影响。

三、冰雪文化发展

冰雪文化在人类的文明史上很早就已经存在，并与其他文化形式在发展上有了交集，其独特之处在于，随着冰雪体育和冰雪旅游的发展，冰雪文化在现代已经逐步变成一种文化概念。冰雪文化指的是人民在特殊的冰雪生态环境中产生出来的一种特有的文化形式，体现出区域民族在历史积累和自然环境的作用下，心态、价值观念、组织形式、体制制度等方面的文化要素。所以，建设冰雪文化可以推动传统、现代、后现代三种文化观念的相互交融和相互补充。就文化特质而言，冰雪文化属于地域性文化，内部特点包括客观自然性、开放兼容性、文化心理双重性、民族地域性等。冬奥会的冰雪文化是极具典型意义的一种，以其独特的艺术风格成为奥林匹克文化不可或缺的一部分，并对世界产生了巨大的影响。有学者提出，奥林匹克体育的核心价值观、"文化兴体"的价值观是构建我国冰上体育文化的重要依据；还有一些学者对具有当地特色的群众冰雪文化展开了深入研究：冰雪节庆活动、冰雪赛事项目和春节黄金周都呈现出不同的群众冰雪文化特征，凸显了冰雪文化艺术的多样性、群众冰雪健身的个体化参与和大众冰雪体育的家庭化差异。

目前，对于南部地区的雪上体育文化研究，角度比较单薄，且大多是"就事论事"，缺乏与其相关的延展内容。冰雪文化与其他体育文化的融合，与旅游文化、休闲文化等的渗透，都是一个可以探讨的角度。要注重案例研究，充分挖掘我国南方冰雪文化发展过程中存在的差异与特色。冰雪旅游文化是一种以冰雪资源为依托、冰雪文化为内容、冰雪观光和冰雪运动为主要外部表现形式的旅游文化活动，其特征是观赏性、参与性。按照旅游目的主要有三种类型：旅游观光型冰雪旅游、冰雪娱乐型冰雪旅游和冰雪运动型冰雪旅游。冰雪旅游的综合资源由三个部分组成，分别是旅游资源、产品资源、服务资源，各自包含的内容也比较广泛。

在南部地区的冰雪旅游文化发展中，存在着以下一些特征和问题：冰雪旅游文化的发展意识淡薄，文化精品稀少，冰雪旅游产品的地域文化不够突出，缺少民俗特色，旅游配套设施不完善，产品服务的公众参与度不高，缺乏可持续发展的意识，相应人才的匮乏，现有工作人员的职业素质良莠不齐。因此，要基于观念角度对冰雪文化产业进行重新定位，为南方地区创造更具独特性的冰雪文化品牌，以优质的服务不断提高南方冰雪文化的核心竞争力和对游客的吸引力。国内外关于冰雪旅游文化的研究主要集中在研究现状和对策上，研究目标具有较高的重复度并且学术价值不高，也有很多量化的调查来探讨这个主题。冰雪旅游文化目的地的生态平衡和群众旅游质量的高低在很大程度上与当地冰雪旅游文化资源的承载能力密切相关，有学者从生态、质量、心理、文化、经济和社会6个角度，围绕南方冰雪旅游文化资源的承载能力分析，专门构建了相应评价指标体系，并设计了冰雪旅游文化资源承载能力的度量模型。一些学者利用数理统计方法，对冰雪旅游文化的发展升级进行了分析，在现有研究成果的基础上，对其进行定性，构建冰雪旅游文化的圆锥螺旋线升级模型。

福建省的冰上项目起步比较迟，福州和闽南两个地方拥有冰上项目，但也比较少。只有厦门市拥有一个冰上项目，且专业性的冰上项目数量也非常少。与此同时，闽南从来没有举行过任何冰雪运动赛事，与曾经举行过很多场比赛的福州市相比，这里的比赛环境要好很多，但在生活中人们对这项比赛的了解并不多，人们对这项比赛的重视程度也很低，所以造成了这项比赛的失败，也给这项比赛带来了很大的困难。由于福建省冰雪文化的缺失，也导致该地区的冰雪氛围存在明显不足。

四、冰雪产业发展

（一）甘肃省冰雪产业发展

1. 甘肃省大众冰雪运动场馆分布情况

运动场是一种体育运动得以发展的基本要素，它的多少直接影响着该体育运动的发展与推广。一个地区冰雪运动场馆建设的好坏，直接影响着该地区经济和文化发展，也能充分体现出相关产业发展状况。所以，滑雪场不仅是开展群众滑雪活动的基本条件，也是推动群众滑雪活动的主要保证。甘肃省现有7个滑冰比赛场地、5个户外滑冰场地、2个室内滑冰和冰球馆，户外滑冰场分别分布在乌鞘岭、张掖湿地公园等区域。嘉峪关滑冰区的金昌南坝滑雪度假村有两个冰场和一个冰球场，一个冰场处于甘肃省体育二队，原本是一个网球场，并于2016年7月开始试运行，可以开展各种冰球和花样滑冰的比赛。另外一座室内溜冰场、室内冰球场地设在兰州新城区甘肃省体育中心，为省轮滑选手提供，并不向公众开放，这个场馆可以开展花样滑冰和速度滑冰的培训和竞赛，配套设施比较完备，能够举办一些重要的国际性赛事。甘肃省的滑雪场地与其他滑雪场地之间的差距很大，冰雪类的群众体育活动不多，以娱乐性为主。有些滑雪胜地的滑冰区主要起到了滑雪爱好者玩耍和消遣的功能。例如，开展冰上自行车、冰上碰碰车等休闲活动，通常不是冰雪运动的相关滑冰训练。

甘肃省的滑雪场已达20个。兰州市兴隆山滑雪区域包括大青山滑雪胜地安宁滑雪区域、兰州新城雪域滑雪区域、兰州碧桂园滑雪区域等。甘肃省由12个市和2个自治州组成，除甘肃省的定西、陇南、酒泉、甘南藏族自治州等地的滑雪场外，其余各县市都设有滑雪场。甘肃省大众冰雪体育场地的布局比较不平衡，兰州市周边地区的冰雪体育场地数量比较多，但甘肃省其他地区没有开展冰雪项目，导致冰雪项目场地布局不平衡、场地面积偏小等问题。2019年的综合整治工程中，酒泉市文殊山滑雪胜地已全部撤销，并对其进行植被修复和管理。酒泉市的"文殊雪山"滑雪胜地已被拆迁，"祁连城"是酒泉市拥有的具有较高水准和不同风格的滑雪项目的户外游乐场所；冰雪乐园以孩子为目标人群，在园区里面有很多的冰雪娱乐项目；兴隆山滑雪场是甘肃省第一个在兰州境内开设的滑雪场，坐落在距兰州46公里的榆中县，驱车1个多钟头，是兰州人休闲娱乐的好去处；兰州市安宁区的大青山滑雪胜地是距兰州市区较近的滑雪场。

2. 甘肃省冰雪运动场馆基础性设施分析

甘肃省有7个滑冰场馆。其中有5个户外滑冰场，比如，松鸣岩、乌鞘岭、金昌南坝溜冰场都是建在滑雪场里，面积不大，以玩冰为主。张掖湿地公园与嘉峪关东湖滑冰都是在气候条件、自然资源条件下形成的自然的滑冰场地，分为滑冰区、康体娱乐区，可以开展滑冰以及溜冰等多样化的娱乐项目；甘肃省体工二队滑冰馆坐落在兰州市城关区，是一座以花样滑冰和冰球为主的多功能滑冰馆，既可以用于速度滑冰，又可以用于花样滑冰，还可以用于冰球的竞赛和培训；甘肃省花样滑冰和冰球运动中心坐落在兰州新城，冰面的改造工程已于2019年12月完工，是全省最大的一座室内运动性场地，装备完善、功能齐全，智能化程度相对较高，冰场工艺系统项目占据的面积大约有7288平方米，能在花样滑冰和冰球等高水平国际大赛的承办方面发挥非常重要的作用。

兰州市的兴隆山滑雪度假村、安宁的大青山滑雪度假村是甘肃省历史最悠久的滑雪胜地，什川的龙山滑雪场、临夏的松鸣岩滑雪场是人工造雪活动最多的滑雪场。甘肃省的大众滑雪场大多是中小规模的滑雪场地，滑雪道、魔毯道、滑雪用具和服装，以及人工制造积雪的装备等都还没有很好的配套，有待完善。作为甘肃省第一个高山滑雪胜地，兴隆山滑雪度假村已经运营16年，在此期间，度假村的硬件建设和服务管理体系也在持续改善，累计接待游客超过110多万人次。兰州市到榆中县有高速铁路、公交等便捷的运输方式。兰州市安宁大青山滑雪胜地在安宁区大青山飞家营，距市区10公里，72路公共汽车可直达山顶，并有专门的滑雪巴士往返，兰州居民不需要出市中心就能体验到冬天的冰上乐趣。

什川龙山滑雪场坐落在距兰州市17公里的皋兰县什川镇，建设面积7500多亩，人工雪场450亩，是一个集越野滑雪、休闲滑雪、玩雪娱乐于一身的大型滑雪场地。龙山滑雪道最高峰为1736米，雪道平均宽约100米，斜坡角度能够充分满足运动员运动的差异化需求，温度低、积雪质量好，在一般情况下不会发生流失，并且现有的雪道数量相对较多。滑雪场包含多种不同类型的雪道共13条，落差275米，全长16公里，拥有专业的低、中、高级雪道，20条雪圈道，既能适应各种级别的滑雪运动，又有能供孩子游玩和娱乐的雪圈道；拥有4500台专业滑雪设备；还有嬉雪游戏，也是给孩子准备的。比如，雪地摩托车、雪地坦克、雪地推雪机、雪地挖掘机等。

兴隆山滑雪场坐落在距兰州市40多公里的榆中县，这个滑雪场是一个中型滑雪胜地，拥有240公顷土地，其中75公顷为滑雪场地，拥有5部造雪机、2部压雪机、1800件雪具；共有5条雪道，其中有2条高级滑雪、2条中级滑雪、1条初级滑雪、1条休闲滑雪用的滑雪圈；雪道纵向长度约90米，斜坡的最大斜度约30°，适合初、中级滑雪者滑雪。兴隆山滑雪场一次可容纳2000人以上的休闲滑雪活动及专业滑雪等活动。例如，雪上摩托车、雪上拔河、雪上骑马、绕雪环等等。

在"南展西扩东进"等政策下，甘肃省积极回应政府要求，建设大众滑雪场地，力争做到每个城市都有1—2个滑雪场地，满足全民滑雪运动发展的基本条件，为全民滑雪目标的实现奠定坚实基础，有利于进一步促进各地区冰雪产业的发展。滑雪场数量的不断增多，使其受欢迎程度也越来越高。在国家大力发展冰雪体育的大背景下，要充分调动人民群众参与冰雪体育的热情，为适应广大群众的要求，必须建设大量的冰雪场馆。研究得出甘肃省各地区的滑雪场之间的面积差异和不同区域内冰雪产业的发展差异较大；市周边滑雪胜地众多，可供居民选择也比较多；甘肃省其他市州在此方面相对缺少便利性。甘肃省滑雪产业要尽可能实现平衡发展，减少各地滑雪产业之间的差异，只要当地政府和经济状况许可，就要加大冰雪产业规模，让大众在参加滑雪的同时，能比较好地进行消费，也能满足不同群体的滑雪需要，对促进甘肃省冰雪产业的持续稳定发展具有积极意义。

（二）闽南地区冰雪产业发展

1. 闽南地区冰雪运动场地设施情况

福建省地处中国东南部及南亚热带，与闽东北、闽北、闽西等中亚热带雨林相比，最寒冷的月份温度要高出10℃以上，几乎不存在冬季。但是，闽南的经济和社会发展速度与全国大部分地区相比较快，有着很高的知名度和消费能力。再加上近年，我国一直在大力推广冰雪运动，已经建成泉州冰世界、厦门第一滑冰场和厦门雪明星滑雪体验训练馆和其他8个场馆。

冠军溜冰场坐落在厦门市最热闹的中山路中华城，有着得天独厚的区位和便捷的交通优势，拥有1600多平方米的面积，其中近三分之一的面积是职业选手练习的场所，另外三分之二的面积是为一般游客准备的。厦门市仅有的一家真冰滑冰场，每年有近78000名游客。根据国家标准建造，能举办大型冰上赛事，制冰系统、安全护栏、清冰设施及照明、音频系统等场所内配套设施齐全。

泉州冰世界滑冰场坐落在星光耀万达广场，人流量很大，有1000多平方米，全部供一般参观者使用。虽然比不上标准的溜冰场，但它毕竟是泉州市最大的溜冰场，每年的游客数量也要比标准溜冰场多得多，一年的游客数量达到了45000人次，厦门雪明星滑雪体验馆是目前厦门仅有的一处供游客滑雪活动的地方，场地面积约为500平方米，设施比较新，也是唯一一处用魔毯制作而成的干燥雪地，由于成本的原因一年只能接待23000名游客。

2. 闽南地区积极响应"轮转冰"项目启动

从2017年开始，国家第一次实施"轮转冰"试验计划，将轮滑项目人口向滑冰项目人口进行有效转换，更好地打开轮滑和滑冰的新渠道，拓宽南方地区上冰人员基数，从而达到"北冰南展"的目的。2018年底，有了更多热爱冰上运动的孩子，泉州市洛江实验小学组建冰上队伍，其他很多学校也在课外服务中加入冰上活动。德化县城东实验小学就是典型的例子，小学共有12位体育老师，3位是冰雪项目的专职老师，都参加过全国、福建省和泉州市冰雪项目的训练。学校还组建了3支业余的队伍，分别是速度轮滑、速度过桩和越野轮滑。目前，学校每一个学期都会开设10节以上的滑雪轮滑或越野轮滑（滑雪），保证了冰雪运动进入到教室。据悉，泉州市德化县有5所"国家冰球运动"学校，10所以上的学校都把冰球运动作为课外服务的一部分。泉州市共有14所高校被评为教育部的"冰雪体育"优秀高校，2所高校被评为"奥林匹克竞赛示范高校"；9所中学成立了冰球队和轮滑队。目前，在城市所有的中小学中已有5个溜冰场地、1个世界水平的轮滑跑道和1个世界水平的轮滑球场。

（三）广东省冰雪产业发展

体育场所是各种体育运动的主要场所，对于广东省这种缺乏天然冰雪资源的地方来说，如何更好地促进和普及冰雪运动，并且推动冰雪产业发展，关键在于如何发展和完善冰雪运动场馆和设施。

2016年，我国发改委、体育总局等7部委发布的《全国冰雪场地设施建设规划(2016—2022)》提出，在我国南部城镇区域将按照当地的经济和社会发展水平，新建一批适合我国冬季滑雪需求的室内滑雪场馆。近年来，由于场馆建造技术的不断创新，加之社会经济的快速发展，我国各地正在兴建的室内冰雪运动场地呈现出蓬勃发展的态势。目前，广东省共有16个真冰滑雪场地和2个室内滑雪场地。通过调研发现，广东省大部分的冰雪运动场地都位于珠江三角洲的中心地带，比如，广州和深圳。通过对广东省各个区域的经济发展情况和冰雪项目投资情况分析，可以发现广东省区域的冰雪项目和区域的经济发展有很大关系，冰上项目数目明显多于雪上项目，因此表现为"冰强雪弱"的局面。

融创文化旅游城市的冰场位于广州花都区和深圳龙岗区其冰场不同于广东省其他的冰场位置，无论是在场地功能上，还是在建筑面积上，都有着较为显著的特色。根据对广州冰雪产业发展情况的实地考察，了解到融创雪世界总占地75000平方米，其中有40000多平方米的造雪面积，雪厚度平均为50多厘米，是华南最大的室内滑雪场，配套设施非常齐全。在整体规划中，为充分满足不同体育项目的比赛需求，设置了多种不同类型的滑道，为参赛者带来更良好的体验。

广州的融创雪世界在夏天开业，已经有不少广东省内外的游客慕名而来。为了更好地为滑雪爱好者提供滑雪体验，融创雪世界还开设了面向大众滑雪、竞技滑雪和教练滑雪的教育和训练系统，并在这个系统上形成了3个主要的项目，即儿童滑雪教学、青少年滑雪比赛和教练队伍，为该地区冰雪产业的发展奠定了坚实基础。除了融创滑雪场外，深圳龙岗区的大运中心冰场也是广东省非常具有特色的一座冰场，与广东省大部分盈利为目的的大型商业冰场不同，这座冰场是在政府引导和省市政府大力帮助下建造的，由昆仑鸿星足球俱乐部在深圳的大运中心冰场建造而成。昆仑鸿星是由全国女足冰球队组成的，并且由政府和企业联合组建的世界级冰球俱乐部，总部位于深圳大运中心，既是昆仑鸿星和国家女子冰球队联合发展的重要保证，也是广东省举办全国冰球相关的专业赛事的前提，让广东省人民能在自己的家门口欣赏到专业冰球的精彩和热情。

第四章
我国群众冰雪运动专题史

第一节 群众冰雪运动相关政策

一、国家层面的相关政策

伴随着人民大众对冰雪体育的多元化需求，新中国的群众冰雪运动发展在冰雪体育发展维持自身平衡的基础上，表现出一种渐进式演化的特点。冰雪运动的发展是在国家体育大背景下发展起来的，在最初阶段并没有与之对应的具体的政策措施。但是，在国家发展的体育环境中，是作为一个个体项目发展的，与其他的体育政策一样，都受到了政府的集中领导和统一管理。但是，伴随着社会经济的不断发展，这种依赖于政府决策的运动发展模式已经不能与实际的经济环境相匹配，在许多方面表现出较为明显的缺陷，不能满足新时代发展背景下人民对冰雪运动的多方面需求。因此，地方、市场等参与的现代化管理模式得到广泛应用。这些模式都是政府根据在发展过程中出现的问题进行不断调整以及优化，最终获取的结果。对新中国群众冰雪运动相关政策发展情况进行回溯，我们可以看到，关于冰雪运动项目发展的政策依托，无论是政策目标、导向、内容还是实施方式，最终目的都是为了满足当前时代背景下群众对冰雪运动项目开展的需求，这对推动冰雪运动现代化发展来说具有非常积极的意义。

（一）新中国群众冰雪运动发展政策萌芽期

新中国成立之初至1965年，我国的体育方针一直处于一种"集中治理"的状态，这是由新中国成立之初实际国情决定的。在这期间，我国的冰雪运动发展方针是与我国的体育方针相关联的一个项目，《中国人民政治协商会议共同纲领》于1949年颁布，第48条提出"全民运动促进医疗卫生事业发展，全民运动促进妇幼保健"。1944年1月，中共中央批准了由中央体育委员会党组提出的《关于加强人民体育运动工作的报告》，并提出了《中共中央关于加强人民体育运动工作的指示》，这是当时对大众体育具有重大指导意义的方针文件；《中央体委党组关于召开全国体育工作会议的报告》是由中央领导亲自主持，该报道的出台进一步加强和巩固了对国家体育总局的领导。《中央人民政府政务院关于在政府机关中开展工间操和其他体育运动的通知》是在1954年3月颁布的；《关于全国第一次职工体育工作会议的报告》等，在1955年2月，由中央批准并提出。这一时期的冰雪运动主要是由中央向全国体育委员会《关于体育运动十年规划的报告》提出的，还提出了"坚持党的领导，坚持以方针为主"的要求。周恩来将体育方针作为指导和基础，在中共八大第一次会议上指出："要大力推广体育运动，使人们的身体素质得到很好的改善，使我们的体育运动得到了很好的发展。"在全民健身的大背景下，1959年2月，在吉林、哈尔滨等地举办了中国首次全民冬运会。在这个时期，冰雪项目作为国家的政治工具发挥着非常重要的作用，在世界范围内都有很好的表现，获取了较为优异的成果。

在"发展体育运动，增强体质"政策的指引下，在具备一定基础的东北、华北、西北等区域开始了冰雪运动的发展，并相继举行了各种大型冰雪比赛及群众性活动。10多年来，利用天然优势，在东北三省大力发展冰雪运动，使其不仅在竞赛水准上得到了国际公认，也积极利用优越的自然条件不断加大力度进行冰雪运动的推广。在"政治集权"的体制下，冰雪活动具有较强的竞争性，全民参与冰雪活动十分活跃，并调动了群众参与的积极性。"大跃进"造成的浮夸风气，使一些人只顾追求成就而忽视了群众体育。

（二）新中国群众冰雪运动发展政策停滞期

新中国成立后，在"左"的错误意识形态影响下，制定的正确的体育方针被批驳为"矫枉过正"，化为泡影。因为新中国成立之初，没有形成一个完整的社会体系，在体育方面还实行着"国家管控"的体制。"文革"之前，冰上运动在国际上已经小有名气，但由于"文革"的消极影响，许多运动团体被迫解散，运动员没有任何的体育锻炼和运动，相关政策无法发挥作用，使冰上运动的发展陷入停滞。

（三）新中国群众冰雪运动发展政策复苏期

这一时期，我国的群众冰雪运动发展方针由"国家挂帅"向以"地方分权"为主、"市场参权"为辅的转变，目的在于更好地调动省级政府的热情和责任。国家实施对外开放方针，而冰雪运动则以更加开放的态度、更加强大的举措应对这一转变。在这一转变中，国家相关部门需要各级政府根据当地的冰雪气候条件，灵活应用冰雪运动的发展方针。中国共产党在1984年发布的《关于进一步发展体育运动的通知》，深刻改变了我国北方地区冰上运动的发展方针，促使其出现很大程度的变革。在此基础上，进一步完善了我国体育管理体制，提高了我国体育管理体制改革的水平。中央与当地政府积极展开协调配合，共同开展冰上运动项目。政府权力的下移并没有对中央部门原本的地位产生过多影响，反而更加有利于体育的发展，更好地促进了当地政府参与冰雪运动发展，过程中主要表现为冰雪竞技成绩、群众参与程度和产业市场的发展。在国家参与时期，我国的冰雪运动员在1980年第一次代表中国出战冬奥会；在1986年冬奥会上，中国的冰雪运动员又以其优异的成绩再次吸引了全球的目光，使多年来一直处于休眠状态的中国冰雪项目再次进入国际视野。另外，1987年，在吉林省举行的全国冬运会，极大地调动了当地民众对冰上运动的积极性，也成为当地民众对冰上运动实际权益的反映。随着1993年《关于培育体育市场加快体育产业化进程的意见》的发布，为冰雪项目的发展打下了坚实的基础，标志着冰雪项目已经进入了产业化阶段，而哈尔滨冬奥会的胜利也给冰雪项目带来了新的发展机遇。

（四）新中国群众冰雪运动发展政策发展期

新中国的群众冰雪运动发展也面临着新的挑战。在全国体育政策的背景下，冰雪运动发展政策与其他项目一样，都会得到国家各权力部门的高度关注，逐步走向成熟期。在国际冬奥会的赛场上，我国的冰雪运动项目持续取得优异成绩，国家也开始对人民群众进行激励，由当地政府组织的群众性冰雪活动也得到了蓬勃发展。为了使我国的冰雪体育事业得到更好的发展，各地都在大力发展地方冰雪体育，使其成为一种新兴的行业形态，并逐渐向大众人群靠拢。例如，2005年，由省体育局和教育部组织的"百万青少年进冰雪"行动在黑龙江省开展；2008年，首届"中国·右玉冰雪节"在山西省举办；2009年，"鸟巢欢乐冰雪季"在国家体育场举办，浙江绍兴第一个室内滑雪场地开业，黑龙江借助第二十四届世界滑雪大会在哈尔滨创建"冰上公园"；2010年，第一次在伊犁哈萨克自治州昭苏县举办"第一届冰雪旅游"，哈尔滨第一次举办青少年陆上冰球队，为培养优秀的冰雪后备人才奠定了坚实的基础。

2011年，我国体育总局发布了《2011—2020年奥运征管计划纲要》，进一步促进了我国冰雪运动产业的发展，也为我国冰雪运动的经济发展和人文发展创造了更为良好的机遇。哈尔滨市，2011—2013年度，举办的"百万青少年上冰雪"系列活动正式拉开帷幕。承德市举行的"2011—2012承德市冰雪欢乐汇"暨第十届速滑比赛活动正式拉开帷幕。张家口崇礼区，在2012年开放了冰雪文化博物馆。哈尔滨市在2013年中学考试中增加了6个冰雪类项目比赛，这对推动我国青少年冰雪体育事业的发展起到了重要作用。2014年，哈尔滨市教育局继续加大了对这项工作的投入，把冰雪项目的考核内容融入中考分数中，并组织全市的中小学生参加了冬季滑雪以及其他一些免费的冰雪活动，把参加冬季运动由城市向乡村课堂进行不断地延伸与渗透，极大地提高了冰雪运动这个传统项目的趣味性。

（五）新中国群众冰雪运动发展政策强盛期

党的十八次全国人民代表大会后，新中国群众冰雪运动得到了更快的发展，但冰雪运动也遇到了更加严重的问题，不仅体现在冰雪运动利益诉求的多元化方面，也是因为新时代背景下冰雪运动发展有了更高的要求。"做好北京冬奥会和冬残奥会的筹备工作"是我国重要历史时期的深刻内涵，其具体含义表现如下：冰雪活动是体育运动的有机环节，普及冰雪活动是中国从"体育大国"向"体育强国"迈进的重要标志，必将对国家的冰雪活动发展起到积极作用。但是，我们应深入地了解到，冰雪运动是我们的短板，要想有效地弥补新中国群众冰雪运动发展过程中存在的缺陷，就需要改变以前对冰雪运动的陈旧观念，以长远的角度对冰雪运动有更为深入的认知。近年来，各个地区在助力冬奥会方面做出了积极贡献，在全国范围内，从中央到地方，从北方到南方，从冬天到夏天，从企业到个人，都在积极地参加并开展各项由政府主导的冰雪体育活动。全国人民对冰雪运动的热爱达到了空前的程度，都在积极地筹备着2022北京冬季奥运会。

2016年，23个部委联合印发了《群众冬季运动推广普及计划（2016—2020年）》《冰雪运动发展规划（2016—2025年）》和《体育产业发展"十三五"规划》[①]。国务院办公厅印发了《关于加快发展健身休闲产业的指导意见》。

---

①苗春竹，王飞.我国中小型滑雪场利基营销策略研究[J].体育文化导刊，2019(09).

2019年，中共中央办公厅、国务院办公厅印发了《关于以2022年北京冬奥会为契机大力发展冰雪运动的意见》，这些都预示着我国已经做好了充分的备战工作，为新中国群众冰雪运动发展提供强有力的政策支撑[①]。

二、省市级层面的相关政策

（一）新中国省级政府群众冰雪运动政策情况

在冰雪运动政策发布的过程中，国务院及体育总局发挥着非常关键的作用，在政策实施与推进过程中离不开省级体育局的配合。中国各省级人民政府也对中央政策进行了积极响应，并对其提供了很大的支持。近年来，随着人们对冰雪体育重视程度的不断提高，我国各省的冰雪体育事业也得到了迅速发展。为回应政府要求，各省唯有将冰雪行业的整体发展起来，才能让冰雪项目得到更好的发展，提升人们冬季运动水平，达到满足人们对冬季体育运动的需要。为此，各地政府纷纷制定有关发展冰雪产业的政策。辽宁省在国家出台《关于加快发展体育产业促进体育消费的若干意见》的背景下，首先对此作出回应，并充分发挥地方特色，积极利用地方天然优势开展相应的群众冰雪运动项目。《辽宁省人民政府关于加快发展体育产业促进体育消费的实施意见》是辽宁省在全国范围内首次公布的一项冬季活动计划，并对该计划进行不断更新和完善。随后，吉林、山东、河南、北京、山西、内蒙古、浙江、贵州等多个省份相继在2016年发布了有地方特点的相关政策，并提出一套具体的实施方案，为各地群众冰雪运动的发展奠定坚实基础。

虽然，在各省冰雪运动的发展中，政府发出的正式文件起到了推波助澜的作用，但不可否认，在推进冰雪运动专业化和冰雪产业市场化的过程中，民间组织也起到了很大的作用。作为推动中国"冰雪产业"发展的非营利团体，中国冰雪旅游发展联合会于2015年正式组建，在众多民间团体中也是最为积极的一个团体。在实践工作中，将推动我国冰雪旅游和冰雪产业发展作为首要任务，依靠每年举办国际冰雪旅游峰会的支撑，促进我国冰雪旅游事业的快速发展。另外，各个地方的旅行社和科研机构也是促进这一项目发展的主要力量。隶属于文化和旅游部的中国旅游研究院发表的《中国

---

①王飞，阚军常，张莹，等.互动、认同与政策引领：西北冰雪运动发展全面推进研究.体育科学，2020，40(11).

冰雪旅游发展报告(2017)》，认为中国的冰雪经济已形成"1+5+X"的发展模式，其重点是以冰雪旅游为主体；随后《中国冰雪旅游消费大数据报告(2018)》也随之公布，对国内冰雪旅游的发展特点进行了详细的剖析，并对今后的发展方向进行了展望。此外，通过各种媒介、网络等渠道的大力推广，进一步提高了人们对冰雪体育及其相关行业的重视程度，为各省群众冰雪运动的发展创造了良好机遇。

（二）新中国省级冰雪运动政策呈现趋势

1. 中央向地方扩散

为了应对冬季奥运会，我国的冰雪产业发展策略必须与各省的冰雪产业发展策略保持同步，而各省的冰雪产业发展也必须与国家的冰雪产业发展同步。自2014年《关于加快发展体育产业促进体育消费的若干意见》出台以来，国家在各省冰雪产业发展方面给予了高度重视，并积极落实有针对性的措施。随后，2015—2017年，各地也出台了一系列政策，保障冰雪运动的开展。通过对各省冰雪运动政策的发布情况进行深入分析可以发现，2015年，辽宁省和广西壮族自治区作为全国第一个对此作出回应的省份，相继发布了关于促进我国体育工业发展的实施方案；吉林、山东、河南等9个省市发布了促进我国冰雪经济发展的相关政策。

2017年，黑龙江、天津和江苏等12个省市发布了开展冰雪项目的发展计划。中央政府对各个省级人民政府进行了联合，促进冰雪运动的发展。在这3年时间中，有23个省级行政单位对冰雪运动及冰雪产业的发展进行了相关的政策指导，可见，中央和地方的政策支持力度非常大。目前，我国各省也在大力发展和推广冰雪项目，带动地方体育产业的发展。

2. 东西部存在较大差异

从竞赛水平来看，我国各省的冰雪运动基本素质较差，主要表现为"冰强雪弱"的现状；从大众体育的角度来看，我国各省的冰雪项目普遍存在着较低的普及率和发展不平衡的问题。在中央和各地有关部门的政策支持下，冰上项目在全国范围内迅速开展起来。从总体情况来看，东北地区在冰雪运动方面的政策出台时间比较早，逐渐延伸到东南地区。到现在为止，有关促进我国西部冰雪运动发展的相关法律法规基本上是一片空白。就政策出台的状况来看，我国东部的发展比较快，而西部的发展比较滞后。这两年来，我国的冰雪活动出现了从北方到南方、从东部到西部扩展的现状。没有强大的资金支撑，区域经济的发展是无法带动冰雪项目发展的。从利益关系上讲，冰雪运动的发展和各省的冰雪产业、旅游产业和体育产业的发展之间存在着非常密切的联系，这些产业相互促进并且相互限制。

3. 从冰雪运动向产业化方向迈进

表 4.1 2015—2017各省政策出台情况

序号	名称	时间	城市
1	《广西壮族自治区人民政府关于加快发展体育产业促进体育消费的实施意见》	2015.07	广西
2	《辽宁省人民政府关于加快发展体育产业促进体育消费的实施意见》	2015.08	辽宁
3	《关于做大做强冰雪产业的实施意见》	2016.09	吉林
4	《浙江省体育产业发展"十三五"规划》	2016.10	浙江
5	《河南省体育产业发展"十三五"规划》	2016.11	河南
6	《福建省体育产业发展"十三五"规划》	2016.12	福建
7	《安徽省人民政府办公厅关于加快发展健身休闲产业的实施意见》	2017.02	安徽
8	《宁夏回族自治区人民政府办公厅关于加快发展健身休闲产业的实施意见》	2017.02	宁夏
9	《湖北省人民政府办公厅关于加快健身休闲产业发展的实施意见》	2017.04	湖北
10	《陕西省人民政府办公厅关于加快发展健身休闲产业的实施意见》	2017.05	陕西
11	《广东省人民政府办公厅关于加快发展健身休闲产业的实施意见》	2017.05	广东
12	《关于加快发展健身休闲产业的实施意见》	2017.05	江苏
13	《湖南省人民政府办公厅关于加快发展健身休闲产业的实施意见》	2017.07	湖南
14	《河北省人民政府办公厅关于支持冰雪运动和冰雪产业发展的实施意见》	2017.07	河北
15	《黑龙江省冰雪装备产业发展规划（2017—2022年）》	2017.08	黑龙江
16	《青海省加快发展健身休闲产业行动计划》	2017.10	青海

《国务院关于加快发展体育产业促进体育消费的若干意见》（2014）提出，要扶持中西部地区发挥其特有的冰雪资源优势，大力发展具有地域特点的体育产业，但目前国内外对此方面开展的研究工作相对较少，能肯定的是，各省冰雪运动的发展将会促进该区域体育产业的发展。《国务院办公厅关于加快发展健身休闲产业的指导意见》在2016年发布，要求大力推进我国冬季体育项目的开展，并且加强冬季体育项目中相关基础性设施的优化和完善。尽管我国冰雪项目起步较晚，但是它的发展却很快。近年来，在各省级行政单位发布的政策性文件中，对冰雪产业、健身休闲产业、体育产业进行了多次提及，可以看出各省围绕冰雪运动发展的政策出台情况。在政策的

引领下，体育产业的发展水平正在逐渐提高。这一政策的出台，不但使各省的冰雪运动发展拥有了较多的资金支撑，也拥有人力和物力的支持，为各省发展冰雪项目奠定坚实基础，各省企业也积极参与到这一领域。冰雪运动将与其他相关产业相结合，从冰雪运动服装、器材设备、场地建设、培训服务、健身娱乐、赛事培育、旅游及地产等多个方面，完善冰雪产业的链条，促进冰上体育场地的提升，加速冰上运动场地的建设，提高冰上体育器材的使用水平，促进冰上运动项目的发展，并加速冰上体育项目的国际化。同时，也可以更好地吸引更多的公司进行投资，推动冰雪产业项目以及体育比赛的产业链发展。

（三）新中国省级发展冰雪运动的政策导向

1.各省政府持续发挥政策主体作用

在冰雪运动发展过程中，我国各省政府应该进行长期计划，对冰雪运动的发展趋势进行准确掌握，在开展好顶层设计的前提下，将冰雪旅游作为主要内容，以冰雪运动作为根本，构建出包括"冰雪旅游+冰雪运动"、冰雪文创、冰雪制造等融合多个产业的发展模式，各产业之间相互融合、相互渗透，对冰雪产业结构进行全面的改善。各省在冰雪运动发展过程中需要以市场为中心，实现资源优化配置。在冰雪运动产业化发展的进程中，各省政府要继续扮演好自己的角色，确保政府的引领，制订出好的规划和政策，为广大群众提供良好的生活环境，促进冰雪产业健康发展。在国家推动冰雪运动的供给侧结构性改革上，各省政府在实践工作中还需要将增量进行扩展，提升公共服务品质，进一步健全市场机制，使其充分发挥市场的引导作用。在对资源进行优化分配的过程中，政府还需要构建健全的绩效评价体系和监督反馈机制，确保冰雪运动和冰雪产业可以实现绿色、健康的发展。

2.实现各省政府支持的具体化

中国特色社会主义建设进程中，政策的支撑是任何事物发展必须具备的前提，而冰雪运动的发展也是这样。当前，国内的冰雪运动已经步入了一个跨越发展的新时期，虽然国家和各地的部门积极出台了相关的支持政策，但这些政策内容覆盖范围相对较大，具有较强综合性。大多数有关冰雪运动的政策条目都是在有关的体育产业或者健身娱乐行业的文件中提到的，只是给冰雪运动的发展提供了一个大概的方向，并没有具体的操作和执行方面的指引。在各省关于冰雪运动的发展计划中，会有一些较为详细的内容，其中包括今后的发展目标、主要任务以及相关的保障措施等，但是这些计划从总体上看仍然需要进一步完善。

冰雪运动在我国各省高速发展的同时，冰雪体育发展方式与途径还需要不断地摸索。当前，冰雪运动的发展业态已经基本成型，但是其发展理念与道路并不十分明确，今后的发展很有可能会与之前提出的体育产业融合相重叠。针对此种情况，中国各省政府部门要根据北方冬季滑雪项目的特点，结合当地的社会以及自然环境等条件进行综合性考虑，制订相应的政策法规，适应各地冬季滑雪项目的发展需求。大众冰雪活动与竞争型冰雪活动的发展在决策上存在着差异，为适应不同群体的发展需要，国家应出台相关的政策和文件，并且有标准地执行，减少各省之间发展不均衡的问题，保障冰雪运动及相关产业的良性发展。

3.科技创新促进各省冰雪运动发展

科技创新不断推动着冰雪项目的发展，张家口市在冰雪运动发展方面提出了相应的战略布局，采用多点联动、协调发展的发展思路，其中多个中心的联动是一项创新性工作。通过对发展路径和模式的创新，可以节约地方政府的资金，在今后多地联动、场地共享都有很大的发展空间。我国冰雪体育正朝着"1+5+多个产业"的方向发展，在不久的将来还将与其他更多的行业进行交叉和融合。加强现代化和创新性科学技术的应用，可以使其充分融合与渗透到冰雪运动发展中，让参加冰雪运动的人员获得更好的体验，满足群体对冰雪文化的需要，并通过"互联网+"和"旅游+"等方式与其他行业相结合，构建"互联网+"和"旅游+"的合作平台。冰雪项目的专业技术人员既有运动员，也有教练员，更有冰雪项目的开发人员和经营人员等。为促进我国冰雪体育的发展，建立专门的冰雪体育人才库和培训系统成为必然的选择。为此，国家和有关方面应该根据实际情况制订相应的专项规划，将其充分贯彻和落实到本省冰雪运动发展过程中。由于目前各省之间存在资源匮乏、发展不平衡等情况，因此，发展冰雪项目必须获得强大的经费保障。在国家对其进行财政投资的同时，也要对其进行有效的引导，各省政府部门必须出台一套有利于我国冰雪产业发展的政策，促进其发展。

第二节 群众冰雪运动比赛

一、全国冰上运动会

（一）冰上运动的产生以及发展

在冬奥会开始以前，奥林匹克运动会就已经有了冰上项目，但是数量很少，包括花样滑冰和冰球在内。在1908年和1920年的两次奥运会上才有冰上项目。之后，随着世界各地冰雪项目的发展，首届冰雪奥林匹克于1924年在法国的夏蒙尼举办，滑冰、速滑、花样滑冰、冰球、雪橇等比赛项目较以往有了很大的增长。冬奥会也是4年一届，并且根据相关规定要求，需要和夏季奥林匹克运动会在同一年开展，但冬奥会是在早些时候举办的。从1994年起，冬奥会和夏奥会在同年内开展，且每4年一次。

1893年，国际滑联第一次对世界纪录进行了认可，之后世界纪录一直在持续提升，在过去的100多年时间里，一共有6次对世界纪录进行了大幅提升，可以说这是世界速滑近代史上的6次重大跨越。每一次跨越，都促使速滑理论体系得到进一步的发展，速滑技术得到进一步改善，速滑场地、器材和服装用具得到了更新，还对与之对应的比赛规则进行了修订，并且都拥有了自己的技术风格和变革符号。

（二）我国古代冰上运动会情况

我国拥有非常悠久的历史和古老的文化，滑冰也有着非常悠久的历史。在远古时期，生活在北方严寒地区的人，为了生存在结冰的河流中用滑雪和滑冰代替车辆。滑冰最初是一种交通方式，后来演变成为冬天的冰上运动。新世纪以来，我们国家的滑雪运动已经发展成了冰上滑行。那时，滑冰的人脚下系着一块板子，用一根棍子支撑着冰面，两只脚踩着冰面并且在冰面上滑动。

宋代，人们不但把溜冰当作一种运输、打猎的手段，还把溜冰活动发展为"冰嬉"。最初是在朝堂上流传，后来渐渐在百姓传遍。那时的冰嬉工具主要是"冰床"，也就是人在冰上面推着雪橇，是一种冰上的运动。清代，滑冰人数量大大增加。《帝室岁时纪胜》中有关于"冰床""滑擦"的记录，以及其他各类冰上运动，比如，拉冰车、爬冰犁、溜冰场等。滑冰已经是我国北部地区的一项传统体育活动。上述历史概要可以看出，中国古代滑雪的起步时间和发展历程与世界滑冰历史基本一致。清朝是中国传统轮滑发展的鼎盛时代，但由于缺乏与其他国家的比赛交流，比赛体系不健全，在某种程度上制约了该项目的发展。由于晚清的腐朽和衰落，滑冰这个古老而辉煌的项目也开始衰落。

（三）我国现代冰上运动会情况

新中国成立后，根据"发展体育运动，提高人民身体素质"的政策，群众冰上运动获得了高速发展，尤其是速滑越来越普遍，每年冬天在东北、华北、西北等一些地方都将速滑作为冬季体育活动的重要组成部分，并相继举行各种形式的运动会以及比赛，促进冰上运动的发展，为我国首次举行国际冰上运动会奠定了基础。在黑龙江、吉林、辽宁等地区发展冰上项目较多，拥有一批装备精良的现代溜冰馆和溜冰场、30支专业运动队伍、3所体育运动学校、100所业余体校等，并拥有10多个专业从事冰上项目的高等院校。此外，还成立了冰上体育的科研院所，发行有关冰上体育的杂志。每年冬天，哈尔滨和吉林等地都会举办1000万名青年参加的冰上运动会，为全国体育锻炼和提升冰上运动会水准打下了良好的基础。

1953年2月15日至19日，第一次冰上运动会在北方的哈尔滨举行，华北、东北、西北、内蒙古、火车头部队等6个队伍，共138人参赛。在4天的紧张竞赛中，创下了首个国家纪录。沈阳体校也设立了运动指导组，培养了13位高水平的运动健将。

1954年，国家速滑运动会举办，哈尔滨冰上训练班也于同年建立。黑龙江冰刀场于1955年竣工并投入生产，每年可生产10万对冰刀，为冰上运动会的普及打下了良好的材料条件。

1957年起，每年举办较多的全国比赛。

1959年，哈尔滨举行了冬运会。

从1957年至今，我国的速滑项目经历了两个大幅上升期和一个大幅下降期。

1959年至1963年，是第一个大幅增长。其中王金玉、罗致焕、杨菊成都是其中的佼佼者。罗致焕在1963年创下了1500米的国家纪录，并在1963年的世锦赛上赢得了1500米的金牌，成为中国首位男子速滑运动会的男子1500米金牌。

在1963年的世锦赛上，我国杰出运动员王淑媛以198.366的分数打破了国家纪录，又获1000米第二名、1500米第四名、综合项目第六名，取得了我们在世锦赛上的最好成绩。这个阶段是我们国家冰上运动的"黄金年代"。

1980年，女子速滑选手苗敏在首届亚洲速滑比赛，夺得1000米金牌，也是"文革"后，首位跨出亚洲，进入国际舞台的女子速滑选手。

1990—1994年，是我国速滑项目的第二个显著增长时期。在这段时间里，无论是男性还是女性，在冰上运动会中都有比较突出的表现，但在长程和综合项目上进步很小，其中以宋臣和刘洪波最为突出。

宋臣在1993年2月，获得500米和1000米的冠军，而刘洪波获得第十七届冬季奥运会500米和1000米的第四名。王秀丽、叶乔波、薛瑞红等优秀女性选手在冰上运动会中的表现尤为突出。1990年的世锦赛上，王秀丽以2分3.04秒的优异表现夺得1500米项目的冠军，还创下了1500米的国家纪录，成为我们国家历史上首位获得世界名次的女子速滑比赛冠军。

叶乔波在当今中国乃至国际上都是一位杰出的人物。自她于1991年2月2日以41秒85首次登顶500米世锦赛的领奖台之后，在短短3年时间内她已在世锦赛上获得了23块金牌。在1992年第十六届冬季奥运会上，叶乔波以500米成绩（40秒51）和1000米成绩（1分21秒62）获得了2块金牌。之后，薛瑞红在短距离比赛中取得了长足的进步，于1994年1月以39秒22和159.028分的速度创下了500米和短距离的世界纪录。在世锦赛上，她又获得了更高的分数。王曼丽、于凤桐在21世纪之交，先后夺得了世界500米和100米的冠军。

二、全国雪上运动会

随着我国社会经济发展速度的逐渐加快，人们的生活水平不断提升，对体育娱乐健身的文化需要也在不断增加。由于滑雪项目具有娱乐性、休闲性等功能，因此，具有独特的吸引力，使其日益引起了社会的重视。在中国，群众滑雪赛和竞技滑雪赛的发展并不同步。尽管在中国竞技滑雪运动已经有50多年的历史，但是在中国大众滑雪运动只有10多年的历史。自第三届亚洲冬季运动会于1996年在黑龙江省哈尔滨市举行以来，我国群众滑雪项目得到了快速发展。在社会经济高速发展背景下，人们的休闲活动日益增加，参加滑雪活动的人数也在不断增加。

在国内，滑雪运动的人数不断上升，对滑雪服装和器材的需求量也在逐渐上涨，对滑雪服装和器材的发展起到了很大的推动作用。随着一些外国品牌进入我国滑雪产业市场，国内也有了不少制造滑雪服饰的公司，但中国公司大多是加工外国制造商的订单，国内尚无一家具有独立开发和经营滑雪装备的企业，此种现状对滑雪装备行业的发展造成相应限制。

尽管我国的竞技型滑雪经过了较长时间的发展，但是就整体而言，与国际上的领先水平仍有较大差距。从1980年首次参赛到2006年的第二次都灵冬季奥运会，其中参与8个项目，6个大项是雪上运动。在 2006年冬奥会之前，我国运动员参与项目更多是冰上项目，但是雪上项目数量得到了很大程度的增多，获取了较为优异的成绩。其中，在2006年的冬季奥运会上，首次出现了单板滑雪和跳台滑雪项目。由此可见，随着冬季奥运会的举办，我国冬季奥运会参赛的雪上项目整体水平有了明显的提升。在世界范围内，高山滑雪项目发展时间相对较早，但是由于对器材和服装的要求比较严格，所以该项目在我国的实施比较困难，而且其训练条件也比较落后。

在2003—2004年度，中国开始举办单板滑雪项目运动会，尽管发展时间较短，但发展迅速。中国潘蕾以女子选手的身份，在本届奥运会上夺得一块银牌，这也是我们国家在U型场地空中技巧项目的首块奖牌。

2005年2月5日至8日，我们首次派出队伍参与由 FIS组织的日本站国际比赛，共有8位选手参赛，是中国滑雪选手在世界滑雪大会上的首次亮相，也是中国滑雪选手在世界滑雪大会上的首次得分。

2005年9月13日，我们国家首次派遣队伍进入世界杯，孙志峰在本次世界杯赛中取得了第八名的好成绩，也得到了FIS的320分，为进入意大利都灵举行的第二十届冬季奥运会奠定了坚实基础。

2006年2月15日，中国首次派出运动员参赛。虽然孙志峰和潘蕾分别取得了第三十名和第二十八名的成绩，但是我们国家在该项目上只有两个赛季取得了参赛资格，这已经是一个奇迹了。

2006到2007年度，在国家体育总局冬季运动管理中心登记的单板项目运动员共有95名，其中男子54名、女子41名。从比率上看，男运动员多于女运动员，但与山地滑雪运动员相比这一比率比较合理。目前，在自由滑冰运动的发展过程中，国内仅有控制技巧项目运动，且取得了优异的成就。国家为迎接冬季奥运会的到来，筹备成立自由式滑雪雪上技术团队，邀请专业人士授课。随着与世界各国的交往日益密切，国内的越野滑雪运动也呈现出快速发展态势。第一次"中国瓦萨"冬季滑雪节于2003年在长春举办，到现在为止已经连续举办了3届，参加比赛的人数从第一届750人增加到了第三届的7400人。

2003年末，北京举办了第一次"VOIVO"短程国际越野赛，开启了中国越野赛的全新篇章，而2005年1月，残疾人滑雪作为中国"瓦萨"国际越野赛的正式赛事开始启动。

2006年，有20位选手入围第二十届都灵冬季奥运会，在所有12个单项中分别获得了16名和15名的成绩，李阁亮和田野在男队短跑中获得了19名的好成绩，王春丽在10公里的女队中获得了18名的好成绩，7.5公里+7.5公里的双人跟跑也获得了21名的好成绩。这些都是我们国家在冬季奥运会上突出表现和获得的成就，也标志着我们国家雪上运动项目水平不断提升。

2006年3月25日，在长春市举行的FIS短程滑雪世界杯决赛，标志中国滑雪运动开始步入与世界水平相匹配的道路，并且在不断成熟和完善。

在我国"雪上三大项"中，跳台滑雪是其中之一。20世纪30年代，我们国家的跳台滑雪运动才刚刚起步。那时，日本人曾在吉林省通化市的江南滑雪场用木头制造了一个跳台，在吉林市的北山地区也曾用泥土垒起一个小型跳台，这也是最初级的跳台滑雪运动，该项目尽管在国内有很长一段时间的发展，但我国获得的成绩仍然比较差。2006—2007年，只有12名吉林省的运动员进行了全国冰上项目的正式登记。2003年，我们得到奥地利"吉利康"公司的支持，第一次派5个人参加了奥地利的集训，他们还请来了前奥地利国家队教练科赫作为团队教练。此后，国内跳台滑雪运动进入了一个高速发展时期。我国冬季两项运动开展的时间也相对较早，在亚洲处于领先地位，曾在国际比赛中获得不错的结果。国内一流选手在训练比赛中使用的枪支、雪板和雪杖等装备都已经达到了世界一流水准。目前，我国的冬季两项队伍仍以人民解放军为主。

随着我国雪上运动会的发展，越来越多的优秀雪上运动员涌现，群众滑雪项目也得到了快速发展，促进了我国滑雪项目的诞生和发展。在滑雪行业的发展过程中，对滑雪运动场地的建设、滑雪服装和器材的研发、滑雪人才的培训，都产生了巨大的影响。由于雪上运动会在我国的普及，参加冬季运动的人数也在不断增加，并且覆盖的区域也变得更加广泛，不仅局限于寒冷的北部地区。由于人造冷却技术的不断发展，雪上运动会和雪上运动项目扩展到我国的南部地区。

2000年之前，北京每年有超过2万人参与到雪上运动项目中，在这之后，5年内达到100万人次，这是一个十分令人震惊的数字。但由于地域和天气的原因，在南部地区滑雪人口的增加并不快。中国滑雪协会于2001—2002年度启动了"大众高山滑雪系列赛"，借此推动国内山地滑雪运动会的发展。在一个冬天里进行了9场比赛，以北京、黑龙江、吉林为主，有400余名运动员参加。

2005年，参赛选手达到3000多人，全国28个赛区，参赛地区扩展至河北、河南、四川、新疆。尽管在中国群众滑雪的发展速度很快，但会滑雪的人数很少，而且技术水平也相对较低，拥有较高技术水平的滑雪运动员只占全体滑雪者的1.57%，精通基础技术的约有21%，其余的都是初学者。近年来，我国的滑雪场规模虽小，但平均每年都有40%—50%的增长。因为参与雪上运动项目的新手不断增多，想要在这么短的时间内形成一支规模庞大的队伍是不可能的。国内对滑雪技术的普及尚处于起步阶段，尽管各个滑雪场都有滑雪教练，但是教练的技术和专业知识都还不够成熟，不能满足国内滑雪运动迅速发展的需要。

三、地方特色冰雪比赛

"2021—2022"世界冰雪联盟中国巡回比赛上海站在上海的黄浦江畔拉开帷幕。它还是北京冬季奥运会的积分赛，来自世界各地的冰上运动员在冬季奥运会的准备工作中共同竞争，争取更多的奥运会分数。这场越野赛是为上海打造世界知名体育之都增添一份"雪地"的国际性盛事，也让上海市民有了更多接触、了解冰雪比赛项目的机会。随着"南展西扩东进""冰雪运动进校园"等一系列创新措施的实施，"让三亿人参加冰雪运动"的美好愿景逐渐变成现实。在我国的大江南北以及长城内外，群众冰雪运动展现出空前的发展生机和潜能，各种比赛项目层出不穷，冰雪场馆遍布各地，极大地调动了大众参与冰雪比赛的积极性，使冰雪产业蓬勃兴起。

20世纪90年代，为最大限度地促进和提高滑雪的普及率，国际雪联在全国范围内开展活动，并在各城市中都有所渗透。2018年3月，在延安举办第一届国际雪联中国城市赛事，之后在北京、天津、杭州等多个地方举办了一届又一届的赛事，并得到世界各地的一致好评。上海站在城市热环境下使用了一种新型的绿色高效的人工积雪制造技术，具有能耗低、不会对周围环境产生负面影响等多方面优势，是当前最受欢迎的人工积雪制造方式。在科学技术的帮助下，我国南部一些城市的冰雪比赛也有了发展的基础。

在全国范围内举办的冬季滑雪比赛得到了广泛的认同，也证明了在促进冰雪运动的发展中民生事业同样是一个重要的抓手。在北京和张家口，许多冰场和雪场与中小学建立了长期的友好关系，为广大师生提供了免费的冰上培训。"国家大学生冰壶联赛"和"热爱冰雪，迎接冬奥会"的举办，为广大青少年提供了参与和享受冰雪运动的平台。全民冰雪技术等级标准在此期间得到了进一步提高；社会冰雪比赛指导员的训练也开始启动，从科学的视角来说，对于给冰雪运动的发展增添了新的活力具有积极意义。为了解决各大城市存在的冰雪场馆设施供应短缺的问题，国家体育总局已经发起了"百城千冰计划"，打算在不少于100个城市中加大力度推广上千个更具便捷性、专业性、绿色性的户外冰场，让人们更好地参与到运动和比赛活动中来。7月，北京体育场落实了冰雪惠民计划，京津冀地区的33个冰雪场馆作为项目的第一个受益对象，对广大市民进行了长期的无偿服务，方便了广大市民的参与。

近年来，随着《关于以2022年北京冬奥会为契机大力发展冰雪运动的意见》《冰雪运动发展规划（2016—2025年）》《"十四五"体育发展规划》等一系列具有积极意义的政策相继发布，为我国冰雪运动的发展提供了新的参照点，也为未来的发展指明了方向。

随着北京冬季奥运会的到来，在大型购物中心的室内冰场变得越来越普遍，人民群众能够随时参与到冰雪比赛这项体育活动中。更多的人到冰场和雪场，给日常生活增加了新的颜色。截至2021年初，共有标准冰场654个，室内、室外滑雪场地803个，与2015年相比增长了317%。在各个地区，根据当地实际情况逐步建立起一套比较完整和成熟的促进普及的制度，为各地特色冰雪比赛项目的开展提供支撑。在有"双奥之城"之称的北京举办了一场全民冰雪活动，让更多的人享受到了冰天雪地的乐趣，为迎接北京冬季奥运会创造了良好的气氛。在冰雪资源丰富的东北，辽宁举办的"冰雪运动会"、黑龙江举办的"赏冰乐雪"、吉林举办的"冰雪走进吉林"等一批以"冰雪+旅游""冰雪+工业"为特色的活动，为区域发展提供了一张"银色名片"。

从中国都市滑雪场上海站到湖北举行的第八届全民冰天雪地，各地区纷纷推出了自己独特的冰雪比赛，为全民冰雪运动的普及以及发展提供了有力的支持，满足了广大人民群众对更高层次体育锻炼的需要。在后续促进冰雪比赛发展过程中，还会继续扩大300万人参加冰雪活动的整体效果，使冰雪活动从扩大规模和增加数量，向完善制度、提升质量和激发内生动力方向发展。

第五章
我国群众冰雪运动发展展望

第一节 发展群众冰雪运动的价值与意义

一、群众冰雪运动的健康功能

为全面提高群众体质健康运动技能，促进群众健康发展，在实际进行探索与分析的过程中需要结合冰雪运动，了解群众冰雪运动的必要性，通过冰雪体验活动的增设满足人们的各项需求。因此，在引导群众参与冰雪运动的过程中还应该通过讲解的方式，严格按照实际标准引导人们对各个区域功能及特点进行掌握，更加切实地改进传统工作面临的问题，使滑雪场的管理效果得到大幅提升。而且，在探索阶段还应该对滑雪场建设有着一定掌握，确保可以通过体验活动增强群众体质，引导人们了解滑雪运动的要点，激发群众运动兴趣及潜力，发现更多的发展趋势，增强整体效果。对于群众而言，冰雪运动相比于其他运动可以更好地增强体能，提高御寒防病的能力。冰雪运动能够增加血液循环，提高心血管功能，预防多种疾病，神经系统也会不断增强，并在新陈代谢不断改善的情况下，使脑功能得到充分展现。

冰雪运动还可以使运动员的皮肤有弹性和光泽。青少年经常参加冰雪运动可以促进生长和发育，降低青少年患病的概率，中老年参加群众性冰雪运动可以延缓衰老的进程，减少高血压、冠心病、糖尿病等疾病的发生，增强整体效果，发挥冰雪运动一定的作用及优势。而且，还应该在坚持运动的过程中，充分了解冰雪运动的健康功能，其不仅形式多样化，内容也很丰富，不仅具备娱乐性、健身性及经济性功能，还可以满足人们的身心健康发展。因此，在锻炼过程中必须通过体验速度变化和对身体姿势控制的方式，全面协调锻炼自己的骨骼。此外，冰雪运动还可以提高心肺耐力，户外冰雪运动环境温度与室内温度有着一定差距，低温低气压环境可以进行有氧运动，有利于提升心肺耐力。进行冰雪运动，还可以保证人们的心理健康，冰雪运动的学习曲线相对较长，在自身成长过程中会遇到更多一起学习的成员，这些成员在运动中可以相互影响，使人际交往的频率得到强化，拥有良好的人际关系与团队协作精神，有助于心理健康发展。

总的来讲，群众冰雪运动的健康功能在实际分析的过程中，必须充分了解群众冰雪运动发展意义，并且结合当前发展趋势进行优化，这样有助于制定更加科学合理的群众冰雪运动模式，在全面分析阶段充分了解其健康功能，在后续冰雪运动模式创新的过程中进行优化，满足人们各项需求的同时，还可以在优化创新阶段增强整体运动的可靠性、有效性，减少存在的影响与不足，将实际的作用及价值得以充分体现。还应该了解其产生的影响，结合健康角度进行探索，增强整体效果，有效地改进运动面临的不足，真正实现对冰雪运动模式的优化，适应当前发展趋势，为增强冰雪运动的可靠性发挥优势。

二、群众冰雪运动的文化根源

冰雪运动具有民族性、区域性、历史性与实用性的特点，在历史演变过程中不断完善，积累更新，可以有效地适应未来的发展趋势，还可以结合社会发展在人类与自然斗争中逐步发展壮大。冰雪运动的文化传承及发展模式需要从多个方面进行探索，尤其是冰雪民族文化、冰雪竞技文化以及群众冰雪文化。为了能够有效地适应群众必需的运动发展，要融合国内外先进技术经验和理念，保持自身的民族特性，还应该结合冰雪运动在发展中的情况进行探索。我国冰雪运动起源于黑龙江区域，作为人们生活的必备技能，在最早的阿勒泰地区发现的岩画也是对此进行证明，而且冰雪运动是北方居民利用自然环境、战胜自然环境所形成的运动，在自然条件不断发展中积累更多经验，形成固定的冰雪文化，其表现形式多元化，民族发展以及冰雪运动的创新得到拓展，并在发展中形成更加科学的运动模式，使滑雪运动大规模、大面积地开展。挑战人类极限，吸引更多冰雪爱好者将其作为传承体育所展开，还应结合少数民族居民的生活习惯及生产方式进行探索，具备特色文化，通过不同运动形式的表现得到人们的喜爱。

在全面推进阶段还应该结合当前的发展趋势进行探索，水土不服的情况自然会被淘汰，所以在探索运动早期发展过程中，主要是生存需要，滑雪发展初期主要是为了生存需要，是人类为了适应寒冷冬季及自然环境必须掌握的技能。古代人们生存条件相对落后，冬季大雪使人们出行不便，车辆无法正常通行，马和骆驼等大型牲畜只有少数人有条件使用，获取食物更是难上加难，但是在恶劣自然环境下没有困住人类的生存技能，人们运用聪明才智利用地上的动物皮毛发明了毛雪板，可以在雪地上飞奔，是冬季狩猎必不可少的代步工具，使人们在原始森林江河冰川上自由驰骋，追寻猎物，滑雪运动已经成为他们日常生活中必不可少的技能。

在漫长的演变发展过程中，滑雪逐渐形成了越野项目，可以将其作为特色吸引大量的民众参与，并引发游客的关照。同时，冰雪运动也是交通出行的一种方式，在我国北方地区分布着许多民族群落。古代北方民族在冬季狩猎过程中，由于气候条件恶劣，一年中有半年时间被大雪覆盖，雪后交通变得尤为重要，冰天雪地行走困难，更无法顺利地进行狩猎，而交通工具的局限给人们的出行增加了困难。聪明的猎人将毛皮绑在长长的竖板上，通过加大雪与水的交融发明了类似雪橇、雪车等交通工具，不仅可以满足人们单独出行的需求，还可以载物出行。在全面探索阶段，要加强重视，确保可以结合当前发展趋势了解人们滑雪技能，并在探讨阶段注重群众滑雪运动的发展，从而适应未来发展趋势，满足人们对滑雪的需求。

三、群众冰雪运动的经济意义

在人们生活水平不断提高的背景下，季节旅游得到人们广泛重视，越来越多的人走向冰场、雪场。现如今，3亿人参与冰雪运动已经成为现实。例如，北京冬奥会对我国冰雪产业起到良好的推动作用，不仅激发了人们的消费积极性，还助力各个区域的协同发展，围绕重点话题有针对性地开展探索和开发，从而抓住冰雪产业的发展契机。通过分析相关企业家提出的建议以及未来群众评选运动发展趋势的结果，举办冬奥会对促进我国冰雪产业发展有着重要意义。借助北京冬奥会的举办，可以引领更多的人，参与冰雪运动，促进冰雪运动发展，形成冰雪旅游文化载体的发展模式，深度挖掘冰雪、长城、民俗等地方特色产业的发展，增强冰雪运动转化和研发能力，有效地满足人们冰雪运动的市场需求，并结合冰雪运动教学培训及大众运动培训的发展，整合产业链需求，严格按照协议标准做好综合优化工作，从而突破传统发展中面临的问题，预计在未来冰雪产业突破万亿，并有着良好的发展潜力。

北京冬奥会带动了我国群众冰雪运动的普及和发展，实现更多的人参与到群众冰雪运中，还提升了群众健康水平，促进健康中国建设。北京冬奥会的举办带动了冰雪运动产业进入黄金发展时期，为全国体育产业升级带来了更多帮助。由于冰雪运动各项设施需求量大，所以传统发展过程中在供给冰雪装备科技创新能力方面，始终处于有待提升的状态，冰雪装备产业园区也处于比较缺乏的状态。冰雪产业与其他产业的有效融合，可以带动冰雪运动建设、冰雪运动教育培训等项目，有效地拓展当前发展趋势，形成良好发展模式。

在未来发展趋势的背景下，为了能适应发展需求，还应结合当前发展现状，充分了解产业链和供给链协同配套的关系，吸引更多游客的同时带动当地经济的可持续发展。群众冰雪运动形式悠闲，可以促进我国经济的发展，使人们的消费偏好得到转移，但仍然需要强化重视冰雪运动具备的危险性，需要站在多角度进行探索，确保量力而行。可以通过政策实施的方式，多角度地加深人们对群众冰雪运动的了解，提升居民对该项运动中智能设备等消费的迹象，促进新技术、新产品的消费，并借助科技更加有效地适应未来发展，解决传统发展模式面临的问题，还可以结合新能源等现代化软件的配套设施，打造互联网人工智能新产业模式。例如，5系虚拟现实VR同步视角等可以真正实现协调控制，促进绿色环保产品的消费，借助绿色奥运理念统筹赛事需求，赛后利用环境保护等相关问题的展开，有效地促进绿色环保产业的发展。在发展工作中还应该结合当前发展趋势，接待更多的游客，全面促进我国经济发展，增强整体发展可靠性，根据我国独特的魅力及城镇与区域的标准进行优化协调。应结合冰雪经济发展趋势做好探索，将其作为体育文化旅游发展的重要前提，通过空间布局优化及加强项目支撑的方式发展优质冰雪旅游产品，满足人们各项需求，还可以增强整体发展可靠性，更加有效适应未来发展趋势，促进体育文化旅游的发展与建设。

第二节　发展群众冰雪运动的具体路径

一、政府支持是我国群众冰雪运动发展的主导力量

以习近平新时代中国特色社会主义思想作为指导，并紧紧围绕"五位一体"总体布局和协调性，全面开展战略布局。坚持以人民为发展中心，在实际发展中牢固树立全新的发展思想，确保明确创新机制、未来发展趋势，普

及群众冰雪运动，在发展冰雪运动事业的过程中，结合现阶段冰雪运动发展情况，坚持党的领导，并且在协调工作中加快改革步伐。这样可以有效地适应未来发展趋势，明确发展目标，并在全面探索阶段建立更加全面的改进措施。通过了解多种工作运行面临的问题，兼顾长远发展，因地制宜地统筹规划并全面提高冰雪运动发展水平，在发展中，还应该结合2022年冰雪运动发展的总体目标进行均衡优化和普及多项工作，适应良好的发展趋势。冰雪产业蓬勃发展阶段其产业规模在不断扩大，还应加强结构优化控制，确保产业链完整，并在原有基础上进行深化改革，对推进全面建设冰雪运动改革发展起到良好作用。同时，还应打通冰雪运动和其他项目的整合，建立更加科学的人才储备措施，探索多种组建模式，深化国家训练体制改革，实施扁平化管理。在公开与可持续发展背景下，融入竞争意识，增强整体发展可靠性，严格按照标准做好规划措施，注重改革，做好体质管控，发挥综合性运动的可靠性，有效地调动人们参与的热情。加强备战管理，注重科技的渗透，推动群众冰雪运动的可持续发展，切实地展开社会性教育工作，有效地增强人们的荣誉感。在实际开展工作阶段，还应该细化多种措施，加强保障，推进科技创新，坚持可持续发展道路，使整体工作效果得到大幅提升。在全面开展阶段，还应加强国家对训练场地建设和训练保障队伍建设的重视，使每个人的使命感及责任感都能够得到增强，更加适应未来发展趋势，切实地改进当前面临的问题。

健全激励机制，研究制定符合冰雪运动特点的运动员的文化教育和退役安置等方面政策，保障运动员、教练员及相关人员待遇，充分调动广大运动员、教练员及相关人员备战积极性，解决好他们的后顾之忧。密切国际交流合作，加强与国际奥委会、国际残奥委会、冰雪运动国际组织、冰雪强国体育部门的合作交流。把握国际冰雪运动发展趋势，研究赛事规则和规程，有序地组织运动员赴国外高水平冰雪运动基地训练和参加各类冰雪运动单项国际赛事，邀请国外优秀运动员、教练员来华参赛、执教。大力培养冰雪运动国际级裁判和运营管理国际化人才。严格赛风赛纪要求，强化政治担当，以最大决心和最严措施，坚决落实赛风赛纪和反兴奋剂工作责任制，坚持对兴奋剂问题零容忍，把我国举办的各项有关冰雪运动的赛事，例如，北京冬奥会、冬残奥会办得像冰雪一样纯洁无瑕。

健全群众冰雪组织，充分发挥各级体育总会、冰雪运动协会和其他社会组织作用，组织和引导群众广泛参与冰雪运动。扩大冰雪运动社会体育指导员队伍，支持社会力量兴办冰雪运动培训机构。建设群众冰雪设施，支持各地结合自然环境、气候条件、社会需求等因素，加强公共滑冰馆、室外滑冰场、滑雪场、综合性冰雪运动中心等场地、场所建设，配建无障碍设施。鼓励在有条件的城市公园或利用其他现有设施、场地建设冬季临时性户外群众冰雪设施，同步做好安全保障。支持社会力量按照有关标准和要求建设各具特色的冰雪运动场馆，丰富群众冰雪活动。

大力开展冰雪运动进机关、进校园、进部队、进厂矿、进农村、进社区、进家庭等活动，鼓励各地依托当地自然和人文资源，发展形式多样、群众喜闻乐见的冰雪健身项目，推广民族民俗冰雪项目，积极引导社会力量举办业余冰雪赛事，着力打造群众性冰雪精品赛事。深入实施冰雪运动"南展西扩东进"战略，推动冰雪运动向四季拓展，努力实现带动3亿人参与冰雪运动的目标。

加强冰雪运动宣传，积极开展冰雪运动相关报道，充分发挥各级各类新闻媒体作用，办好冰雪运动节目和专栏，组织创作一批冰雪题材影视作品，加强对冰雪运动知识、冰雪赛事活动的宣传，传播冰雪运动正能量。例如，通过举办青少年赛事，做好综合协调工作，引导青少年参与多元化工作中，拓展青少年活动主题，鼓励以冰雪运动作为主题的冬令营，健全冰雪项目的赛事体系组织，在参与运动的过程中扩大青少年冰雪运动队伍。还应该支持社会力量开展培训，有助于增强整体发展可靠性，并严格按照实际标准做好综合计划，更加全面适应未来发展需求，解决当前冰雪运动发展面临的实际问题。在实际工作开始时，还应该推动中小学冰雪运动融入知识教育中，结合先天情况鼓励中小学采用安全系数较高且训练较好的运动装备，尤其与冰雪俱乐部的合作，可以为青少年冰雪运动的普及和发展带来更多帮助。鼓励高等院校组建高水平冰雪队伍，通过训练模式创新的方式，得到人们广泛认可，确保在全面建设阶段可以切实改进传统工作层面问题，增强人们对冰雪运动的理解，普及规划工作，在协调控制阶段可以真正适应未来发展趋势，促进青少年冰雪运动的普及发展，构建长远目标。

冰雪运动要形成多元化培养模式，积极以市场为主体，强化对多种公司的重视，建立健全有针对性的运行措施。针对实际工作的创新与健全，要围绕冰雪运动展开工作以便于真正适应未来发展趋势，对资源整合企业开发等多样化工作进行综合探索，拓展冰雪竞赛表演模式，有效地推动和举办具备高水平的赛事活动。在协调过程阶段可以结合备战任务及各地成立的专门临时性的工作机构，有助于真正适应未来发展趋势，增强整体管控效果。还可以严格按照实际标准开展工作，通过虚拟视频、虚拟现实等技术手段，播放冰雪赛事直播，强化人们和社会组织认可，通过政策支撑的方式推进后续冰雪运动的稳步进行，实现对传统方式的改进，增强整体工作效果，为后续工作的顺利运行带来更多的支撑与保障。但在政策支撑背景下仍然面临角度问题，实现对传统模式的创新还应该强化，把冰雪运动发展融入各个环节中，并结合当前发展趋势以及面临的问题进行综合指导，有助于将实际工作的价值和作用展现出来。

一是加强组织领导，各级党委和政府要坚持举国体制与市场机制相结合，形成工作合力。有条件的地方要把冰雪运动发展纳入本地区经济社会发展的重要议事日程。在冰雪运动人才培养、场地设施建设、物资保障、科技助力、外训参赛、法律服务等方面，为体育部门、残联开展工作创造有利条件。

二是强化部门联动，各有关部门要加强统筹协调，及时沟通情况，密切协作配合。体育总局要会同有关部门对落实本意见情况进行监督检查和跟踪分析，研究持续推进冰雪运动发展的各项政策措施、重大事项，并向党中央、国务院报告。

二、社会组织是我国群众冰雪运动发展的主要阵地

北京冬奥会、冬残奥会的筹办和举办，极大地推动了我国冰雪运动跨越式发展。我国高度重视体育事业和冰雪运动发展，各地方、各部门坚持以加快建成体育强国为目标，以成功举办北京冬奥会为契机，推动冰雪运动的推广普及，社会各界参与冰雪运动的积极性不断提高。据2022年1月发布的国家体育总局委托国家统计局开展的《"带动三亿人参与冰雪运动"统计调查报告》显示，全国冰雪运动参与总规模于2021年10月达到3.46亿人，冰雪运动在大江南北、长城内外呈现出前所未有的发展活力和潜力，"三亿人参与冰雪运动"从愿景变为现实。冰雪运动的十年间，参与人群已从小众走向大众，参与空间从地区走向全国，参与时间从冬季变为全年，冰雪运动不仅"走进"山海关，还"迈过"秦岭淮河，实现全国覆盖，使群众冰雪运动发展迈入新时代。冬奥会申办成功以来，在"南展西扩东进"战略和"带

动三亿人参与冰雪运动"号召的推动下，冰雪项目群众性赛事活动广泛开展，越来越多的人爱上了冰雪运动，走上冰场、雪场，享受冰雪运动带来的乐趣。早在2013年，申办冬奥会之初，中国就向国际社会做出"带动三亿人参与冰雪运动"的承诺，然而落实起来并非易事。由于我国自然冰雪覆盖地区不广，群众冰雪运动基础还比较薄弱，冰雪资源南北分布不均，多位于高海拔地区，冰雪产业设施和配套服务等并不完善。与其他冰雪运动强国相比，我国冰雪运动的竞技水平不高、产业基础薄弱，这些短板的限制使我国必须创新一条中国特色的冰雪运动发展之路。从塞北到江南，从西部边陲到东部沿海，冰雪运动"南展西扩东进"战略成效日益凸显。通过战略的推进实施，积极引导不同区域因地制宜、各有侧重地开展群众性冰雪运动，宜冰则冰、宜雪则雪，室内室外同步发展，促进冰雪运动区域互动合作，形成优势互补、良性互动的发展。被称为冰雪运动"东进"桥头堡的上海，可谓"十年磨一剑"。上海不断推进符合国际比赛标准的大型冰雪场地建设，东方体育中心、世博文化演艺中心两块多功能固定冰场率先落地，拥有上下两层、常年作为专业教学和赛事冰场的三林体育中心也紧随其后建成，上海各大商圈的季节性户外冰场成为上海市民学习滑冰、休闲放松的好去处。冰雪运动让这个鲜少下雪的城市增添了色彩。近年来，接连发布的与冰雪运动相关的政策，从顶层设计加速推动和规划，引领群众冰雪运动蓬勃发展。

2019年，国务院办公厅印发《体育强国建设纲要》，将推进冰雪运动发展相关内容写入"落实全民健身国家战略，助力健康中国建设"和"促进体育文化繁荣发展，弘扬中华体育精神"等战略任务；中共中央办公厅、国务院办公厅印发《关于以 2022年北京冬奥会为契机大力发展冰雪运动的意见》，提出我国冰雪运动总体发展要更加均衡，普及程度要明显提升，参与人数大幅增加。各部门也在发布配套政策，推动群众冰雪运动发展。

2016年，国家体育总局等部门联合印发《冰雪运动发展规划（2016—2025年）》。2018年，体育总局公布《"带动三亿人参与冰雪运动"实施纲要（2018—2022年）》，提出要基本形成地域全覆盖、要素全融合、人群全服务的群众性冰雪运动发展态势，冰雪运动普及和推广体系初步建成。"带动三亿人参与冰雪运动"不仅成功实现了推动冰雪运动从小众向大众、从区域向全国、从冬季向全年的转变，还提升了群众的获得感和幸福感，也为世界冰雪运动的创新性发展提供了中国实践和中国方案。不断丰富的群众冰雪运动推广活动落地，群众冰雪活动赛事蓬勃开展，带动更多群众关注、参与冰雪运动。各地根据季节特点和地方特色，室内外相结合，宜冰则冰、宜雪则雪，各有侧重地开展群众性冰雪活动，让越来越多的人冬天走出家门，告别"宅冬"的日子。

近年来，不断培育的冰雪品牌活动渐成规模，让群众对冰雪运动的参与热情不断高涨。2016—2021年，全国多地开展的"赏冰乐雪"、冰雪嘉年华、冰雪运动会等活动，涵盖了冰雪比赛、展示、体验及征文和摄影等多种活动内容和形式，让当地群众更加便利地参与到冰雪运动中来。"全国大众冰雪季"的举办推动了中国冰雪人口不断壮大，从2014年第一届的10个省市区参与，到近两年31个省市区全部联动，各类赛事活动覆盖的区域超过了全国一半的地级市，人员规模也从2014年的1000万人次左右上升到了第七届时的近1亿人次，增长了近10倍。同时，各地蓬勃开展的群众性冰雪运动，也成了"健康中国"的亮丽风景线。随着冰雪运动普及程度的提高以及冰雪运动文化的广泛传播，大众对冰雪运动的喜爱程度逐步提升，冰雪运动自发参与率也逐步提高。

自2021年底以来，以线上线下相结合的方式举办的与冬奥相关的群众性赛事活动近3000场次，参与人数超过1亿人次。四川连续多年举办"全民健身冰雪季"，社会影响力不断扩大，参与人次逐年提高；新疆围绕"迎冬奥，爱冰雪"主题举行了小型多样、丰富多彩的冰雪系列赛事活动500余场次，参与人次达到58万余人次，并连续多年组织开展"天山之冬"百万青少年上冰雪活动。

近年来，我国群众性冰雪运动的内容和形式更加丰富多彩，参与主体更加多元，人群覆盖面更广。各类活动贯穿全年，实现人群全服务、地域全覆盖、全国大联动的全面开花新格局。"冰雪进校园"成效显著，越来越多的青少年在学校接受了冰雪知识的普及和教育。冰雪运动走进校园，让曾经看似遥不可及的冰雪运动项目渐渐成为青少年的新爱好。我国青少年群体（0～14岁）约2.5亿人，吸引广大青少年群体广泛参与，是实现我国冰雪运动可持续发展的关键一环。

2019年，国家体育总局会同教育部等部门联合印发了《关于加快推进全国青少年冰雪运动进校园的指导意见》，进一步明确了与冰雪运动进校园相关的教学、训练、竞赛等内容；制订了冰雪运动传统特色学校相关标准，在全国遴选了冰雪运动特色校2000余所，将冰雪运动知识教育纳入学校体育课教学内容，学生在校园里可以通过多种方式参与到冰雪运动中来。丰富的校园冰雪活动，让更多儿童和青少年感受到冰雪运动带来的快乐。在校园文化中融入丰富的冰雪运动元素，也让冰雪运动氛围在青少年群体中日益浓厚。体育总局、教育部、北京冬奥组委通过举办以"筑梦冰雪 相约冬奥"为主题的全国学校冰雪运动系列竞赛和冰雪嘉年华活动，进一步推广普及了校园冰雪运动，培养学生冰雪运动兴趣，提高学生冰雪运动技能水平。在北京市石景山区电厂路小学，不仅有真冰冰壶场地，还有专业运动员介绍冰壶运动；在河北省张家口宣化二中，学生走进雪场体验滑雪课程，开展滑雪训练……各地都在积极鼓励有条件的学校将冰雪运动内容纳入体育课程教学，鼓励学生积极参与冬季健身运动，熟练掌握1—2项冰雪运动技能。为推动增加群众冰雪运动场所，体育总局近年来组织开展了群众滑冰场建设试点。

利用中央集中彩票公益金引导支持各地结合实际因地制宜地探索群众滑冰场建设和运营方式，带动各地增加冰雪运动场所数量。新建和改建的室内冰场、雪场推动着冰雪运动向"四季延伸"，成为大众生活的新风尚。此外，国家体育总局还组织研制仿真冰场、移动真冰场国家标准，用标准规范引领滑冰场研发生产，推动群众滑冰场所建设。

在北京，冰雪场地由申冬奥前的42座冰场、44块冰面、22所雪场，发展为如今的82座冰场、97块冰面、32所雪场。河北省大力推进室内滑冰馆建设，已建设滑冰馆202座，冰面总面积13.5万平方米，实现了县县都有滑冰场。依托现有体育场馆、盘活闲置厂房、场地改建，采用常规结构、钢骨架蓬结构、气膜结构新建等方式，河北已建成各类滑雪场馆109个，全省冰雪场馆数量位居全国首位，为群众冰雪运动长远发展提供了保障。南方省份冰雪场地和设施建设也在不断推进。江苏省大力推动冰雪运动场地设施建设，截至2021年上半年，共建有冰雪场馆42个，场地总面积达40多万平方米。福建省自2019年以来，先后在福州、厦门、泉州等地建成冰场10余个。不断建成的冰雪场地，让群众冰雪运动的地方不再受局限，喜欢上冰的人群可以因地制宜在商超冰场、独立冰场、仿真冰场、可拆装式滑冰场、冬天限定的河冰场等场地做选择。商超冰场开在人流量大的区域；独立冰场安静且专业；仿真冰场局限性小，安装快捷方便，室内外均可；可拆装式滑冰场灵活性高，能源消耗低，为冰雪进校园、进社区提供了更多选择；冬天才有的河冰场则是一份特有的热闹。喜欢上雪的人群也有了室内滑雪场、四季仿真滑雪场等选择。冰雪之花飞入千家万户，三亿人参与冰雪运动的热情正推动着全民健身步入新局面，推动世界冰雪运动发展迈向新的台阶。冰雪运动的跨越式发展为体育强国建设增添了强劲动力。

三、学校合作是我国群众冰雪运动发展的第二出口

我国对教育领域越来越重视，尤其针对丰富校园文化以及校园景观建设方面更加关注，要根据实际情况科学可靠地对现有模式进行规范，提升文化设计的可靠性，解决传统文化不够丰富的问题。在综合探究阶段，还应针对不同情况合理地融入冰雪景观设计，保证整体设计效果，减少不良影响。东北地区冰雪景观在冬季校园设计中发挥了一定的作用，且起到生态文明建设的作用，可以满足校园文化丰富的个性需求。有效地将冰雪景观设计与校园文化整合，所包含的内容较多，为了能提升整体设计效果，需要加强对设计的重视，确保可以从多角度形成良好的发展趋势，发挥一定的作用和意义。

（一）通过景观激发学生的热情

近年来，国家对高等教育的重视程度不断提升，大学作为高等人才培训的重要基地已经成为越来越多人的选择，其校园文化与发展理念是造成大学之间差异的原因之一，而且大学代表了一个城市的文化，与城市发展以及年轻一代的追求有着密切联系。所以，在高校校园文化建设的过程中，需要加强多种工作重视，做好综合分析，科学合理地将不同元素融入到校园中，按照实际标准进行规范化建设，满足人们对高校校园景观提出的各项要求。

校园景观环境作为学生校园生活的基本环境，在进行建设时需要关注学生的需求与体验，尤其是精神物质二者之间的关系，必须得到充分协调，不仅可以突出校园特色，还能真正地实现美化环境的作用，为学生营造良好的文化氛围，提升整体教育效果，避免社会因素影响而导致教育价值难以提升。还应根据各方面素质进行规范，发挥潜移默化作用，推进后续景观设计工作的稳步进行，有效地减少影响及限制，通过利用冰雪资源优势打造特色校园文化，满足不同省份学生对校园文化的需求，真正实现冰雪运动普及[①]。

---

① 葛爽 . 中国群众冰雪运动发展策略研究 [J]. 冰雪体育创新研究，2022(22)：19—21.

我国北方有着特有的冰雪资源，可以通过多种景观建设开发符合人们需求的模式，尤其在城市街道遍布冰雪雕塑，可以满足其他省份游客对我国北方各种文化艺术的需求。北方的冰雪大世界有雪博会、雪球比赛等各种赛事，已经得到各个地域人们的认可，同时，滑雪运动也得到人们的广泛认可。城市冰雪景观设计与建设都可以作为高校校园冰雪景观建设的重要环节，其设计工作必须严格体现出地域性原则，在优化设计阶段可以根据各项标准科学可靠地对设计方案进行规划，满足设计标准并充分地将冰雪融入到校园设计中，实现有效契合，减少传统设计存在的问题。

校园冰雪景观建设不仅需要体现将城市地域性原则，还应该把注重校园文化建设作为重要的一项工作，与校园文化密切联系，并结合校园文化内涵更加科学地进行景观设计，而且大学校园作为科教兴国的重要阵地，在基础设施建设的过程中，教学条件与师资队伍都有着突破性的进展，但是也凸显出校园文化内涵建设的不足，制约高校发展，导致多元化问题产生。为了能更加有效地利用本地冰雪资源，打造具备特色的校园文化，要结合当地区域情况更加科学地将校园文化内容融入高校冰雪景观设计中，有效地结合校园文化优化改进，打造属于北方校园特色的景观建设。

（二）开展校企合作，渗透群众冰雪理念

景观设计是校园规划设计的一部分，在实际分析过程中，景观设计必须与规划设计同步进行，所以高校校园景观设计需要考虑教学楼宿舍以及各个区域，更加科学地进行规划，有效地考虑校园自然环境，在自然环境的基础上进行科学设计。对建筑群进行景观设计需要更加灵活多变，有效地适应建筑外观，还应将景观的亲和力有所体现，得到人们广泛认可，建立与人的联系，并通过优化与调控更好地符合设计标准。对于冷冰且坚硬的建筑主体必须通过温和且柔和的景观设计来满足各项标准，还应具备情感色彩。建筑实体可以为人们提供最基本的功能，即便是空间的利用也无法科学有效地提升效果。所以，冰雪景观设计必须要根据高校校园文化丰富要点，优化改进要遵循地理因素，通过自然景观与人文设计的方式，充分地发挥冰雪资源利用的作用，打造与主体相呼应的冰雪景观文化，设计出具有特色的冰雪景观①。

---

①河北体育局. 让冰雪运动成为人民群众特色生活 [J]. 红旗文稿，2022(05)：15—17.

高校校园冰雪景观建设不仅需要与建筑主体形成良好的呼应作用，还可以适当地与校园花草树木及校园活动人群进行呼应，考虑校园景观与建筑主体之间的关系，在重视主观设计时，还应对其他要素之间的联系有一定掌握，所以在进行尝试性设计阶段，必须加强创新，避免千篇一律的照抄照搬，导致整体设计效果无法得到保障。北方冬天，冰雪资源的利用更加多样化，校园处于冰冷的状态，并没有人文性可言，所以可以根据冰雪资源的优化设计，让学生欣赏冰雪雕塑，这样更加符合校园氛围，满足学生的审美需求，并将冰雪资源的功能性与审美性充分体现。在进行设计的过程中，为了使冰雪景观与其他要素之间的联系更加密切，还应严格按照标准展开，切实改进不足，真正地实现优化创新，满足各项标准，确保冰雪资源利用价值得到保障。

高校校园景观设计包含内容较多，为避免受相关因素影响导致整体设计效果无法体现，还应充分考虑校园景观的人文性。高校与初高中有着一定差距，作为知识密集的社会环境有着人文关怀的特性，应加强对校园文化的重视，按照地域特色进行优化设计，满足学生的各项要求。高校校园景观必须将人文特点突出，不仅需要在教学楼、图书馆等设施上体现，还应将其融入操场、寝室等各个角落，有效地实现文化景观氛围烘托，有助于体现人文关怀。把学校放到整个地域文化背景去考虑，站在多角度分析冰雪资源利用情况，使学生对设计要点掌握更加充分，让景观与文化更好地结合。景观设计还可以让学生进行自主创新，不断地发掘本地资源，利用传统文化优势打造符合学生年龄段的人文性，给予学生更多机会，增加学生的参与感，真正地实现科学可靠的设计，从而发挥一定的价值。但在实际进行冰雪资源利用的过程中经常会受相关因素影响，导致整体设计无法符合校园文化需求，必须提出相应的标准，并且在综合分析阶段，科学可靠地进行规范处理，提升整体设计价值，减少不足，弥补传统设计工作面临的问题。

（三）校园冰雪景观设计，激发学生的冰雪意识

在社会稳定发展的背景下，无数优秀文化成果成为社会发展的重要组成，而且城市发展与校园环境联系密切，成为展示城市魅力的空间环境，随着人类技术和经济条件与社会文化及价值观的体现，必须要不断创造，具备环境整体美和群体的文化需求。高校校园是城市发展的重要组成，在校园操场进行冰雪景观设计，可以丰富校园文化需求，吸引更多学生，满足不同省份学

生对冰雪景观的好奇心。我国北方冬季天气相对较为寒冷，绿色植被几乎消失，校园景观几乎被埋没，无法体现出良好的校园文化。为了能够达到校园环境的要求，在严寒气候时需要加强对操场冰雪景观设计的重视，将冰雪资源作为出发点组织师生参与设计，更加有效地体现冰雪景观的效果。而且校园操场功能多样化是产生校园文化的源泉，只有通过校园文化的创新才可以满足设计标准，但是在实际设计中，由于会受相关因素影响，为了吸引不同学生产生多元化活动，要考虑功能性需求，根据城市地理条件，从冰雪景观内容与功能上做好综合探究，将城市广场中冰雪景观有效整合，形成科学布局，真正实现功能互补。因此，在校园操场实际设计过程中，可以参考北方城市的中心广场，满足设计要求，并与城市环境相烘托。操场空间中的建筑及人文景观较为复杂，在引入全新思维与文化时需要创造良好的氛围，根据地形等情况科学合理地进行布置，丰富冰雪艺术形象，科学有效地烘托操场环境。冰雪景观设计包含的内容较多，也是烘托校园文化的重要组成，为了避免过于乏味导致学生失去兴趣，学生要积极参与冬季室外活动，使学生能感受到冰雪情趣，领略冰雪的美感，通过多方位的艺术设计，满足丰富校园文化的要求。

校园街道是满足学生日常学习与生活的必要设施，可以创造出满足校园交通要求的道路，构成完美线性的空间秩序。校园设计包含内容较多，而且各个街道有着一定的复杂性，为了切实地提升整体设计效果，要根据城市发展情况做好综合探究，加强优化设计，创造多层次城市景观标准，真正地展现出美学概念，有效地减少问题，弥补传统校园道路景观缺乏的问题。在冰雪景观设计中，需要以冰雪景观的宏观效果为基础，形成烘托校园景观的作用，特别是校园宿舍到教学楼的道路必须充满艺术性，通过各种类型的冰雪景观体现艺术性，对线性景观规划可以采用生动且曲折的布置手法满足设计标准，还可以通过休闲要求的增加，更好地体现出冰雪景观的趣味性，使学生有着轻松良好的环境。

北方冬季城市布局受外来文化的影响较大，并且街道纵横，有着平面几何的形式，在对校园景观进行设计阶段，可以根据北方某个市区街道布局标准开展，既可以切实改进不足，还可以通过景观再创造的方式形成良好的模式，有效地实现欣赏性，使市民可以更好地感受冰雪艺术。在综合参与阶段，还应该根据休闲街道、景观街道的需求做好综合探究，吸引学生目光，让学生体会冰雪文化的韵味，真正地实现可靠性设计，并且在校园文化中不断创新。

高校体育场等相关休闲场所在冰雪景观设计过程中，为了能更加有效地实现文化的丰富，在设计阶段可以围绕冰雪公园的角度开展，将其作为冬季校园的主题。北方冬季树木枯萎、花草凋谢，缺少夏季良好的景观性，只有通过科学可靠的优化设计，以冰雪为基础，才可以提升整体设计效果，在学生学习与校园生活中提供文化休息及活动闲暇空间，满足学生对文化的需求，还可以通过冰雪公园建设发挥一定的作用。因此，在实际设计阶段，需要根据北方历史以及冰雪爱好者做好综合考量，不仅体现出冰雪艺术的效果，还可以真正地实现冰雕与雪雕的有效整合，展现出冰雪体育项目，并通过更加科学的优化设计，满足各项标准，真正地实现统一与创新，并充分考虑景观布局与学生活动安排之间的联系，确保在冬季寒冷的气候中让人们愿意在校园内多停留，真正地将设计的作用及价值充分展现。

校园生活中不同季节会体现出不同的景观，而北方的冬季花草树木枯萎，校园景观被冰雪覆盖，为了能更加有效地满足校园景观设计需求，在现有基础上加强对冰雪景观设计的重视，通过灵活巧妙的设计构思为校园景观增添艺术性，丰富校园文化。在冬季，无论是学生宿舍还是教学楼，大量的冰雪景观都可以引入人们视野，有效地表达了校园冰雪之美。对冰雪景观设计要充分考虑路灯、告示牌、座椅与滨水景观的融合要求，通过色彩的科学搭配，为人们留下深刻的印象。在优化设计阶段，还应加强对局部空间分布的重视，了解空间环境复杂性特点，在组织设计元素进行景观创造过程中，针对不同功能要求，科学可靠地进行规范，满足设计标准，通过灯光设计与冰雕、冰雪景观设计的有效融合，强调景观的美感和设计感，更好地实现校园冰雪景观的协调，满足多样化设计标准，为真正实现科学优化与创新发挥作用。

在校园文化丰富与拓展校园设计工作中，冰雪景观设计的有效运用，可以成为校园文化的缩影。冰雪文化对校园文化建设起到良好作用有着深刻的影响，有效地保证校园文化素养的提升。但是校园景观设计包含不同美学领域，需要按照设计标准进行规划，尤其景观设计的功能性植物造型以及多方面因素影响，必须要加强校园文化设计的丰富与创新，真正地实现科学化建设，推进后续工作的稳步进行。

四、师资培训是我国群众冰雪运动发展的核心支持

群众冰雪运动的全面实施包含内容比较多，在加强合作的同时，还应该结合当前师资培训的相关工作，充分了解目前相关院校冰雪运动教师的综合能力。近年来，我国传统体育的继承和发展受多元化因素影响，导致在发展中受到一定限制，不仅难以实现师资的科学培训，也不利于将民族传统体育与冰雪运动整合，使体育课程教学效果难以得到提升，制约群众冰雪运动的可持续发展，必须得到广泛重视，加强分析，并结合师资培训要点制定更加科学的培训方案，充分了解当前师资培训现状，制定更加符合当前发展形势的措施。还可以严格按照协议标准加强对宣传内容的掌握，借助实际情况增强整体宣传效果，并按照当前发展趋势充分将民族体育与传统文化整合，在培训过程中有效地激发学生冰雪运动热情，通过相关要素的拓展与优化，增强整体教育可靠性，为后续人才培养带来更多帮助。

民族传统体育是中华民族宝贵的文化遗产，将传统体育与冰雪文化融合可以发挥它的作用。2022年，北京冬奥会的成功举办，使冰雪运动得到人们的广泛认识，除了东北三省以外，不少南方城市纷纷建设了室内冰场和雪场，截至2022年底，我国冰雪运动场数量高达2000个，相比2018年增加1000个左右，同比增长50%，冰雪运动已经成为人们健身娱乐及旅游的新方向，所以要将民族传统体育与冰雪体育文化科学合理地融合实现文化的传承，发挥良好的作用。民族传统体育是各民族增强体质、提高技能的娱乐经济项目，也是民族不断发展进步中形成的传统活动方式，具备自身特点。他们在寒冷多雪的环境下可以创造更多的游戏活动，并推动其不断发展使其具有健身娱乐的功能。为了能促进冰雪体育文化与民族传统体育的整合，须结合当前冰雪项目的发展情况做好全面探索，有效地将我国优秀传统文化融入冰雪文化，增强整体效果，加强宣传，提高整体宣传价值。

我国民族传统体育的继承与发展受社会多元化因素影响，为了能呈现良好的发展趋势并减少受到的限制，在运动员选材与培养方面要强化对人才培养的重视。冬奥会背景下，需要加强项目选材的重视。受地域因素和条件限制，冰雪项目在我国发展相对较缓慢，存在明显的地域性与区域性，主要集中在东北三省区域，在全国范围内冰雪文化底蕴相对薄弱。为了能增强其发展效果，须加强对民族传统体育和冰雪文化融合，结合当前发展趋势，建立更加适应发展的措施，贯彻冰雪理念，抓住机遇大力推进冬季运动项目，积极拓展民族传统体育的发展路径，为传统运动员的发展带来更多帮助。通过构建科学选材体系，借助冰雪运动实现跨项选材，为后续人才培养带来更多帮助，避免局限于传统的培养模式。为保留文化特色，还应结合国家政策发展建立可靠的培养措施，为传统体育人才提供更多的发展，真正地实现冰雪运动项目创新。

通过多种措施将民族传统体育与冰雪运动整合，在一定程度上可以起到均衡发展作用，减少传统发展面临的问题，将民族体育运动和冰雪运动进行整合，顺应冬奥会的发展趋势，形成良好的发展措施。二者在相互协调发展过程中，可以实现交互并牢固冰雪运动发展使命，增强整体宣传可靠性，以有效约束与规范的方式推进后续冰雪运动的发展，在一定程度上符合人们的各项需求。为了能顺应时代潮流，还应注重创新发展并丰富文化内涵，不仅在运动上有效整合，还可以实现文化的相互交融。为了能促进民族传统体育与冰雪文化的融合，政府需要出台相关政策，加强重视和完善各类组织结构融合的相关体育项目，搭建交流平台，鼓励并建立多种模式，营造良好的体育环境，实现民族体育和文化的有效整合。

在发展中，还应加强实际工作优化，确保可以调动多方主体的热情，强化对人才培养的支撑，为后续宣传工作的可持续进行带来更多帮助。要想有效地实现民族传统体育与冰雪文化的相互融合，须借助冬奥的机遇，不断地加强推广与宣传工作，重视科学合理地利用新媒体及信息化技术，丰富宣传模式，使大众对民族传统体育有着更为充足的关注度。借助冬奥会的影响向世界传播中国优秀文化，在冰雪项目创新的过程中，满足世界各国人民对多元体育的需求。在发展工作中，还应该深化价值追求，促进文化的共同发展，强化文化自觉自信，挖掘融合体育项目的产业化价值，为传统体育的源远流长带来更多帮助。民族传统体育与冰雪体育文化的融合要发挥良好的作用，调动多方主体，注重人才的培养，充分发挥校园的纽带作用，普及冰上舞、冰上龙舟等活动，建设专门机构，完善竞赛机制，优化未来行业发展前景，更加有效地实现对传统工作模式的优化创新，为体育文化的渗透提供更多保障，真正地实现可靠性优化与落实，从而增强整体宣传的价值，推动经济的稳步进行，为人才培养带来更多帮助。

民族传统体育与冰雪体育文化的融合发展是必要的工作，能够实现文化的传承发展，通过科学合理地将中华优秀传统体育融入冰雪文化，不仅有助于实现文化的传承和创新，还可以为日后的发展提供全新的发展思路，践行新时代民族传统体育的使命，从政策人才培训及宣传工作角度入手，助力传统文化与现代冰雪运动的结合，为未来的发展奠定基础。师资培训作为促进群众便民运动发展的核心工作，为了有效地增强培训效果，应在原有基础上制订更加科学合理的工作措施，在优化改进现有工作模式的情况下进行创新，增强整体发展效果，减少所存在的影响及约束，为后续冰雪运动人才的培养提供重要支撑。

第三节 发展群众冰雪运动的建议

一、区域性建议

冰雪文化是北方人民在冰雪自然环境中，以冰雪为基础创造出具有冰雪符号的生活方式，是冰雪生态自然环境下创造的独特的文化情景和模式，北方独具的冰雪文化魅力为冰雪体育文化的发展提供了文化支撑。冰雪运动发展的特点主要是区域性强，活动范围主要集中在北方和西北地区，与自然条件和气候环境有较为密切的关系。冰雪文化是在冰雪环境下形成的具有冰雪特点、冰雪类型的一种文化。一说到冰雪文化，人们脑海中首先出现冰雪、冰雪运动、与冰雪相关的民俗活动等，其地域性、民族性、区域性在不同的环境里，表现出不同的存在形态。

在欧美，大众冰雪运动发展相对成熟，有强大的群众基础和全民参与的深厚积淀，冰雪运动已成为他们生活中的一部分。我国的冰雪运动起步较晚、普及程度较差，冰雪运动仅仅属于北方寒冷地区的特产，发展既有地域性又有局限性。雪上项目对自然条件的要求较高，冰上项目可以更好地利用现代科技手段创造适合的条件来开展。目前，室内冰场在全国各大城市都有出现，冰雪运动的盛行像初春的细风吹满大地，将人们带入冰天雪地的世界中，体验冰雪运动的乐趣。冰雪文化的传承与普及，将从思维方式深入人们的脑海，从思想意识上左右人们的行动，从实际行动上动员人们的行为。

对于冰雪运动非传统强国，我们必须要与世界接轨，闭门造车是无法实现长远发展的。要接受国外先进的技术，了解、学习和接触一些知名的冰雪运动赛事。比如，冰上舞蹈、冰壶、竞速滑冰等。要接受新的事物、新的理念、新的知识，有了解才会有认识，有接触才会有发展，有行动才会有创新，努力创造出丰富多彩的冰雪体育运动形式，为我国冰雪运动文化提供多样的物质文化基础。冰雪运动文化的发展，首先要在传统文化基础上挖掘历史的百年文化背景，打造强有力的群众基础，继承和发扬传统民族文化底蕴，突出鲜明的地域特色和民族特色，配合冰雪旅游与冰雪产业的发展永葆本色，不断创新与传承才会走得更远。其实冰雪运动文化的发展，不是单纯的冰雪运动技术的发展，需要制度、规范、产业、医疗、保险等相关配套体系与设施的完善，才能实现健康稳步地发展，适应时代的进步和人类的需求，让人们在寒冷的冬季感受到冰雪运动的魅力与活力，传承冰雪运动文化的精髓。

冰雪运动的发展与改变、冰雪文化的传承，是人们在生活中不断地适应环境、改变环境、提高对环境适应能力的一种表现。纵观历史，人们在冰天雪地中与自然做斗争，体会着利用自然、战胜自然的喜悦，包含着人们苦中作乐，力争美好生活、创造美好生活的精神。今天，冰雪文化在时代的推动下世代传承，不断地更新与创新，助推冰雪体育事业的发展，重塑人们对冰雪运动的再认识，促进我国冰雪运动文化传承与发展，提升国家冰雪文化软实力。

冰雪运动文化最早就是从民间各民族的冰雪嬉戏、生产生活的积累逐渐发展、演变而成的具有本民族特征、风俗、习惯的冰雪运动与文化。例如，滑雪比赛是一项深受赫哲族人喜爱的冬季运动项目，就地取材，自制滑雪板，滑行时手持两根雪杖，体现了人们巧妙地利用自然、热爱生活、改造生活的聪明才智。每年冬季选择晴朗的天气举行比赛，人数不限，选两个山头距离1000—1500米，从一个山头滑下来，再翻滑上另一个山头。在额尔古纳，雪地汽车系列赛可以享受寒风中的速度与激情；有独特的大型雪雕群和精雕细刻、极具造型特色的冰雕塑；乘坐哈士奇雪橇犬冲入"亚洲第一湿地"腹地，近距离地观赏木本湿地冬景；可以体味马拉爬犁、雪地摩托的欢畅，体验滑冰车、滑雪圈等冰雪运动；可以参与冻冰棍儿、冻冰灯、泼水成冰等地方特色活动。被称为冰雪运动文化历史演变与传承的"人类滑雪起源地"的新疆阿勒泰地区，时至今日仍保留着古老的滑雪传统，穿着皮毛滑雪板仿佛滑进中古时代，其中哈萨克族毛皮滑雪板制作技艺被列入自治区级"非遗"名录。

在漫长的冬天，鄂伦春人会举行围猎驱散寒冷的冬天带给族人的困扰，打造冬季旅游节日盛会品牌——"冰雪伊萨仁"，开展徒步林海穿越、马队巡游、民俗技艺展、汽车越野拉力赛等特色活动，充分地向外界展示独具特色的民俗文化，极大地提升了冬季民俗旅游节庆的影响力。

随着冰雪运动的逐步开展，从计划申办2022年冬奥会到申办权的取得，再到进行北京冬奥会这一系列的时间节点，冰雪运动文化不断升温，给冰雪运动的发展带来了一系列的机遇与挑战。冰雪运动本身具有惊险、刺激、极限、勇敢、挑战、健身的特点，既能引领体育运动的新时尚，也是张扬个性、表现自我、挑战自我的极限运动，带给人们快乐，凸显性格魅力。在过去，冰球、冰壶等只能是在电视上看到的，如今也走入了寻常百姓家，让大众能真实地感受到冰雪运动的存在，并能亲身体验冰雪运动带给人们的乐趣。

随着冰雪运动迅速升温，也带动了冰雪经济的发展，使冰雪运动的发展进入快车道。冬季冰雪运动的开展确定了"新时代冰雪运动动起来"的主题，推出了诸如"欢乐冰雪健康中国""发展体育运动增强人民体质"等宣传口号；随着"三亿人参与冰雪运动"的号召，"冰雪体育长廊计划""冰雪阳光计划"快速开展，"北冰南展"战略持续推进，各种大好势头的驱使，使冰雪运动开展得如火如荼。但是，快速发展的背后还有隐患，我国大众冰雪运动存在起步晚、基础薄、冰雪认知和技能储备普遍不足的问题，快速的发展会影响基础的奠定。冷静过后，更应踏踏实实地发展，在不断完善规章制度、服务制度、防护制度及保险制度的情况下稳步发展，将冰雪运动文化融入大众体育健身中，倡导全民参与，更有助于冰雪运动文化的传承。这对冰雪运动的发展具有积极的推动作用，让人们在锻炼与娱乐中享受冰雪的乐趣，体验冬日的快乐。大众冰雪运动还有娱乐、减压的作用，在休闲时间，三五成群相约冰雪运动，既锻炼身体，又愉悦身心，放松精神，回归自然，有助于形成一种健康、积极的生活方式。

大自然独特的地理位置与气候条件造就了冰雪运动的形成与发展，成就了冰雪爱好者追求速度带来的快感、高度落差带来的刺激、极限带来的挑战，体会由肌肉力量控制身体和速度的主宰感。在漫长的演变过程中逐渐形成了竞争规则，使人们的挑战更加规范化、系统化，并逐渐形成了人类征服自然、战胜自我的竞技冰雪文化。随着器械的不断完善和滑雪技术的不断改进，冰雪运动在众家认可的规则下进行公平竞争，规避安全隐患，完善竞赛规则。

随着冰雪文化的传播，冰雪运动的普及大为提升，对竞技冰雪运动的传播与扩大化起到推波助澜的作用。

2022年冬奥会的举办，使人们参与滑雪运动的情绪高涨，尤其是喜爱冒险、喜欢极限运动的人们都不会放过这一机会，要在冰雪中尽情享受运动带来的无限乐趣。冰雪运动发展需要以冰雪文化的营造与繁荣为关键性支撑，以文化和运动本身为魄，以传播手段为介质，形成独特的冰雪竞技文化；以挑战极限为动力，在规则的框架下不断完善、创新和提升传承。冰雪明星效应推动着冰雪运动的普及与发展，冰雪冠军赛场上的拼搏精神、训练背后的励志故事、升国旗、奏国歌时的骄人成绩，这种激动心情感染着每一个人，激励着每一个关注冰雪运动、喜爱冰雪运动的有志之人，参与到冰雪运动中来，助推我国冰雪运动开展得更火、水平更高。冬奥会明星尤其是退役选手也应更多地走进学校、媒体，以更新鲜的形式、更丰富的手段开辟冰雪运动的"潜在市场"。

冰雪民俗文化是冰雪风俗、冰雪风情、生活文化的总和，受气候、地理位置和环境的影响。我国北方地区的冬季天寒地冻，原住民经过长期的探究和摸索，合理地利用冰雪环境与冰雪天气融和，改变生活、生产方式，创立新的民俗习惯。不同的民俗冰雪活动代表着不同民族的特点，在民间比较通俗的、大众化的冰雪运动有冰爬犁、狗拉雪橇等。而各地域、各民族都有独具特色的冰雪活动，比如，哈尔滨冰雪节、长春的冰雕、雪雕、查干湖冬季捕鱼、内蒙古的冰雪那达慕大会等，不仅具有民族特色，还具有冰雪特征，是北方民族特有的冬季运动。各个民族之间还形成了自己民族特有的冰雪民俗文化，具有民族代表性。

冰雪运动长期以来在北方民间活动较多，在北方寒冷地区民族聚集区域，人们通过各种冰雪活动利用自然、开发自然，达到娱乐、健身、竞技的目的。民间冰雪热随着2022年冬奥会筹办过程的推进逐渐释放出巨大能量，为冰雪运动的推广普及和可持续发展再添"一把火"，为我国冰雪运动的发展带来了前所未有的关注度与参与度，传承着冰雪文化的魅力。民间冰雪运动长足、深远的发展，需要民间冰雪文化的助力，这种弥漫的作用在无形中影响、熏陶、感染着更多人参与冰雪运动，使运动队伍不断壮大，也传播着冰雪文化，利用文化的潜移默化作用促进冰雪运动的发展。

二、针对性建议

（一）顺应政策发展要求，推广民族传统冰雪运动项目

民族传统体育的发展一直以来是党和国家重点关注的内容。从改革开放开始，国家为了增强少数民族身体健康和提升体育运动技术水平，充分发挥文化在促进民族团结中的重要作用，给予民族传统体育运动高度重视。

2018年1月，《关于进一步加强少数民族传统体育工作的指导意见》的出台，对我国少数民族传统体育工作的发展提出了新的要求，也使得各地方政府相关体育部门在开展少数民族传统体育工作时获得有力指导意见，积极促进了少数民族传统体育的快速发展。民族传统体育运动成为推动我国体育运动和民族团结的关键。为扩大我国民族传统体育活动的参与范围，丰富其活动种类，进一步推动民族传统冰雪运动文化的传承与发展，以及具有民族传统冰雪运动开展的环境，各省、自治区、直辖市根据相关指导意见制定符合当地民族传统冰雪运动发展实际的政策文件。各地区根据《冰雪运动发展规划（2016—2025年）》《关于以2022年北京冬奥会为契机大力发展冰雪运动的意见》等文件为参考编制相适应的民族传统冰雪运动实施意见，根植于区域民族传统冰雪运动项目开展的具体情况，将民族传统冰雪运动与社区、农村、学校、企业结合起来，推动民族传统冰雪运动融合发展，并形成以下系统的工作任务：加强民族传统冰雪运动的统筹规划；加强民族传统冰雪运动的基础性研究和应用性研究；实施结合民族传统冰雪运动的全民健身"六个身边"工程；办好民族传统冰雪运动赛事；加强民族传统冰雪运动基础设施多样化建设，多渠道地推进相关产业的发展；加强民族传统冰雪运动传承创新，培养民族传统冰雪运动专业人才，有效地提升民族传统冰雪运动项目传承与发展的专业性，进一步提升民族文化交流环境氛围。同时，充分发挥各区域的冰雪资源优势，并与我国民族传统文化有效结合起来，实现民族传统冰雪运动与其他产业的融合发展，形成民族传统冰雪健身休闲业、民族传统冰雪旅游业等新业态，积极开展滑雪橇、滑爬犁、打陀螺、冰上自行车等传统冰雪运动，逐步扩大民族传统冰雪运动人群范围，并逐渐推广到全国范围内。

（二）创新冰雪项目模式，提升民族传统冰雪运动竞争力

在现代体育主流文化不断冲击着民族传统体育的大环境下，民族传统体

育活动如何在保留原生态的同时扩大影响力，成为相关从业者的重大命题。在2015年第十届少数民族传统体育运动会上，以2022年北京冬奥会的周期为契机，首次将冰赋球、冰嬉和雪垒等冬季民族传统体育项目纳入全国性体育赛事中。借鉴地方经验并引向全国，加强了民族传统冰雪运动的影响力和普及程度。民族传统冰雪运动的民族性和文化性是其最吸引人之处，这些特性使民族传统冰雪运动天然地笼络少数民族群体与少数民族文化爱好者。为此，要通过深入探析与民族传统冰雪运动发展的整体目标、资源优势、产业特色相契合的文化要素内涵及内在发展规律，借鉴其他运动项目成熟的商业运作手段，发挥优势并打造其核心竞争力。有效地促进其规模和产业化发展，改善和优化民族传统冰雪运动结构，促进我国民族传统冰雪运动体制和机制的发展，提高我国民族传统冰雪运动的竞争力以及在我国社会经济发展中的地位。对民族传统冰雪运动的"扬弃"，在于发扬与优化民族传统冰雪运动的内容，使之迎合现代社会冰雪体育运动的发展趋势，满足公众对民族传统冰雪运动文化的需求，并以此推动我国民族传统冰雪运动需求与供给，不断丰富民族传统冰雪产业发展体系。由此应以政府为主导吸引有家国情怀的企业投资，完善民族传统冰雪运动基础设施建设，凸显政府管理职能，做好民族传统冰雪运动的基础性研究和应用性研究，对民族传统冰雪运动项目科学地合理化与规范化，编制成熟的竞赛规则，使其群众性能够进一步增强，普及于不同群体之中。

此外，更要充分依托新时代新媒体具备的传播特质与优势，通过建立新时代传播平台，提高民族传统冰雪文化传播能力，创新民族传统冰雪运动的传承体系，对其文化内涵进行增值，提高服务效率和民族传统冰雪运动的传播力和文化影响力。立足于少数民族群体，着眼于国内民族传统冰雪爱好者，贯穿于国际体育与文化舞台，即为我国民族传统冰雪运动的"三步走"发展路径。

（三）结合冰雪消费需求，开发多样化民族冰雪运动项目

伴随群众生活水平的提升，冰雪运动需求显示出巨大潜力空间，特别是在2022北京冬奥会和"三亿人上冰雪"的国家发展战略指引下，群众的冰雪消费热情被极大激发。根据《中国冰雪旅游发展报告2022》相关数据显示：从2016—2017到2020—2021冰雪季，全国冰雪休闲旅游人数增长高达0.84亿

人次，并且预估2021—2022冰雪季将实现3.05亿人次的增长。冰雪消费需求的持续增长给中国冰雪消费市场的蓬勃发展带来机遇，其中以民族文化元素为卖点的民族冰雪运动项目更是获得群众消费青睐。但是出于多元的冰雪运动项目消费体验和全新生活方式的追求，当前群众对冰雪消费的追求已经不再局限于冰雪运动，亟须立足新时代冰雪消费需求，促进冰雪相关的一系列服务业态转型升级，开发多样化的民族冰雪运动项目，让"冷资源"变成"热消费"，满足愈来愈庞大、多元的消费需求。

首先，因地制宜地突出民族冰雪运动项目特色。鼓励地区依托当地冰雪资源与特色文化开展形式多样、群众喜闻乐见的民族冰雪旅游项目，进一步深入挖掘民族传统文化要素内涵，将民俗、典故等文化要素融入冰雪运动中，打造出具有民族区域文化特色的民族冰雪运动产业体系；其次，消费群体划分提供多层次民族冰雪运动项目。不同群体对民族冰雪运动项目的需求存在差异，要探索如何为更细分的消费群体提供需要的产品与服务，精准定位能为消费者带去新鲜体验，避免冰雪消费市场的同质化，提升竞争力；最后，注重科技创新对民族冰雪运动项目多样化的新动能作用。数字化的快速发展可以不断开发新的冰雪运动场景，把握"互联网+冰雪产业"的平台，协调线上线下多渠道均衡发展，多方面优化民族冰雪系列活动和消费服务体系，提升消费者对民族冰雪体验活动的互动体验效果。民族冰雪运动项目的多样化供给必须与群众的消费需求相结合，活化丰富多元的民族地域文化，推进民族冰雪运动的高质量发展和可持续发展。

（四）重视冰雪文化发展，增强民族冰雪运动文化凝聚力

我国冰雪文化历史久远，底蕴深厚，由于地域差异性，民族传统冰雪文化的追求与传承在不同人群中各有差异，比如，呼伦贝尔地区将民族风情与冰雪运动相融合，开展了冰雪那达慕、冰雪专列等一系列极具民族特色的活动，形成百花齐放场面。民族冰雪运动文化不仅是民族自信和文化自信的有力体现，更是国家形象和国家精神的具体呈现，其丰富的精神文化理念内涵对地域冰雪文化的提升十分重要。伴随大众冰雪运动的日益普及，独特的民族冰雪运动文化发展也逐渐火热。可见，冰雪文化与民族冰雪运动文化相互渗透与融合，彼此相辅相成。因此，增强民族冰雪运动文化凝聚力必须重视冰雪文化的发展，具体可以从以下三个方面来实施：首先，增强冰雪文化自

觉。文化自觉是实现文化自信的基础，需要对冰雪文化发展有充分的认知，传统的冰雪文化一般通过民众的肢体语言进行演绎、流传，所以需要通过地域民众实践来唤醒原始冰雪文化的记忆和情感共鸣，并使其流传有序。同时，要从不同层面联合冰雪运动多元利益主体加强对冰雪文化建设的关注，协同参与到冰雪文化新发展格局中，塑造具有中国特色的冰雪文化新姿态；其次，拓宽冰雪文化交流空间。通常地域传统节日会对当地冰雪文化项目的举办产生影响，可以因地制宜融入地域文化特色，建设冰雪文化展览馆、冰雪文化记忆长廊、冰雪民俗馆等新场景，鼓励社会各界依托冰雪文化新场景开展常态化的主题节庆活动，通过共同参与冰雪文化交流空间建设，进一步增强群众情感交流和民族冰雪运动文化凝聚力，构筑共有的冰雪文化精神家园；最后，重视冰雪文化传承创新。对我国冰雪文化资源的价值要有清晰的认知，在守住冰雪文化根脉的同时注重内容和形式创新。此外，取其精华，去其糟粕，深挖冰雪文化中蕴含的思想价值，健全冰雪文化传承体系，推动冰雪文化创新，借助冰雪文化的良好发展平台，发挥民族冰雪运动文化凝聚力作用[①]。

当前，我国民族传统冰雪项目种类多样且极具民族特色，民族传统冰雪运动项目赛事活动举办种类日益呈现多样化趋势。受限于冰雪运动项目开展的外在环境条件，民族传统冰雪运动项目场所多依靠自然环境进行挖掘，民族传统冰雪运动与冰雪运动相比，对场地的要求较低，使用的运动场地也相对灵活。但目前，民族传统冰雪运动场馆供给数量与供给质量较低，消费门槛较高，无法满足大部分普通消费者的需求。民族传统冰雪运动社会指导员数量不足且培训院校较少，民族冰雪运动项目协会数量较少且缺乏整体统筹安排和财政赞助。民族传统冰雪运动项目人数的基数较小，阻碍了更大范围推广与普及民族传统冰雪运动项目的速度。民族传统冰雪项目的开发深度还不足，专业化程度仍较低，不能很好地扎根历史传统，体现民族传统项目的本来面貌。当前，开发的民族传统冰雪项目间同质化现象严重，项目开展过程中未能注重创新性的发挥。项目的单一化造成项目特色缺失，市场竞争力下降，当民族传统冰雪运动难以推广时，对历史文化的传承便无从谈起。我国民族传统冰雪运动项目要想在未来有长足发展，还将持续受到各种考验。

借助2015年冬奥申办成功的东风，我国冰雪产业迎来了发展的黄金期，

---

①刘宣妤，刘洁.河北省群众冰雪运动的普及开展研究［J］.冰雪体育创新研究，2022(20)：190—192.

冰雪运动得到普。民族传统冰雪项目适逢此次冰雪产业大发展的机遇，各地政府都对发展冰雪运动大力支持。发展我国民族传统冰雪项目是冰雪运动在中国扎根、推广的重要抓手，是打出中国特色冰雪牌的关键举措，更是体现中华民族传统文化价值、加强中国同世界各国交流合作、提升国家软实力的重要途径。项目管理、文化底蕴、群众参与构成了民族传统冰雪运动项目核心因素，三个因素之间相辅相成，能较好地推动民族传统冰雪运动发展。项目管理是优化民族传统冰雪运动管理体系，提升民族传统冰雪运动资源配置能力，扩大民族传统冰雪运动发展效率的关键。文化底蕴是民族传统冰雪运动发展的根基，是创新民族传统冰雪运动文化的发展模式的基点，群众参与是民族传统冰雪运动谋求进一步发展的关键保障。

三、全国推广建议

我国幅员辽阔，在寒冷多雪的北方地区，北方民族因地制宜地开展各项生产活动，在与雪共存的日常生活中，不仅学会了抵御冰雪，更加重要的是学会了如何利用冰雪。中国开展冰雪运动的历史悠久，且相关文献的记录最早出现在战国时期的《山海经·海内经》，在之后的隋唐时期、宋朝也均有记载。滑冰是在滑雪之后较长一段时间出现的冰雪项目，在唐代与宋代多以狩猎活动出现；进入明代之后，冰上运动形式更为专业化，制作了用手杖撑动在冰上滑行的简易冰刀文化运动；清代时期，民间冰上活动已经成为一种极具民族特色的冰雪运动，技巧形式较前代都具有较大的飞跃。

在漫长的历史进程中，具有丰富冰雪资源的北方环境使民族传统冰雪项目起源于民间日常劳作、生活等活动，与人民的生活息息相关。不同地域在不同生活习惯的影响下形成了颇具风格、特色鲜明、内容丰富的项目特征与文化。传统冰雪运动项目正是与生活息息相关的各种衍生品，也颇具休闲与娱乐的功能。因此，不同的冰雪运动项目往往代表着不同的意义，能适合不同年龄、性别的人群参加，具有极强的趣味性与休闲性。此外，还具有一定的政治属性。中国古代帝王将流行于民间的冰雪运动与军事技术相结合，在外交活动中发挥着展示武力、稳固民心的作用，以此赋予冰雪运动以政治含义。由此可知，早在一万年前，充满智慧的原始居民已经开始学会利用天然的雪资源开展各项生产活动，并且随着时间的推移和人民智慧的不断开发，民族传统冰雪运动项目经过时间的沉淀形成了深厚的民族冰雪运动文化。

在北京冬奥会契机下，我国冰雪运动将实现冰雪与城市相融合的发展格局。北京冬奥会是推动冰雪运动"南展西扩东进"的重要环节，也是补齐冰雪运动和冰雪旅游短板的重要助推剂。为有效地利用冬奥会带来的契机，在"冰雪进校园""带动三亿人参与冰雪运动"的目标引领下，为我国冰雪运动项目注入新动能，尤其是我国传统冰雪运动的发展具有重要的意义。首先，相关政策的支持。《冰雪运动发展规划（2016—2025）》中指出："抓住冬奥的契机，大力发展冰雪运动。"民族传统体育运动项目作为冰雪运动项目的重要组成部分，自然是重点发展的主要对象，其属于简单易学，趣味性、社交性极强的运动项目，很好地适用于群众日常的参与项目，能在积极响应政策的同时为人们的生活增添乐趣。其次，有利于民族传统冰雪运动知识的普及与民族传统冰雪运动项目的开展。冬奥会的举办有助于打破冰雪文化知识的地域性限制，在全国范围内推广民族传统冰雪运动的相关知识。冬奥会的举办推动了我国冰雪运动制造升级、科学技术应用、研发创新等方面的最大化提升，随之而来的是运动装备、运动场地设施的多样性、时尚性、专业性与安全性，增加了冰雪运动项目的吸引力，有助于民族传统冰雪运动项目的推广。

民族传统冰雪运动是我国文化传承的重要部分，主要由雪地足球、冰陀螺、滑爬犁等项目组成，具有多样性、民族性和历史性等特点。中国传统冰雪运动文化包括在冰雪运动上开展的各种游戏与习俗，用于各种活动的器械以及由此形成的规则与相应的体系等，弘扬民族传统冰雪运动文化对提高民族认同感与归属感具有重要作用。民族传统冰雪运动不仅具有竞技体育、休闲体育等多重价值功能，而且承载着民间文化与一个地区的地域精神。在北方寒冷恶劣的自然环境中，为了生存、狩猎而逐渐演变的民族传统冰雪运动，经过时代进步与冰雪运动发展，逐渐成为我国传统文化的一部分。在冬季体育运动项目中，滑雪较滑冰出现的时间更早，我国新疆阿勒泰地区作为滑雪运动的发源地，在世界滑雪运动文化发展演变的过程中占据了重要地位。在源远流长的冰雪文化的传承中，不仅有岩石壁画、文本书籍加以记载，也借助人们世代相传的习俗与习惯进行传承。

在北京冬季奥运会举办契机下，推动国内冰雪运动氛围的提升，参与冰雪运动的热情与日俱增，人们对冰雪运动有了进一步的认识与了解，或好奇，或体验，或寻求冰雪运动带来的刺激与快感，因此，越来越多的人参与到冰雪运动。全国各地顺应国家提出的"三亿人参与冰雪运动"，对冰雪运动项目消费提供了重大的机遇与市场机会,是冰雪产业迈向转型升级的不可缺少的动力。随着人们对冰雪运动项目的深入了解,不断提高的生活水平对物质与精神追求都较之前更进一步,人们消费观念的转型决定了冰雪运动项目必须进行创新,更好地服务于消费者的需求。

首先,是对冰雪文化的消费需求,消费者不只是停留在传统冰雪运动项目的观赏性,对其在参与中的体验感与趣味性的要求有所上升,更多地付诸行动,对传统冰雪运动内容的丰富性、多样性、趣味性、参与性均具有一定的要求;其次,是对更加精细化与新颖化的传统冰雪运动项目的消费需求,更加注重场馆设备等基础设施建设、运动项目的设计与布局的科学性与专业性的体现。在市场爆发的环境下,发扬传统冰雪运动项目需要贯彻供给侧结构性改革。在现有传统冰雪运动产业的基础上,积极借鉴国外先进经验与发达的技术,加强与资本之间的合作,积极响应国家政策,借助北京冬奥的东风顺势而上。此外,能否为消费者提供优质的产品与服务是推动传统冰雪运动项目发展的决定性因素,对冰雪运动产业的核心产品进行创新是实现传统冰雪运动可持续发展的必经之路。由此可知,冰雪消费需求的持续增长是刺激民族传统冰雪运动项目创新的核心动力,为了更好地传承与发展,适应与满足市场需求是民族传统冰雪运动项目发展的必经之路,需要从场地设备、运动项目设计的新颖性与创新性以及冰雪运动的服务文化进行全方位的创新,在满足消费者需求的基础上更好地实现传统冰雪运动的可持续发展。

目前,群众滑雪运动仍然面临一定的问题。比如,群众参与度不够。冰雪运动体验性群体大,但冰雪爱好者少。大众对冰雪运动喜爱程度高,但大多数人只是偶然尝试,近九成是以娱乐为目的。虽然大众对冰雪运动喜爱程度较高,但对冰雪运动的认知水平偏低,群众对冰雪运动的参与度还不够,产业链还不够完善。在当前冰雪休闲运动中,存在着雪上及冰上两种运动形式。冰雪运动模式与其他领域中的活动融合性相对较低,无法与交通、餐饮、娱乐等项目进行有效衔接,影响冰雪运动活动拓展。而且,与冰雪运动相关的文化产品相对单一,缺少有效性的服务管理体系,无法满足当前冰雪运动产业的发展。同时,专业人才缺乏。就冰雪运动专业人才而言,主要涉及冰雪运动员、教练员、裁判员、场地建设者、经营管理人员等。现阶段,南方地区开展冰雪运动需要的专业人才,大多由北方冰场、雪场中聘请而来,其中除了拥有水平高的专业运动员和教练外,也有水平不高的人员,导致冰雪运动从业人员自身能力参差不齐，并且专业冰雪人才培养与管理体制较为匮乏，未构建冰雪运动的社会体育指导员管理培训体系。

对策及建议：一是创设特色化的冰雪运动。将特色化的活动创新作为重点，融合地方文化与冰面活动，进行特色旅游文化的创新，提高人们对冰雪运动的认识，在特色化的活动创新中，通过开展冰上趣味运动会、青少年短道速滑等特色化活动，满足冰雪体育运动的视觉需求，提高人们对冰雪运动技巧的掌握能力；二是积极加强人才培养。一方面，要进行冰雪运动教育资源的投入，实现冰雪产业专业人才的培养，为冰雪人才能力提升提供支持。另一方面，体育类高校和冰雪体育企业构建良好的校企合作关系，完善委托培养制度，为冰雪体育运动提供充足人才；三是充分调动各方资源。首先，需要加大资金投入。政府部门需适当增加全民健身事业经费的投入，提供充足的资金用于维护冰雪运动场地设施。引入社会资本，用于建设公益性或商业性冰雪场地。其次，盘活存量，结合具体状况对现存公共体育场馆予以升级，让其能够开展冰雪运动。和滑雪相比，冰上运动在室内、室外均能进行，对气候条件的依赖程度不高，可以将其作为普及冰雪运动的立足点；四是推动冰雪运动产业化发展。应积极鼓励社会资本投入冰雪产业，通过基础体育设施的建设、公益健身服务体系以及群众性体育比赛的合作，扶持优秀的冰雪体育企业，推动冰雪运动的发展；创新冰雪竞赛活动，通过与企事业单位的融合以及学校活动的整合等，增强冰雪体育产业的竞争力，为冰雪运动旅游产业的发展提供支持；在冰雪运动发展中，将冰雪体育产业以及文化建设作为重点，实现冰雪运动与文化产业、旅游产业以及科技产业的融合，展现冰雪运动产业多样化。

参考文献

[1]陈祥慧，杨小明，张保华，等.我国冰雪运动的历史演进及发展趋向[J].体育学刊，2021，28(4)：7.

[2]宿萌，杨维伟.中国乡村冰雪资源开发路径探析[J].湖北农业科学，2019，58(17)：5.

[3]王锦国.制度变迁视域下我国速度滑冰运动的发展研究[J].哈尔滨体育学院学报，2018，36(1)：6.

[4]王文龙，王森，崔佳琦.我国花样滑冰运动备战 2022年北京冬奥会的主要矛盾与策略选择[J].冰雪运动，2022，44(2)：32—37.

[6]李雨，安秋，王文轩，等.格局，困境，对策：后冬奥时代我国速度滑冰的发展[J].冰雪运动，2022，44(2)：11—16.

[7]陈建华，王浩，李锂.人文体育观视野下"体教结合"体育人才培养模式研究[J].体育科技文献通报，2009，17(9)：5.

[8]刘冬森.我国优秀花样滑冰运动员康复性体能训练特点的研究[D].北京体育大学，2013.

[9]李雨阳，韩贝宁.我国花样滑冰运动发展的百年回眸与未来展望[J].冰雪运动，2020，42(4)：5.

[10]孙岩.我国花样滑冰运动员的科学选材[J].冰雪运动，2011，33(1)：5.

[11]王宇潇.跨界选材培养模式下花样滑冰运动员上肢动作训练方法[J].尚舞，2021(21)：46—49.

[12]于海浩，孙玉巍.俱乐部培养花样滑冰后备人才的可行性研究[J].冰雪运动，2012，34(4)：6.

[13]李阿强，左斌，刘宏辉.我国速度滑冰项目发展之路与启示[J].冰雪运动，2015(4)：7.

[14]李克敏.弘扬北京冬奥精神大力推进天津体育事业高质量发展[J].天津支部生活，2022(11)：2.

[15]谷化铮.我国滑雪运动可持续发展的研究[D].东北师范大学，2010.

[16]顾洪伟，王广贵，刘石.黑龙江省高山滑雪后备人才培养现状的分析与对策研究[J].林区教学，2010(11)：3.

[17]张琳，韩瑞玲.张家口冰雪产业竞争力分析 [J].现代营销：经营版，2020(12)：2.

[18]杨大为.哈尔滨市冰壶运动开展现状与发展趋势研究[D].哈尔滨工程大学.

[19]赵方聪，王诚民.我国冰壶运动发展现状及对策研究[J].冰雪运动，2019(1)：6.

[20]王文龙，米靖，于国超.我国雪合战运动发展研究[J].冰雪运动，2019(6)：7.

[21]张婷婷，隋东旭.赫哲族传统冰雪体育文化发展研究[J].边疆经济与文化，2020(5)：4.

[22]徐向前，秦海波，李雪梅，等.基于三维政策工具框架的中国冰雪运动发展规划研究[J].沈阳体育学院学报，2019，38(2)：8.

[23]韩勖勉.冰雪运动在甘肃高校中的发展现状研究[J].冰雪体育创新研究，2022(6)：3.

[24]李壬冬，扈春荣.我国冰雪运动发展政策70年演进：历程，特征与趋势[J].沈阳体育学院学报，2020，39(4)：7.

[25]苗春竹，王飞.我国中小型滑雪场利基营销策略研究[J].体育文化导刊，2019(09)：73—78.

[26]王飞，阚军常，张莹，等.互动，认同与政策引领：西北冰雪运动发展全面推进研究[J].体育科学，2020，40(11)：10.

[27]葛爽.中国群众冰雪运动发展策略研究[J].冰雪体育创新研究，2022(22)：19—21.

[28]李义.让冰雪运动成为人民群众特色生活[J].红旗文稿，2022(05)：15—17.

[29]王紫娟，李克良.H—O—S理论融合下我国群众冰雪运动发展模型与策略探析[J].冰雪运动，2022，44(06)：44—48.

[30]刘宣妤，刘洁.河北省群众冰雪运动的普及开展研究[J].冰雪体育创新研究，2022(20)：190—192.

[31]马睿，李智鹏.大数据时代群众参与冰雪运动项目认同的培育与强化研究[J].冰雪运动，2022，44(02)：51—56.

[32]林子涵.东北地区冰雪文化的创新发展路径研究[J].休闲，2021(25)：1.

[33]张悦.我国冰雪运动的发展现状及问题探析[J].家庭生活指南,2018(8).

[34]张磊,郭子暄,涂芝仪.我国冰雪运动发展历程、新时代特征及未来展望[J].体育文化导刊,2023(2):8.

[35]徐涛.我国群众冰雪运动的发展策略研究[J].体育时空,2018.

[36]李晔.关于冰雪运动发展历程探析[J].冰雪体育创新研究,2020(23):3—4.

[37]冯富生,蒋东云,王安洪.北京冬奥会背景下张家口市群众冰雪运动发展的SWOT分析[J].辽宁体育科技,2021,43(4):6.

[38]葛爽.中国群众冰雪运动发展策略研究[J].冰雪体育创新研究,2022(22):3.

[39]杨志.新时期关于群众冰雪运动发展策略的研究[J].冰雪体育创新研究,2021(16):2.

[40]庞德州.群众冰雪运动发展策略研究[J].冰雪体育创新研究,2021(19):2.

[41]陆乐,阎智力.我国速度滑冰项目竞争力提升策略研究[J].2021(1):42—47.

[42]邵英.花样滑冰队列滑项目的SWOT分析以及发展路径研究[J].灌篮,2021(19):3.

[43]李雪芹.后冬奥会时代背景下我国冰壶项目的发展[J].冰雪运动,2022,44(3):26—29.

[44]刘诗梦."北冰南展"战略下闽南地区休闲冰雪运动发展策略研究[D].吉林大学,2022.